经世济民

诚信服务

德法兼修

高等职业教育财经商贸类专业基础课

经世济民 立德树人

新形态一体化教材

# 公共关系概论

主　编　杨建新　叶　东

副主编　董　媛　唐小凌　朱丽献

中国教育出版传媒集团

高等教育出版社·北京

内容提要

本书是高等职业教育财经商贸类、公共管理与服务类专业基础课"经世济民　立德树人"新形态一体化教材。

本书以公共关系岗位认知和工作内容为逻辑主线，由初识公共关系——走进公关世界、内部公共关系——凝聚内部力量、外部公共关系——和谐沟通交流、公共关系传播——架起沟通的桥梁、公共关系工作程序——是科学也是艺术、公共关系专题活动——精进公关效能、公共关系危机管理——转"危"为"机"、网络公共关系——优化网络生态八个部分组成。内容设计注重工学结合，强化实务训练，并强调将课程思政元素融入知识传授和能力训练之中，融思想性、时代性与应用性于一体，有利于培养学生良好的公共关系职业道德和职业伦理规范，使学生更好地掌握公共关系基本理论和专业知识，提高学生运用公共关系理论分析和解决实际问题的能力，提升其公共关系职业素养。

本书既可作为高等职业教育专科、本科院校及应用型本科院校财经商贸类、公共管理与服务类专业基础课教材，也可作为相关从业人员的案头读物。

本书配有课件、习题答案及微课、视频等数字化教学资源，精选部分具有典型性、实用性的优质资源，在书中以二维码形式标出，供读者即扫即用。其他资源服务详见"郑重声明"页的资源服务提示。

## 图书在版编目（ＣＩＰ）数据

公共关系概论 / 杨建新，叶东主编. -- 北京 ： 高等教育出版社，2023.1
　　ISBN 978-7-04-059161-3

　　Ⅰ．①公… Ⅱ．①杨… ②叶… Ⅲ．①公共关系学－高等职业教育－教材 Ⅳ．①C912.31

中国版本图书馆CIP数据核字(2022)第142414号

公共关系概论
GONGGONG GUANXI GAILUN

| 项目策划 | 赵　洁 | 策划编辑 | 康　蓉　王　沛 | 责任编辑 | 王　沛 | 封面设计 | 赵　阳 |
| --- | --- | --- | --- | --- | --- | --- | --- |
| 责任绘图 | 马天驰 | 责任校对 | 刘丽娴 | 责任印制 | 朱　琦 | | |

| 出版发行 | 高等教育出版社 | | 网　　址 | http://www.hep.edu.cn |
| --- | --- | --- | --- | --- |
| 社　　址 | 北京市西城区德外大街 4 号 | | | http://www.hep.com.cn |
| 邮政编码 | 100120 | | 网上订购 | http://www.hepmall.com.cn |
| 印　　刷 | 保定市中画美凯印刷有限公司 | | | http://www.hepmall.com |
| 开　　本 | 787mm×1092mm　1/16 | | | http://www.hepmall.cn |
| 印　　张 | 16 | | | |
| 字　　数 | 300 千字 | | 版　　次 | 2023 年 1 月第 1 版 |
| 购书热线 | 010-58581118 | | 印　　次 | 2023 年 1 月第 1 次印刷 |
| 咨询电话 | 400-810-0598 | | 定　　价 | 49.80 元 |

本书如有缺页、倒页、脱页等质量问题，请到所购图书销售部门联系调换

公共关系（简称公关）在人类社会历史发展长河中经历了从诞生到成熟的演变过程。作为一种现代管理方法，公共关系帮助组织塑造形象、协调关系、内求团结、外谋发展，以新型的管理科学理念协调社会关系，调动各种积极因素，促进和谐社会建设，其行业发展前景广阔。

新时代中国公共关系的发展呈现了新特点：一是从公关服务方式看，新媒体营销、事件营销、危机管理、政府关系管理、企业社会责任、议题管理等新型服务手段被广泛运用。二是从公关市场业务看，新媒体业务、传播代理执行等成为主要业务类型。三是从公关服务领域看，通信业、快速消费品业、金融业、制造业、文化业、医疗保健业、旅游业、房地产行业、互联网行业等领域成为公关的主要服务领域。四是公关公司承担了越来越多的行业责任和社会责任。五是公关行业日益国际化、专业化、规范化。六是突发公共事件频发使危机公关备受关注。七是组织内部公共关系的重要性凸显，只有做好内部公共关系管理，未来组织发展才更具竞争力。八是线上服务助力公关成为大势所趋，互联网科技助推公关公司转型。九是公关行业分化趋势愈发明显，一部分公关公司做大做强，成为服务领域广泛、跨界整合明显、国际化水平不断提高的综合性公司；另一部分公关公司专注于某一垂直领域，成为针对性较强的专业型服务公司。

面对公共关系在组织发展中的新战略定位、新发展理念、新发展模式及新发展环境，教材开发团队根据高等职业教育人才培养目标和教学改革需要，紧密对接公共关系行业发展和技术变革趋势，心怀"国之大者"，编写了这本《公共关系概论》，并在编写过程中形成了如下鲜明特色：

### 1. 深入挖掘思政元素，课程思政特色鲜明

党的二十大报告提出："育人的根本在于立德。全面贯彻党的教育方针，落实立德树人根本任务，培养德智体美劳全面发展的社会主义建设者和接班者。"本书坚持价值塑造、知识传授与能力培养的有机统一，每章设置"公共关系与中国故事""时代发展与公关启迪""公关伦理与和谐关系""公关实践与学思践悟"栏目作为课程思政教育的载体，力求使课程思政教育"润物细无声"，将世界观、人生观、价值观塑造与专业教育紧密结合，将爱国爱党、团结协作、遵纪守法、爱岗敬业等职业素质培养与教材内容有机融合，使学生以习近平新时代中国特色社会主义思想为指导，自觉遵守法律法规和道德规范，培养真实、准确、公正和对公众负责的公关职业精神；提高政治站位、文化修养和公关专业技能；培养对公关事业的高度责任感。

### 2. 系统化重构教学内容，职业教育类型特色鲜明

党的二十大报告提出，要加快建设"网络强国、数字中国"，本书适应数字中国的公关行业发展变化，围绕新时代公关人才培养目标，以公共关系岗位认知和工作内容为逻辑主线，重构学习体系，包括初识公共关系——走进公关世界、内部公共关系——凝聚内部力量、外部公共关系——和谐沟通交流、公共关系传播——架起沟通的桥梁、公共关系工作程序——是科学也是艺术、公共关系专题活动——精进公关效能、公共关系危机管理——转"危"为"机"、网络公共关系——优化网络生态八章内容。本书注重工学结合，强化实务训练，突出"教学做"一体化，职业教育类型特色鲜明；反映新时代公共关系的新要求，凸显时代特征。

### 3. 全方位体现学生发展需求，服务学生成长成才

本书密切联系学生思想、生活、认知和发展实际，服务高职学生发展需求。内容设置充分考虑学生认知特征和成长需要，紧密结合校园生活和岗位实际，有利于学生更好地掌握公共关系基本理论和专业知识；案例选取侧重中国优秀企业的公关实践，富有时代性和借鉴性；技能训练有助于提高学生运用公共关系理论分析和解决实际问题的能力，提升学生的公共关系职业素养。

本书由杨建新、叶东主编，由董媛、唐小凌、朱丽献担任副主编。全书共分为八章，第一章由董媛编写；第二章由朱丽献、伏星

编写；第三章由许洁编写；第四章由黄亮编写；第五章由徐彦编写；第六章由陆纯梅、张海涛编写；第七章由唐小凌编写；第八章由娄权鑫、张爽编写。本书编写理念与内容的总体设计，以及最后的统稿、定稿工作由杨建新、叶东完成。本书在编写过程中得到了行业企业、研究机构、本科院校专家的指导与建议，以及高等教育出版社编辑的大力支持，在此一并致以真诚的感谢。

由于公共关系的发展日新月异，相关内容具有较强的时效性，加之编写团队水平有限，书中难免存在疏漏与不足之处，敬请广大专家、学者、同仁及使用本书的广大师生提出批评改进意见。

编者

2022 年 10 月

# 目录

# 初识公共关系

## ——走进公关世界

# 第 一 章

## 学习目标

### ❖ 知识目标

- 了解公共关系的含义和构成要素
- 熟悉公共关系组织结构的类型及特征
- 掌握公共关系人员素质要求及职业准则
- 了解公共关系发展的历程

### ❖ 技能目标

- 能够科学地分析公共关系事件的要素及特征
- 能够正确地分析评价自己，有意识地培养个体公共关系能力
- 能够结合时代背景分析中国公共关系发展的历程

### ❖ 素养目标

- 构建公共关系思维逻辑体系，培养公共关系专业素养
- 树立正确的公共关系价值导向，在公共关系工作中厚植爱国情怀
- 遵守公共关系职业道德规范，增强法治意识

## 本章知识结构

初识公共关系——走进公关世界

**公共关系认知**
- 公共关系的概念
  - 公共关系状态
  - 公共关系活动
  - 公共关系观念
  - 公共关系学
  - 公共关系职业
- 公共关系要素
  - 公共关系的主体：社会组织
  - 公共关系的客体：社会公众
  - 公共关系的手段：传播

**公共关系职业认知**
- 公共关系组织机构
  - 公共关系部
  - 公共关系公司
  - 公共关系社团
- 公共关系人员
  - 公共关系人员的基本素质
  - 公共关系人员的能力要求
- 公共关系职业道德
  - 公共关系职业道德的含义
  - 公共关系职业道德的要求

**中国公共关系发展认知**
- 中国古代公共关系活动实践
- 中国公共关系的发展历程、现状与未来
  - 中国公共关系事业的萌芽
  - 中国公共关系事业的崛起
  - 中国公共关系事业的稳步发展

# 第一节　公共关系认知

## ❖ 公共关系与中国故事

### 民族品牌借力冬奥会提升影响力

2022年2月4日，北京冬奥会正式拉开帷幕。北京冬奥会的成功举办，不仅是一次民族精神与力量的集中展示与释放，更将汹涌的民族情感与民族品牌融为一体。

作为国家短道速滑队赞助商，九牧卫浴（以下简称"九牧"）打出了"中国向前冲"的品牌口号，塑造出全民共鸣的情感场域，再配合全网多维度的传播体系，九牧不仅为品牌带来了更多的声音与话题，同时塑造出一个民族品牌的质感，更在作为非奥运会赞助商、仅有短道速滑队赞助商权限的情况下，破解品牌传播困境，为行业提供了新的营销思考路径。

九牧"中国向前冲"的传播主题并没有停留在价值理念层面，通过参与鸟巢卫浴设施的改造，帮助鸟巢完成华丽升级，以全新的姿态站在全世界眼前，展现中国品牌的力量，将民族精神具体化。这不仅是九牧在产品赋能之上对"中国向前冲"精神的支撑与渲染，也对九牧品牌中蕴含的民族匠心品质进行了呼应。

从联合业内大咖为短道速滑队加油助威，到夺冠时刻发布庆贺海报，再到朋友圈广告投放，广州小蛮腰等多渠道终端场景触达，以及新春互动微信红包封面、实体抱枕、主题口罩等多元传播方式，九牧深度利用赞助商身份，依托大众情绪，以广覆盖的传播内容与渠道形成"霸屏"攻势，为品牌声誉迅速打开局面。

同时，九牧通过与著名体育主持人（咪咕体育短道速滑解说员）合作延展品牌在体育领域的影响力，借著名体育主持人的个人IP撬动冬奥会公域流量向品牌私域流量的转化。拉近了著名体育主持人、九牧品牌、短道速滑与大众四者之间的关联。例如，在短道速滑首金比拼中，该主持人在解说比赛的过程中喊出了一句极具感染力的口号："中国队保持自己的节奏，中国向前冲！"一时之间，"中国向前冲"成为全国人民为短道速滑队加油的"标准用语"，甚至成为不少人的新年座右铭。

值得一提的是，"中国向前冲"里所蕴含民族精神与价值也得了新华社等国家级权威媒体的认可。通过《人民日报》《中国日报》、新华社、《体坛周刊》等媒体围绕"中国向前冲"进行的相关解读报道以及央视新闻栏目《朝闻天下》进行的采访报道，九牧将"中国向前冲"的民族自信与自豪的价值属性与国家级传播平台进行了完美结合，快速提高了品牌影响力。

随后，以冬奥会品牌热度为基点，九牧开始布局"3·15品质新装节"相关预热话题和内容。借力冬奥会传播内容的热度延续，预埋"3·15品质新装节"传播发酵点，从而达到"冬奥会收官，但品牌热度不减"的效果，让话题热度不断延续，长效延伸品牌影响转化力。

在多方力量的协同作用下，九牧在人们心中建立起"中国向前冲"的品牌影响力，将商业层面的"品效合一"上升到商业之外，形成品牌与社会情绪的共振，在大众传播层面扩大影响力，推动品牌迈向更高的价值站位，有效实现了品牌价值的沉淀和品牌资产的积累。

**案例启示**

任何一个社会组织，如经济组织、文化团体及各种民间组织，其生存与发展都需要得到社会的认可、接受和支持，公共关系的核心目标就是塑造组织形象，保持组织与公众和谐的关系。在本案例中，身为中国民族企业的九牧，将民族情感与品牌传播相结合，借力"中国向前冲"的口号，展现了民族品牌对民族精神的诠释，在撬动全民共情价值点的同时实现了品牌影响力全网多维度式的扩散。

# 一、公共关系的概念

微课：初识
公共关系

"公共关系"一词由英文"Public Relations"翻译而来。"Public"作为形容词，可译作"公共的""公开的"，即属于社会的、集体的，不是属于个人的；作为名词，可译作"公众"，即社会群体。"Relations"则应译为复数的"关系"，即多人的"群体"之间的某种性质的联系。作为一个词组，"Public Relations"可译作"公共关系"，也可译作"公众关系"，简称"公关"或"PR"。

公共关系既可以是一种状态，又可以是一种活动，还可以是一门学科或一种观念和职业。由于其综合性、应用性与内容的丰富性，众多的国内外专家与公共关系组织对其概念有着不同的理解。对公共关系概念的理解一般围绕以下几个方面展开：

## （一）公共关系状态

从静态的角度来看，任何组织都处在一定的公共关系状态之中。它包含了社会组织与公众之间共处的情形和状态、公众对社会组织的反应和评价，不以社会组织的主观设想为转移，而是取决于社会组织的社会实践活动本身是否符合社会主流意识形态。同时，公众对社会组织的认识和评价，能够激发社会组织主观能动性和创造性思维的发挥，进一步促进社会实践活动的发展。

### （二）公共关系活动

公共关系活动是组织生存和发展的基础，这是从动态的角度来看待公共关系的。公共关系活动指的是组织为了塑造自身良好形象而进行的调研、协调、沟通和传播等各种公共关系实务活动。组织的公共关系活动可分为日常公共关系活动和专项公共关系活动两大类。

### （三）公共关系观念

公共关系观念影响着个人或组织决策与行为的价值取向，直接作用于人们的公共关系活动，并间接影响实际的公共关系状态。公共关系观念主要包括形象观念、公众观念、传播观念、协调观念、互惠观念、团队观念、创新观念、服务观念、社会观念等。

### （四）公共关系学

公共关系学是一门应用性较强、专门研究公共关系运作规律的学科，是以传播学和管理学为基础，综合了社会学、传播学、管理学、哲学、政治学、经济学、营销学、伦理学、心理学等学科内容的新兴学科。

### （五）公共关系职业

公共关系职业产生于 1903 年，美国的新闻记者艾维·李（Lvy Lee）在 1903 年开始从事为组织树立形象的公共关系工作，并于次年创办了一家公共关系咨询事务所，其工作是主动协调社会组织与公众的关系，影响和引导公众行为，塑造组织良好的社会形象，达成预期的公共关系效果。

本书在充分吸收国外多种定义的基础上，结合国内的实际工作情况，对"公共关系"定义如下：公共关系是指一个社会组织通过实施调查、沟通、传播、策划等活动与其相关公众进行互动，塑造良好组织形象，最终使双方达到相互理解、相互信任、相互适应和共同发展的管理活动过程。理解这一定义，主要应掌握以下四个要点：

第一，公共关系是组织与公众之间的双向关系（主体与客体）；

第二，公共关系主要通过调研、沟通、传播、策划等途径实施活动（实施途径）；

第三，公共关系是一种管理活动过程（职能）；

第四，公共关系的目的是实现组织与公众的共同发展（目的）。

---

### ❖ 公共关系与中国故事

#### 人民需要什么，五菱就造什么

"人民需要什么，五菱就造什么"，这是上汽通用五菱在抗击新冠肺炎疫情期间转型生产口罩时的一句标语，一句朴素的话却令人肃然起敬。

2020年年初新冠肺炎疫情暴发，口罩一时间成为紧缺物资，供不应求，价格上涨，人民的生命健康无法得到保障。上汽通用五菱凭实力出圈，响亮发声"人民需要什么，五菱就造什么"，于当年2月开始改造生产线，转产医用口罩，上汽通用五菱生产口罩一事瞬间在社交媒体发酵，并登上微博热搜榜。

2020年2月15日，央视新闻联播报道了《战疫情——中国制造跑出中国速度》，点赞上汽通用五菱全体员工齐心协力、不舍昼夜的生产劳动，依托先进的科学技术手段，仅用了三天时间就完成了无尘车间改造、设备安装调试等一系列工作，并取得了民用防护口罩的研发、生产、销售资质，为抗击新冠肺炎疫情贡献企业的力量。

**案例启示**

抓住热点是公关关系的传播技巧之一。这首先需要考虑热点和品牌形象、定位的契合度，其次需要考虑热点能否很好地与自身的产品或服务相结合。上汽通用五菱生产口罩就是基于当时的大环境，根据自身的能力而实施的行动。对此进行公共关系传播，既满足了自身需求，如缓解用工荒、开发新业务线等，又体现了企业的社会责任感，提升了品牌的知名度和美誉度。

## 二、公共关系要素

公共关系活动一般由三个要素构成，即公共关系的主体：社会组织，公共关系的客体：社会公众，公共关系的手段：传播。

## （一）公共关系的主体：社会组织

### 1. 社会组织的含义

社会组织简称组织，是指人们为实现特定目标，按照一定的宗旨、制度、系统建立起来的共同活动集体，如经济组织、文化团体及各种民间组织等具体机构。

一个社会组织的生存与发展，需要得到社会的认可、接受和支持，公共关系是社会组织与公众之间相互作用而产生的关系，在这样的关系中，社会组织是相互作用中积极的一方，是公共关系工作中的主体，是公共关系活动的实施者和承担者。

公共关系是一种社会组织的活动，处理的是社会组织的关系和舆论，而不是个人的事务，追求整体的公共关系效应和社会组织的社会形象，不局限于个人的印象、情感和利益。在理解公共关系时，应该从组织和管理的层面去认识和理解公共关系。

### 2. 社会组织的基本特征

任何一个社会组织都具备以下基本特征：

（1）目的性。每个社会组织都有自己的特定目标，这个目标体现了该组织存在的意义和奋斗方向。

（2）群体性。每个社会组织都有一定数量的、较为稳定的成员。

（3）系统性。每个社会组织都是以一定的规章制度、责任分工相互约束的整体，以形成合力，完成共同目标。

（4）协作性。每个社会组织都有与实现其特定目标相适应的结构形式，要求组织成员之间相互协作、相互制约。

（5）变动性。每个社会组织都受到社会环境的制约，社会环境的变化必然带来组织的相应改变。

## （二）公共关系的客体：社会公众

### 1. 社会公众的含义

社会公众简称公众，是公共关系传播沟通的对象。社会公众是与特定的公共关系主体相互联系和相互作用的个人、群体、组织的总和，是公共关系工作对象的总称。社会公众总是与特定的公共关系主体相关，社会公众的数量、态度和行为会影响该组织的目标、决策和行动；因此，"社会公众"是任何公共关系活动不可缺少的一个方面，离开了社会公众，组织的一切公共关系活动都毫无意义。正确认识和分析社会公众，积极地影响社会公众，根据社会公众对象的特点去制定公共关系工作的目标和计划，随着公众对象的变化调整公共关系政策和行为，是公共关系工作的重要任务。

## 2. 社会公众的特点

每个组织都有特定的社会公众对象。组织的性质、规模和目标，决定社会公众的范围和数量。一般来说，社会公众具有如下特点：

（1）整体性。任何组织的生存和发展都离不开一定的公众环境，公众环境是组织运行过程中必须面对的社会关系和社会舆论的总和。公共关系工作不可只注意其中某一类社会公众，对任何一类社会公众的疏忽，都可能致使整个公众环境恶化，应该用全面、系统的观点分析公共关系活动面临的社会公众。

（2）共同性。社会公众由具有某种内在共同性的群体构成，这种内在共同性使一群人或一些团体、组织具有相同或类似的态度和行为，构成一类社会公众。了解和分析社会公众，必须了解和分析其内在的共同性及联系，这样才能从社会公众整体中区分出不同的对象。

（3）多样性。社会公众种类具有多样性，可以是个人、群体、组织等形式，不同的形式决定了沟通内容和方式、信息角度、传播媒介的不同；公众的态度和行为不同，其适用的公共关系策略也各不相同。公共关系工作要针对不同的社会公众，传播不同的信息，选择不同的传播媒介，运用不同的沟通方式，采用不同的公共关系策略。

（4）变化性。组织面对的社会公众在不断地变化，其性质、形式、数量、范围等随着主体条件、客观环境的变化而变化。公众环境的变化，导致公共关系工作目标方针、策略、手段的变化，而变化的基本趋势是发展。因此，社会组织要用联系和发展的观点随时修订计划和措施，注意分析事物发展的各种可能性，发挥主观能动性，强化底线思维和前瞻意识，让公众向有利于组织的方向变化。

（5）相关性。相关性是指社会公众的个性特征。社会公众虽然广泛存在，但不是各组织通用的抽象概念，而是与某一社会组织特定相关的。各社会组织都会因其自身的性质、地位、环境、形象等客观条件而与某些特定的公众对象发生直接或间接的利益关系，从而形成自身特有的公众形象。

## （三）公共关系的手段：传播

### 1. 传播的含义

传播是指社会组织为了达到某个目标而运用传播媒介、工具与公众相互传递信息、思想、观念、情感的过程。传播是连接公共关系主体和客体的纽带，是构成公共关系间普遍联系的过渡环节，既是公共关系的工作过程，也是公共关系的基本手段。传播包括各种言语沟通、组织传播、公众传播、大众传播等形式，包括采用各种印刷媒介、电子媒介、实物媒介等技术。信息传播沟通的质量和效果决定公共关系工作的效果，"工欲善其事，必先利其器"，只有研究各种传播媒介和沟通方法的特点和作用，研究它们在公共关系中的应用方式，研究组织与公众之间的传播过程与模式，才能建立和完善组织与公众之间良好的关系。

**2. 传播的基本要素**

传播沟通的基本要素包括信源、信宿、信息、媒介、信道和反馈六个要素。

（1）信源，即信息的发布者。信息发布者的编码能力、形象、声誉等影响信息传播沟通的效果。

（2）信宿，即接受并利用信息的人。信息接收者的译码能力及其观念、态度和情感，也影响信息传播沟通的效果。

（3）信息，是具有新内容、新知识的消息，包括观念、态度和情感等。信息是传播沟通的内容，信息质量对信息传播沟通的效果具有决定性影响。

（4）媒介，是指用以记录和保存信息并随后由其重现信息的载体。信息与媒介密不可分。离开了媒介，信息就不复存在；任何信息都只有以某一特定的媒介作为载体，才可能进行传递。

（5）信道，是指信息传递的途径和渠道。信道的性质和特点决定了对媒介的选择。

（6）反馈，指信息接收者对信息传播者所发出信息的反应。在传播沟通过程中，这是一种信息的回流。信息传播者可以根据反馈检验传播沟通的效果，并据此调整、充实、改进下一步的传播沟通行为。

信息传播的效果除了受到上述基本要素的影响外，还受到时空环境、心理因素、文化背景、信誉意识等隐性要素的影响。

---

### ✦ 公关实践与学思践悟

以小组为单位分别搜集 3~5 个经典公共关系案例或故事，并从公共关系三要素的角度进行深入分析。

| 公共关系三要素 | 你的分析 | 你的思考 | 你的行动 | 你的启发 |
| --- | --- | --- | --- | --- |
| 主体 | | | | |
| 客体 | | | | |
| 手段 | | | | |

# 第二节　公共关系职业认知

## 中青旅联科倾力打造"三星堆奇妙夜"

2021年，中青旅联科（北京）公关顾问有限公司策划执行了"走进三星堆，读懂中华文明"主题活动，获第十七届中国公共关系行业最佳案例大赛"讲好中国故事"之国际传播类银奖。通过远古中华文化的时空对话，让全球观众感知中国故事、感受中国变化、读懂中华文明，成功打响"走读中国"品牌。

这是一次科技与复古相碰撞的时空对话。中青旅联科联合国际顶级光绘艺术家，进行故事性光绘艺术创造。震撼的光影系列海报，体现了与远古中华文化的时空对话，以沉睡千年的非遗文化唤醒用户的记忆与共鸣。

这是一场轰动全球的中华文化直播秀。通过直播三星堆向世界展现中华文化；用自贡灯彩打造"古蜀之门"，让宾客在流光溢彩中步入一场跨越3 000多年的古蜀之梦；民族交响乐演绎《太阳·玄鸟》，承载了中国人梦想之放飞；"古蜀丝梦"大秀传递东方美学，向世界展现中华服饰之美；"博物馆奇妙夜"沉浸式演出奇遇三星堆，将文化融入演艺，通过朗诵、舞蹈、音乐等形式进行呈现；推出限量版"金面具"，以此作为"走读中国"活动专属文创产品。

这是一次世界级流量的集中刷屏。央视新闻联播、《人民日报》、新华社等中央级媒体，《四川日报》、四川广播电视台等省内媒体发布了大量新闻稿件，国内媒体全平台发力。境外多家媒体也关注此次三星堆活动。围绕活动文物、服装大秀、沉浸式演出、光绘创作、文创产品、彩灯装置等内容，通过创意海报的形式呈现活动内容，宣传系列海报全网铺开。

本次主题活动受到了海内外的热烈关注，央视新闻联播报道，微博、微信、抖音、快手等新型社交平台广泛传播，4次冲上微博热搜，活动直播总浏览量超5 000万人，境外媒体报道一共843篇，覆盖人群达2亿人次，总曝光超24亿人次，有效促成三星堆文化相关产学研项目落地。

**案例启示**

对于一项公关活动来说，专门的组织保障有利于实现科学管理。本案例中的中青旅联科

（北京）公关顾问有限公司顺应时代要求，针对讲好中国故事的国际传播策划，通过专业性与创意性有效提升了中华文化国际传播影响力，成功地让世界读懂中国，进而提升了组织的社会效益和经济效益。公共关系组织机构已成为公共关系职能得以充分发挥，公共关系工作有效进行的重要依托。

# 一、公共关系组织机构

任何社会组织都希望树立良好的组织形象，这就需要专门的组织机构从事公共关系工作。专门的组织保障有利于实现科学的管理，提高组织的经济效益和社会效益，因此，公共关系组织机构已成为公共关系职能得以充分发挥，公共关系工作有效进行的重要依托。1900 年，世界上第一家具有公共关系性质的"宣传公司"在美国波士顿成立，它的出现标志着一种新的职业开始形成，在其后的短短数十年间，公共关系职业在世界范围内迅速发展，公共关系的职业化特征也更加凸显。公共关系组织机构包括组织内部的公共关系部、组织外部的公共关系公司和公共关系社团。

## （一）公共关系部

### 1. 公共关系部的含义

公共关系部（简称公关部）是组织自身设立的，专门从事公共关系工作的职能部门或专职机构，主要负责处理、协调、发展本组织与社会公众和组织的公共关系。公共关系部主要依靠组织内部的公共关系机构来开展工作，处于决策部门与其他专业职能部门之间、组织内部与外部环境之间，扮演着中介的角色，有其特有的优势和局限性。

公共关系部植根于组织之中，熟悉本组织内情，易于看清公共关系问题的症结，抓住问题的要害，找到解决的办法，因此，能够较为及时地为决策者提供咨询和建议，并对突发事件提供快速有效的对策。同时，公共关系部与组织及其内部公众的目标和利益一致，当它开展内部公共关系工作时，更容易得到员工的配合，其对组织内部问题的解决方法，更能获得组织和内部公众的支持和认同；公共关系部作为组织内部专门从事公共关系活动的机构，可以随时参与组织内部的决策参谋、信息收集，帮助组织处理公共关系危机等，保证了公共关系活动的连续性和稳定性。但是，有时候由于组织内部工作的习惯性和内部人际关系因素的影响，也会出现公共关系部职责不明晰，被边缘化以及不够客观公正等问题。

随着时代的发展，以及互联网新媒体的兴起，组织的公共关系职责不再局限于公共关系部，例如，企业不同部门及岗位职责被要求具备公关能力，公共关系部的职能与企业组织的品牌部、市场部、人力资源部、行政部等部门的岗位职责已经融合在一起。

**2. 公共关系部的工作职责**

公共关系部主要进行信息收集和处理，参与决策参谋，组织内部协调，处理社会交往、公共关系危机等工作。因此，有人形象地称公共关系部为"参谋部""情报部"或"外交部"，由此可见公共关系部的重要作用。

（1）收集和处理信息。公共关系部通过观察了解、民意测验、市场调查、报刊剪辑、文件汇集等方法和手段，收集并汇总与组织密切相关的各种信息，并在此基础上进行监测和预测工作。

（2）公关传播。公共关系部根据组织决策，担负对内外公众宣传、解释、传递信息的职责。例如：编制刊物、画册等宣传品；直接与社会媒体沟通，召开信息发布会、记者招待会，并提供相关新闻资料；进行广告设计和信息传播，组织展览、参观、访问等各种专题活动。

（3）危机应对。当组织出现突发事件，公关部需要及时协助组织领导层，迅速客观地调查处理。包括与媒体积极接触、传播真相，沟通或安抚公众，释疑并请求司法介入，从而有效塑造良好的组织形象，营造有利于组织生存发展的环境。组织内部的机构有着更快的反应速度，并能及时有效给出针对性策略，在组织的形象维护和事业发展中起到关键作用。

（4）咨询和建议。公共关系部在对采集到的信息进行加工处理之后，经过认真分析，掌握组织内外公众的要求和倾向，必要时提出科学的见解以及方案，迅速反馈给领导层和相关职能部门，为其决策提供咨询和建议。

（5）协调沟通。公共关系部要与组织内外公众（即组织内部、与组织发生联系的其他组织与公众）保持沟通和协调，创造和谐的人际环境和心理环境；处理接待、来访、来信以及投诉，必要时参加组织的各种谈判和洽谈活动。

## （二）公共关系公司

**1. 公共关系公司的含义**

公共关系公司又称为公共关系顾问公司或者公共关系咨询公司，由各具专长的专家和人员组成，专门从事有关咨询和实施等活动，或受具体单位委托，为公司开展公共关系工作提供设计方案、决策参考的社会服务机构。

公共关系公司的产生是社会发展的必然结果。一些较小的社会组织，由于受人力、物力、财力的限制，无力组建门类齐全的内部公共关系部，往往要委托公共关系公司，借助其强大影响力和优势来完成本组织的公共关系目标；一些较大的社会组织内部虽然建立了专门的公共关系机构，但在开展一些公共关系活动时，仍然需要得到行家专业的指点与帮助。同时，随着世界经济全球化，一些跨国公司要使自己的产品或服务能在国外打开销路，必须了解不同国家和地区的消费心理和习惯，了解当地的文化背景、礼仪和禁忌等，实现精细化操作。同时，传播各国优秀文化同样需要专业性的公共关系公司提供服务。

##  时代发展与公关启迪

### 中国公关行业的挑战与机遇

2022年6月7日，中国国际公共关系协会（CIPRA）发布了《中国公共关系业2021年度调查报告》。

调查报告显示，2021年度中国公共关系服务领域前5位分别是汽车、IT（通信）、互联网、快速消费品、制造业。汽车行业依然占据整个市场份额超过1/3，继续高居榜首，且比上年略有提高。IT（通信）、互联网、快速消费品排名不变，位于第2~4位。与2020年度相比，制造业对公共关系的需求增加，跃升到第5位。由此可见，中国制造业对品牌的意识正在不断提升。金融业从去年的第5位下降到第6位。娱乐/文化业、医疗保健业、旅游业、房地产业排名不变，分别位居第7位至10位。

调查报告显示，TOP30公共关系公司榜单和10家最具成长性公司中，线上业务占76%，线下业务占24%。其中，17家以数字化传播业务为主，4家以活动代理及执行为主，14家以传播代理及执行为主，5家以顾问咨询为主。数字化传播业务、传播代理及执行，是本年度公关市场的主要业务类型。40家公司在短视频营销、危机管理、客户关系管理、体育营销、议题管理、海外品牌传播管理、城市营销等新的服务手段应用进展方面有所增加。

报告还指出了中国公共关系行业面临的挑战与机遇：① 公共关系行业分化趋势明显。② 线上服务是大势所趋；③ 新冠肺炎疫情持续凸显企业内部公关的重要性；④ 新冠肺炎疫情背景下的国家形象传播，成为一个崭新课题；⑤ 资金问题依然是公关公司发展过程中面临的挑战；⑥ 2022年年初以来，几大经济中心城市疫情的反复给全国公关市场带来较大程度的不利影响，部分公关公司面临巨大的发展压力。

### 2. 公共关系公司的服务方式

由于公共关系公司的规模、类型不同，不同组织的公共关系工作诉求不同，公共关系公司的服务方式有所不同。一般情况下包含以下三种类型的服务：

（1）咨询服务类。这类公司专门为客户提供公共关系咨询服务。例如，为工商企业提供金融公共关系咨询服务、帮助政治团体获得公共舆论的了解和支持等。这类公司有大批的公共关系专家，利用他们所掌握的公共关系方面的知识和经验帮助客户，分析客户公共关系失调的原因，就客户有关公共关系问题提供咨询。

（2）活动技术类。这类公司专门为客户提供公共关系技术服务。例如：专门为客户进行民意测验、形象调查、制定公共关系方案；专门为客户编辑制作广告、影视资料，设计商标、招牌；专门为客户撰写各种新闻稿件，帮助客户建立与新闻界的联系；专门为客户收集情报，提供信息，策划各种展览会、展销会等。总之，这类公司以各种专业人才和专门设备为客户的公共关系提供各种技术性的服务。

（3）综合服务类。这类公司兼有上述两方面的功能，既能为客户提供公共关系咨询服务，又能为客户提供专项活动技术服务。一般来说，这类公司拥有的公共关系专业人才比较多，技术手段比较全面。

## （三）公共关系社团

公共关系社团组织的建立和发展，是公共关系机构成熟程度的一个标志，是企业公共关系职能社会化、专业化的具体表现。

### 1. 公共关系社团的定义和工作内容

公共关系社团（Public Relations Association）也称公共关系协会，是指社会上自发组织的、从事公共关系理论研究和实务活动的非营利性群众组织或群众团体。

公共关系社团能够有效加强其会员单位从业人员之间的交流、协调与合作，维护其公共关系基本权益；在一定范围内规范会员的职业道德和行为准则，维护其形象和声誉；社团为会员及各界人士提供公共关系专业方面的咨询服务，培养和训练公共关系从业人员，不断提高业内人士的专业水准；公共关系社团能有效建立本行业与社会各界、国外同行之间的联系与合作，在学科方面也可达到推动学术理论的发展，编辑出版会刊和专业资料，传播公共关系学知识等效果。

### 2. 公共关系社团的类型

根据我国实际情况，公共关系社团可分为以下四种类型：

（1）综合型公共关系社团组织。这类组织主要指不同地域范围的公共关系协会。我国已有两家全国性的公关协会：中国公共关系协会和中国国际公共关系协会。大多数省、自治区、直辖市都有自己的公共关系协会，其主要任务是为政府部门、企事业单位提供公共关系咨询服务，协助有关部门和单位开展各项公共关系活动。

（2）学术型公共关系社团组织。这类组织主要指公共关系学会、公共关系研究会、公共关系教学研究会、公共关系研究所等学术团体，如中国高等教育学会公共关系教育专业委员会。其会员主要来自大中专院校、科研机构，属于知识分子群体，学术性比较强。其主要任务是通过举办学术研讨会和交流会，进行学术研究、探讨，交流公共关系理论，从事公共关系培训，指导公共关系实践，把握公共关系发展的趋势。

（3）行业型公共关系社团组织。这类组织主要是指各行各业、各部门、各系统的公共关系社团。不同的行业开展公共关系工作有不同的特点，其主要任务是开展行业内部公共关系活动，促进行业内各部门、各系统间的合作与团结，帮助行业在发展中处于有利地位。

（4）联谊型公共关系社团组织。这类组织主要是指公共关系联谊会、公共关系俱乐部、公共关系沙龙等社团组织，其主要作用是在成员之间沟通信息，联络感情，建立良好的人际关系。

## 二、公共关系人员

公共关系工作是一项复杂的劳动，公共关系人员主要是指以公共关系为职业的从业人员，也包括事实上担负社会组织公共关系工作的兼职人员。公共关系人员是完成公共关系主体工作内容的关键。没有公共关系人员，社会组织的公共关系目标就无法实现，制定的公共关系计划和执行方案就成了纸上谈兵，组织与公众之间的交流与沟通就无法实现。公共关系人员应具备合理的知识结构和专业技能、较强的综合能力以及良好的心理和道德素质。

微课：公共
关系人员

值得说明的是，传统意义上组织会为公共关系人员设置特定的岗位，但随着时代的发展，随着公共关系职能和各个职能部门职能的融合，企业各个部门的工作人员都需要具备公共关系能力才能胜任工作。例如，企业的品牌推广、市场销售、人力资源、客户服务等职业岗位，在当下发展中都应该发挥公共关系职能并具备公共关系人员的岗位能力和素质。

## 一张照片引发的风波

2019 年 4 月 10 日 21：00，人类史上第一张黑洞照片面世，这张照片引起朋友圈、微博的广泛讨论。4 月 11 日上午，有网友发现视觉（中国）文化发展股份有限公司（以下简称视觉中国）上架了这张人类史上第一张黑洞照片，并且标明：此图片是编辑图片，如用于商业用途，请致电或咨询客服代表。广大网友对这种做法表示质疑。关于"人类首张黑洞照片"的讨论一石激起千层浪，也把视觉中国推上了舆论的风口浪尖。这家市场份额超 40% 的国内最大的视觉素材版权交易平台公司被爆出拥有数十家企业标志图片的版权，甚至连国旗、国徽的版权也被"收入囊中"。一时间，大家都问："怎么都是视觉中国的呢？"与此同时，一些社会名人也加入"吐槽"的行列。在网友曝出此事件后，共青团中央官微、新华社、《人民日报》等主流媒体纷纷发声。

这场舆论风波的关键点包括：① 视觉中国作为一个声称保护版权的平台，其自身却存在版权纷争，在其虚假声称有版权并产生销售行为的同时，可能已经构成对相关图片权利人著作权的侵犯且涉嫌不当得利；② 视觉中国向有"侵权"行为的公司索取高额的赔偿金额和图片使用费，并以此要挟企业签订年度合同，其"维权"方式引发争议；③ 视觉中国涉嫌将大量包括国旗、国徽在内的非商业或"公有领域"图片版权、企业标志图片版权据为己有，并标明商业用途。

视觉中国在事发后两天内连发三份公关声明。

第一份声明主旨为"黑洞"照片有部分版权，无商业用途版权。但随后这份声明便遭遇了网友质疑，网友抛出事发前与视觉中国客服人员的对话，显示即便咨询时已声明要做商业海报，视觉中国客服的回复也是"购买后可使用"。而在一天之后，"欧洲南部天文台"出面否认曾将"黑洞"照片授权给视觉中国。

第二份声明的主旨是把责任归咎于"供稿方"，自己只有"审核不严"的责任，没有真正意识到自己的问题以及述未达到顶峰的"舆论风暴"。

第三份声明是舆论情绪完全发酵，并被《人民日报》和央视点名之后发出的，主旨是道歉、关站整改、接受处理。

视觉中国的股价开盘后跌停，市值蒸发 19.7 亿元。天津市网信办成立工作督导组进驻视觉中国进行督导检查，并指导、督促公司整改。

视觉中国事件后续发布善后声明：① 对版权归属不清的图片全部下架自查，直至确认拥有版权再重新上传; ② 成立版权监督委员会，聘请国内权威的版权专家担任要职，同时欢迎社会各界人士监督视觉中国图片版权，并设置举报通道; ③ 向全社会开放 10 万张图片免费下载，无须付费，只需在使用时注明版权方归视觉中国即可。

**案例启示**

　　坚守良好的商业伦理才是最好的公关。本案例中涉及的企业以知识产权保护为旗号，却侵犯了知识产权，违背了基本的商业伦理。在我国公共关系事业健康蓬勃发展的同时，企业需要注意要以优质的产品或服务得到用户青睐，以高品质的服务收获良好口碑，这才是企业经营的守正之道。

## （一）公共关系人员的基本素质

　　公共关系人员素质的高低直接影响着社会组织公共关系工作的效果。素质是个人身心条件的综合表现，是个人思想素质、身体素质、心理素质等的总和。

### 1. 思想素质

　　公共关系人员应认真学习党和国家的方针政策，严格遵守国家的政策法规，努力提高自己的思想觉悟与政策水平，善于分析形势，准确把握社会、时代的发展变化趋势。同时，作为一名公共关系人员，必须要有强烈的事业心、义不容辞的责任感、艰苦踏实的作风、持之以恒的工作热忱；必须具备职业道德，恪尽职守，有良好的价值观，能够正确处理国家、组织、个人之间的利益关系，遵纪守法，合法开展公共关系工作。

### 2. 身体素质

　　身体素质不仅包含了健康的体魄，还包括了身高、体型、仪态、仪表等。公共关系活动的目的就是要树立良好的组织形象。公共关系人员健康的体魄、端正的仪表、潇洒的风度会对公众产生较强的说服力和吸引力，为进一步沟通交流、增进友谊、开展公共关系工作打下良好的基础。

### 3. 心理素质

　　公共关系人员要与社会上各种各样的公众打交道，并且与其他社会组织产生交集。处理各种各样复杂的公共关系事务，常常需要面对各种难题、矛盾和困境，需要自身具备良好的心理素质。具体包括以下五个方面:

　　（1）较强的心理承受能力。"明者因时而变，知者随事而制"，公共关系是具有挑战性、开拓性的工作，挫折失败随时都有可能发生，无论是成功还是失败，顺境还是逆境，都要善于控制自己的情绪和行为，理智地对待问题，解决问题。正视顺境与逆境的双重作用，在特定的情况下以积极的态度忍耐和克己、感染他人。

（2）坚强的意志。公共关系工作是一种需要从业人员付出大量智力和体力劳动的艰辛工作。只有具有很强的事业心和进取心，对工作满腔热情，不畏艰难，勇于负责，持之以恒，才能成为优秀的公共关系人员。

（3）成熟的思维方式。公共关系状态复杂多变，要求公共关系人员应有较高的智慧，遇事冷静思考，有严密的逻辑思维能力和综合分析问题的能力，有丰富的想象力和创造思维能力，使组织在激烈的竞争中立于不败之地。

（4）开放的心态。从工作的性质来讲，公共关系人员需要有开放的心态，并不断接受新事物、新知识和新观念，在工作中敢于大胆创新；开放的心理素质还要求公共关系人员拥有宽容的心理品格，能够倾听公众意见，善于接受他人意见，能宽容并接受与自己性格、风格不同的人，异中求同。

（5）广泛的兴趣。公共关系人员要与各行各业的人打交道，广泛的兴趣会给公共关系人员的社会交往带来更多的维度和空间，结交更多的朋友。公共关系人员可为了工作的需要，培养自己的多方面兴趣。

### （二）公共关系人员的能力要求

公共关系工作是实践性、操作性很强的工作，公共关系人员必须使自己形成合理的能力结构，这是一种特殊的专业能力体系，它包括以下几个方面：

**1. 组织管理能力**

公共关系工作具有管理属性，通过公共关系工作可以促进组织目标的实现。公共关系工作千头万绪、具体繁杂，没有良好的组织能力是很难顺利做好工作的。为此，公共关系人员应具备激励员工、协调各类公众关系、收集信息、制定公共关系计划与方案、组织实施各类公共关系活动及大型专题活动，进行有效传播沟通等能力。

**2. 语言表达能力**

公共关系工作通过传播沟通与公众建立良好的关系。能写会说，运用语言传达组织的有关信息，与公众进行有效沟通，是公共关系人员的一项基本素质要求。它主要包括口头语言表达能力、文字语言表达能力、体态语言表达能力。口头语言用于与公众的直接的面对面交往中；文字语言用于与公众的文章、书信、宣传资料等的沟通中；体态语言用于与公众的直接交往中，它能在一定程度上补充口头语言的不足，并和口头语言相得益彰。

### 3. 公众交往能力

公共关系就是要为组织广结良缘，广交朋友，在组织与公众之间架起沟通的桥梁，形成"人和"的氛围和环境。为此，它需要公共关系人员正确认识公众，把握交往的技巧、艺术、原则，了解公众的行为特点，学会与各种类型和特点的公众友好相处。

### 4. 宣传推广能力

公共关系人员是组织的宣传员，要善于周密策划、精心设计组织形象，善于运用各种传播方式、传播媒介展现组织形象，宣传推广组织形象。

### 5. 创造能力

公共关系工作是一项极富挑战性和创造性的工作，公共关系人员是组织与公众的中介者，但绝不是"传声筒"，必须以自己的想象力和创造能力来影响和感染公众。不满现状，不断超越，追求创新，追求卓越，是公共关系人员的基本要求。

### 6. 随机应变能力

公共关系活动中经常会出现一些突发事件和事先难以预料的问题，需要公共关系人员根据实际情况，灵活从容地应对，以有效地解决问题。

### 7. 专业操作技能

公共关系人员应是多才多艺的多面手，除具有专业基础知识和能力外，还应掌握计算机、制图、制表和多媒体等技术，以提高公共关系活动的效果。

---

##  时代发展与公关启迪

### 丰巢收费惹公关失控

2020 年 4 月 30 日，丰巢快递推出"超时收费"，一时间成为舆论热点，经历了一个"五一"假期的酝酿，在 5 月 11 日全面爆发公关危机，上到央视媒体，下到社区委员会，丰巢遭受全民"口诛笔伐"。针对媒体发布的内容，丰巢除了有关快递柜实行会员制涨价形式的公关话术之外，没有其他语言针对涨价的详细解释。

各大主流媒体与自媒体纷纷加入丰巢涨价的报道中，微博＃丰巢快递柜超 12 小时将收费＃超话阅读量超 9 000 万次……丰巢态度始终强硬，且整个公关部门始终在照本宣科。

随后，上海一家小区业主发布了《上海中环花苑小区致丰巢公司的公开信》一文，该文逻辑严谨，有理有据驳斥了丰巢涨价的不合理。该文发出后迅速刷屏，获得了超过 10 万次的点击量。也正是这篇文章，让此前态度强硬的丰巢动摇了，在舆论漩涡下，丰巢最终选择致歉并发布声明称将调整用户免费保管时长。

丰巢的这次公关到底错在哪？为什么用户连 0.5 元的保管费都不愿意付？或许在舆论过后，丰巢才明白，尊重用户，在强制收费前与用户进行基本的提前沟通非常有必要。不是收费不合理，而是要收得合情合理，过程也要正大光明。

**案例启示**

公关人员应在公司和消费者之间起到及时沟通传达的作用。本案例中，丰巢的公关人员没能及时发现危机苗头，导致错过最佳沟通时间，多方舆论介入引发全民大讨论，接着其官方发言选择用业务视角与用户沟通，并没有与用户的需求产生共情，从而触发博弈，导致危机再升级。

# 三、公共关系职业道德

## （一）公共关系职业道德的含义

职业道德是对每个从事一定职业的人所提出的道德要求，是与人的职业角色和职业行为相关联的工作行为规范的总和，是以协调个人、集体、社会的关系为核心的职业行为准则和规范系统。任何一种行业或者职业，都有一定的职业操守和道德标准需要去维护和遵守。公共关系人员不仅要具备良好的心理素质、文化素质和职业能力，而且要坚守基本的职业道德，只有这样，才能保证公共关系活动带来良好效应。

### ◈ 公关伦理与和谐关系

**职业道德五项基本规范**

1996 年 10 月，党的十四届六中全会通过了《中共中央关于加强社会主义精神文明建设若干重要问题的决议》，其中规定了各行各业都应共同遵守的职业道德五项基本规范，即"爱岗敬业、诚实守信、办事公道、服务群众、奉献社会"。2019 年 10 月，中共中央、国务院又印发了《新时代公民道德建设实施纲要》再次明确规定："推动践行以爱岗敬业、诚实守信、办事公道、热情服务、奉献社会为主要内容的职业道德，鼓励人们在工作中做一个好建设者。"

**案例启示**

公共关系人员日常工作需要接触各方面的人和事，经常会遇到道德及法律法规的考验。公共关系人员是否具有正直的职业操守，将是能否经受这些考验的关键。比如，在信息的上传下达中，不能徇私，不能因为个人的利益或者感情关系而有偏颇。既不能添油加醋，也不能有所保留，要做到客观、公正。坚守职业道德，不中饱私囊，不违法乱纪，不做有违道德准则的事情，这些都需要有正直的职业操守作为保障。

## （二）公共关系职业道德的要求

公共关系职业道德是指公共关系工作人员在公共关系实践活动中应当遵守的行为规范的总和。从事公共关系职业的个人主要代表某一组织，其公共关系工作中表现出来的道德水平不只是影响个人，更重要的是影响整个组织，这就要求公共关系人员树立全局观念，寻求最优目标，从而实现组织效益和社会效益的和谐统一。同时，具备正确的荣辱观，明确是非、对错、善恶、美丑的界限，树立正确的价值取向。具体而言，公共关系人员应当遵守以下职业道德：

### 1. 遵纪守法，不损害社会和他人正当权益

公共关系人员在从事公共关系工作时，必须遵守活动所在地的法律、法规和道德规范，这是公共关系人员的基本职业道德。《中国公共关系职业道德准则》第一条就规定："公共关系工作者应当坚持社会主义方向，自觉地遵守我国的宪法、法律和社会道德规范。"公共关系工作者必须坚持集体主义原则，为有益于社会进步的正义事业与合法组织服务，自觉地尊重、维护组织与公众双方的利益，绝不能假借组织和公共关系工作的名义，为个人谋取不正当的利益，更不能损害社会和他人的正当权益。

### 2. 忠于职守，自觉维护组织形象

公共关系工作是一项富有创造性的工作，许多时候其工作过程和内容自由度较大，因此，公共关系人员应该恪尽职守，做敬业的好员工。同时，公共关系人员在开展公共关系活动时，代表的是组织，因此，应该时刻自觉维护组织形象，以良好组织形象的塑造为行动目标，坚决杜绝以公共关系的名义从事任何有损组织形象和利益的活动。

### 3. 公正诚实，客观传递公共关系信息

公共关系人员是为组织和公众服务的，应当忠实于自己所服务的组织，并以真诚的态度对待公众，实事求是地向组织和公众提供真实的信息，绝不可投机取巧，以假话、空话误导公众。

### 4. 为人正派，谦虚团结

公共关系事业是高尚的事业，献身于这一事业的公共关系人员应该拥有为人正直、处事公道、作风正派、公私分明的高尚品德。同时，公共关系工作大多属于团队工作，合作、互助、团结、友爱、互相信任和互相尊重，是工作顺利、事业成功的可靠保证。

---

## ◈ 公关伦理与和谐关系

### 花呗广告引争议

移动支付的普及，让人们告别了以往大多通过现金支付的局面，也使消费者在不知不觉中消费得越来越多，作为移动支付手段的花呗是消费者使用较为频繁的一种消费信贷产品。

花呗有这样一则广告，内容描述了一家三口平时过日子很节俭，而当女儿过生日的时候，父亲就是从花呗借钱也要让孩子过一个像样的生日。乍一看似乎没有什么问题，然而却引起了网友的质疑。有网友表示：这就是在"怂恿"用户借钱，表面光鲜亮丽的背后实际上负债累累。事实上，这是一个系列的广告，还有哥哥用花呗给妹妹买计算机、小夫妻用花呗买双人床等。这些广告从表面上看都是通过花呗实现了更高品质的生活，然而从本质上看都是在鼓吹提前借款消费。

真的要做到借钱给女儿过生日才算得上是一个好父亲吗？不可否认，在不知不觉中，这些广告的初衷就已经"偏题"了。使用越频繁，额度也越涨越高，不知不觉中也刺激了人们的消费欲望。选择理性消费，遇到资金困难时通过花呗周转一下是没有什么问题的，但过度依赖花呗超前消费很明显是不理智的行为。

**案例启示**

本案例中的花呗系列广告用消费信贷产品鼓励人们提前消费、过度消费，传递的价值观让人警惕，《中华人民共和国广告法》规定"广告不得含有虚假或引人误解的内容，不得欺骗和误导受众"等内容，而花呗的宣传则明显背离了这一要求。

以小组为单位，选择一家比较熟悉的公司，分析该公司的公共关系组织机构设置情况及其公共关系组织内部结构，描述并讨论其公司公共关系岗位职责。

| 公关组织 | 你的分析 | 你的思考 | 你的行动 | 你的启发 |
|---|---|---|---|---|
| 设置情况 | | | | |
| 内部结构 | | | | |
| 岗位职责 | | | | |

# 第三节　中国公共关系发展认知

## 公共关系与中国故事

### 蓝色光标的转型升级

2020 年突如其来的新冠肺炎疫情改变了全球数十亿人的生活，人们的生产生活逐步从线下向线上转移，广告主的营销布局随之迅速转变，企业数字营销的能力显得更为重要。蓝色光标作为行业内转型既早又快的公司，经受住了疫情的考验，交出了一份靓丽的答卷。

蓝色光标成立于 1996 年，以公关业务起家，并于 2011 年开启并购转型之路，通过不断并购整合成为全球化营销集团，2021 年，蓝色光标位列全球营销控股集团第 8 名，是仅有的一家进入全球营销传播前十的中国企业。截至目前，公司持续为全球范围内 3 000 家客户提供服务，客户涵盖游戏、汽车、互联网及应用、电子商务、高科技产品、消费品、房地产及金融等八大行业，150 多个行业的领先品牌及世界 500 强企业。蓝色光标的发展历程主要分为以下四个阶段：

（1）1996—2010 年，公司创立并聚焦公共关系，服务网络覆盖中国 24 个城市，2007 年名列全球公关 250 强第 75 位，成为唯一入选全球公共关系企业百强的中国本土公共关系企业；

（2）2011—2013 年，公司接连并购整合恩思客、今久广告等广告营销公司，转型整合营销传播；

（3）2013—2015 年，公司施行数字化、国际化战略，一方面布局数字营销领域，并购多盟、亿动，成为移动广告领先者，另一方面开启海外战略布局，实现营销智能化及业务全球化；

（4）2016—2021 年，公司巩固领先营销集团地位，并开启智慧经营平台布局，2020 年发布蓝标在线，转型营销科技公司；2021 年，公司打造虚拟直播间，并成立全资子公司"蓝色宇宙数字科技有限公司"，全面推进元宇宙相关业务的探索和落地。

**案例启示**

新冠肺炎疫情的影响和时代变化对公关企业提出了挑战，本案例中的蓝色光标公司基于多年积累的内容创作与运营、广告精准投放、多元渠道链接等能力，在业务能力、产业链布局、大客户开发与维护、技术前瞻探索等方面积极拓展，顺应传播发展趋势，在时代考验下为公关行业做出表率。现代公共关系服务公司的业务构成已完全从单一公共关系服务业务成功转型为综合智能营销服务业务。

# 一、中国古代公共关系活动实践

人类社会在纵向发展的历史长河中不断变迁，公共关系也有一个从诞生到成熟的演变过程。在古代中国，自发的公共关系活动广泛存在。

春秋战国时期，诸子百家从各自学派立场出发，提出了许多处理公共关系的理论观点。例如，老子提出"鸡犬之声相闻，民至老死不相往来"的小国寡民思想；墨子主张"兼爱""非攻"的与人为善的交往原则；兵家提出"上兵伐谋"与"不战而胜"的思想；法家宣扬"法、术、势"的治民之道；纵横家鼓吹"远交近攻""纵横捭阖"的政治、外交政策等。但在当时这方面更为系统、成熟的认识，则首推以孔子、孟子为代表的儒家。春秋战国时期，孔子在《论语》中就明确提出了"和为贵"的思想："礼之用，和为贵。先王之道，斯为美，小大由之。"意思是说：礼的应用，以和谐为贵。孟子提出："天时不如地利，地利不如人和。"这里的"人和"就是指建立人与人之间的和谐关系。这种"和为贵"的思想在博大精深的中国传统文化中占有十分突出的位置，这与今天公共关系的基本原则和目的是一致的。

公共关系活动在中国古已有之，比如战国时代苏秦倡导的"合纵连横"，但这些只是公共关系的雏形或原始形态，还不是真正意义的现代公共关系。现代公共关系是一门融传播学、管理学及其他相关学科于一体的现代管理科学和职业活动。

## 二、中国公共关系的发展历程、现状与未来

现代公共关系是社会发展到一定阶段的产物，中国公共关系事业也随着社会的发展，经历了萌芽、崛起和稳步发展三个阶段。

### （一）中国公共关系事业的萌芽

在20世纪50年代，现代公共关系在中国香港、台湾地区已经出现，并很快被那里的企业和社会所接受，且在实践中有所变化和创新。港台地区公共关系事业的发展，也为后来公共关系进入中国内地创造了条件。从20世纪80年代初开始，伴随着改革开放政策，我国第一个经济特区在深圳成立，酒店业率先引进外资，创办了一批较早的"三资"企业，参考海外的管理模式，设立了公共关系部，开展不同形式的公共关系工作。这种做法在沿海地区的企业界受到了广泛关注与讨论。1984年，广州市白云山制药厂率先设立了公关部，这是中国内地企业引入公共关系运作的首次尝试。后来《经济日报》将该事件作为典型示范予以报道，并专门配发《认真研究社会主义公共关系》的社论。此后，公共关系借助广州作为改革开放重要城市的强大影响力，迅速在中国的沿海开放地区等一些地方传播。到1988年，与当时中国经济的发展相呼应，人们热情拥抱快速发展的公共关系，出现了规模空前的"公关热"。大批企业将公共关系视为走向市场、增强竞争力的法宝，争先恐后地设立公共关系机构，招聘公共关系人员。中国公共关系市场的突然出现使一批外国公共关系公司纷至沓来。1984年，美国的希尔·诺顿、博雅、阿尔·纽萨姆等公共关系公司先后在北京设立办事处，开展公共关系咨询和代理业务。美国的博雅公司与中国企业合作，成立了中国内地第一家专业公共关系企业——中国环球公关公司。

学术界以同样的热情投注于公共关系。当时的中国社会科学院新闻研究所组织了专门的"公共关系课题组"，针对中国"社会主义公共关系"进行研究。有关公共关系方面的书籍如雨后春笋般出现，从1986年11月中国内地第一本公共关系著作《公共关系学概论》出版到1989年年底，短短三年共出版了54部公共关系类书籍。

在社会上，公众对公共关系的热度也在持续递增。从 1985 年深圳市总工会在中国内地开办第一个公共关系方面的培训班开始，各类正式、非正式的培训和讲座此起彼伏。20 世纪 80 年代中期我国出现首次"公关热潮"时，公共关系尚处在引进和普及的初级阶段。虽然受社会需求的拉动，在较短时间内就形成了很大的声势，但在理论、人才、经验、规范等诸多方面都缺乏必要的准备，具有许多先天的缺陷，例如：舶来的外国公共关系理论、书籍不尽符合中国的实际；绝大部分公共关系人员未经过系统的培训，素质普遍不高；公共关系活动五花八门，混乱无序，许多庸俗、不正当的做法也都堂而皇之地打起了"公共关系"的招牌，严重地败坏了公共关系的名声，也不可避免地招致人们的非议。到 20 世纪 80 年代末，持续数年的"公共关系热"悄然降温。

## （二）中国公共关系事业的崛起

20 世纪 90 年代初，中国新一轮改革的到来再度为新生的中国公共关系事业提供了发展契机，进而引发了"第二次公共关系热潮"，并持续至 20 世纪 90 年代后期。

公共关系在此阶段的发展出现了值得关注和反思的动向。第一，在公共关系理论方面，从国内较成功的公共关系实践中总结出来并上升到理论高度的知识体系匮乏。第二，在实践领域，由于人们对市场经济等事物的认识尚不明晰，因此对来自国外、与市场经济紧密相连的公共关系总是怀有疑虑，引来一些误会，甚至有人将之与不正之风联系起来。

20 世纪 90 年代初，邓小平同志的南方谈话有力地促进了新的思想解放热潮，这也进一步为公共关系事业在中国的发展扫清了思想障碍。1991 年 5 月，中国公共关系协会在北京召开了全国公共关系工作会议，党和国家领导人在贺词中充分肯定了我国公共关系事业的成绩，指出了它的发展方向和任务。这不仅是对全国公共关系工作者的极大鼓舞，同时起到了为公共关系"正名"的积极作用。此后，公共关系工作不仅在企业界得到广泛应用，而且在党政机关、事业单位，甚至在密切军民、警民关系中都得到了重视。

20 世纪 90 年代前期，有更多的社会组织新建或扩充原有的公共关系机构，全国各大中城市涌现出许多不同类型的公共关系策划、咨询公司等专业化经营实体。据不完全统计，到 20 世纪 90 年代中期，国内的各类公共关系从业人员已超过 10 万人，公共关系协会、学会等各级各类组织也更广泛地建立起来。此阶段，公共关系队伍和组织不仅规模扩大、数量增多，而且在专业素质上也有一定的改善，一些受过高等教育的专业人才加盟其中，较多的从业者也接受了各种形式的专业培训，这使许多地方的公共关系工作水平有所提高。

到 20 世纪 90 年代中期,国内已出版公共关系专著、教材、译著、论文集和工具书等近 400 种,其中一些得到读者的欢迎与认可,产生了较广泛的社会影响。此外,各地还创办了《公共关系报》《公共关系》《公关世界》等二十多种专业报刊,既为专家、学者们交流工作经验、发表研究成果提供了平台,又面向社会公众广泛传播和普及公关知识。而高等院校、各级协会和学会也为建立我国高校公共关系教学体系和专业人才培训系统做出了贡献。开设公共关系课程的高校已超过 300 所,有二十多所学校开办了公共关系专科教育;1994 年,国家教委正式批准中山大学开办第一个公共关系本科专业;而各类夜大、职大、电大、党校和成人高校也纷纷开设了公共关系专业。新闻、广告、市场营销、旅游管理、文秘等许多专业也都把"公共关系"列为必修课。一些地方还办起了公共关系学院、公共关系职业学校等,基本上形成了包括本科、大专、中专在内的专业教育体系,并多次召开全国高校公共关系教学研讨会,以交流经验、切磋理论、编写教材、指导和规范教学活动。

为了促进公共关系事业的发展,我国公共关系界还采取"走出去、请进来",进行合作项目研究等多种方式,加强与国外公共关系界的联系、交流与合作。

到了 20 世纪 90 年代后期,由于市场竞争加剧、买方市场形成、企业经营机制转变等社会因素的影响,使得"公共关系热潮"再度变冷。公共关系公司、公共关系从业人员数量也呈下降趋势。

### (三) 中国公共关系事业的稳步发展

1999 年,以国家劳动和社会保障部(现人力资源和社会保障部)正式认定公共关系职业资格为开端,我国的公共关系开始进入了一个理性的、探索适合中国国情的、朝着职业化发展的时期。

进入 21 世纪,中国公共关系业悄然发生着改变,以往公共关系业"乱花渐欲迷人眼"的状况,经过市场的竞争和淘汰,已经走向健康、有序的发展新阶段,留下真正实力雄厚的公共关系公司。大的外资、老牌公共关系公司,如爱德曼国际公关(中国)有限公司、奥美公关国际集团等,凭借自己的丰富经验,在中国市场的业务量稳步增长;一批年轻却更专业、更具竞争力的中资公共关系咨询服务公司在北京、上海、深圳等地快速成长起来,如蓝色光标、嘉利等一批成立于 20 世纪末的公司迅速发展,这批充满活力的新公司,在一定程度上代表了中国公共关系行业的发展水平和方向。

随着中国经济的高速发展,中国逐渐从"制造工厂"向"品牌工厂"转变。本土企业的品牌价值意识不断提高,相继开始注重品牌建设,以扩大品牌影响力、提升市场占有率,本土企业品牌建设方面的需求愈加强烈。2020 年新冠肺炎疫情暴发后,公共关系行业集中度进一步得到提升，自媒体行业高速发展，带动了传统公共关系企业积极转型。2016—2020年公关行业市场规模由500亿元增长至772亿元，年均增速超10%。

2014年至今，大量新型社交平台盛行、自媒体崛起，传统媒体（如平面媒体、电视媒体、广播媒体等）逐渐被新媒体（如互联网媒体、新闻媒体、自媒体、新媒体平台等）取代。为迎合行业发展趋势，避免遭到市场淘汰，大量公共关系企业加快进行业务转型，传统公共关系业务逐步减少，新媒体数字营销业务量不断增多。随着公共关系行业媒介资源日益朝多元化方向发展，公共关系行业信息传播效率有效提升。

总之，进入21世纪后，中国公共关系行业正在经历深刻的变化，由稳中求进向专业化、科学化、规范化、国际化的方向阔步迈进，并已取得实际成效。

 **时代发展与公关启迪**

### 看"双奥之城"北京地铁的科技巨变

在"双奥之城"北京的地下，地铁让城市的流动更加便捷。在2022年2月7日的北京新闻中心"双奥之城·看典"直播间，北京市轨道交通指挥中心总经理助理、运营数据部部长孙琦列出了一组数据：截至2022年年初，北京地铁运营线路共有27条，运营里程783公里，车站459座。从2008年的8条线、200公里到2022年的27条线、近800公里，北京地铁迎来了大发展。

运营里程、地铁条数增加了，背后的科技力量也在增加。2008年建成投用的北京市轨道交通指挥中心，是当时全国规模最大、接入线路最多、集成化水平最高的轨道交通管理中枢。"现在北京有10条线的发车间隔达到或者小于2分钟，有4条线的发车间隔只有1分45秒，分别是1号线、5号线、9号线和10号线，处于世界领先水平，这背后就是北京市轨道交通指挥中心不断依靠科技创新赋能地铁服务的努力。"如今，在科技创新的赋能下，北京地铁11号线西段（冬奥支线）化身北京第一条智慧轨道交通示范线路。冬奥支线集智慧调度、智慧运维、智慧车辆、云平台等基础设施于一体，科技感十足。

由北京市轨道交通指挥中心自主研发的平安列车产品首次在冬奥支线落地应用。平安列车产品的运用能实现如下功能：一是实时掌握每辆列车的乘坐情况，并通过手机App提醒乘客，引导其分散就乘；二是对乘客的异常行为准确感知；三是实时掌握列车满载情况，进行精准化客运组织。

在新开通的北京地铁11号线西段（冬奥支线）新首钢站，站厅整体呈现红色，红色缀着雪花造型的墙板，将中国元素、冬奥元素和首钢元素巧妙地结合在一起。而在曾入选"全国最美地铁车站"的北京地铁 7 号线珠市口站，则可以看到在空间设计上提取了中国传统建筑结构元素，并将传统窗格形式应用到梁柱顶部，融合了传统的梁架及彩画元素，塑造出具有中国传统文化韵味的地铁空间。新首钢站、珠市口站在文化设计上的展现，其实只是北京地铁 27 条线、459 座车站"线线不同""一站一景"的一个缩影。

从 2008 年到 2022 年，一座城市、两段奥运缘，飞速发展的北京轨道交通不仅承载着亿万人的"奥运情""北京梦"，也见证了"双奥之城"的蝶变。来往穿行于北京地铁中的人们，在便捷、舒适的感受中，也让这座城市更具活力。

**案例启示**

地铁作为一个城市的骨架，向广大乘客呈现出城市的发展和文化底蕴，是城市形象的名片。本案例中的北京地铁作为城市"大动脉"，除了能体现城市和国家的快速发展外，更能体现北京这座"双奥之城"发展的"中国速度"与"中国智慧"。这辆高速前进、奔向美好明天的列车正在驶出北京新速度，托起北京新高度。

## ❖ 公关实践与学思践悟

以小组为单位分享一个中国历史上的公共关系故事，并谈谈这个故事对你的启发。

## 一、单选题

1. 公共关系人员必须具备优秀的口头表达能力，属于公关人员能力要求中的（      ）。

    A. 组织管理能力　　　　　　　　　　B. 语言表达能力

    C. 随机应变能力　　　　　　　　　　D. 公众交往能力

2. 下列不属于公共关系人员需要遵守的职业道德的是（      ）。

    A. 遵纪守法，不损害社会和他人正当权益

    B. 忠于职守，自觉维护组织形象

    C. 利益至上，效益最大化

    D. 公正诚实，客观传递公共关系信息

3. （      ）是公共关系的传播沟通对象。

    A. 个人　　　　　　B. 企业　　　　　　C. 公众　　　　　　D. 政府

4. "自知者明，自信者强"可以用来描述公共关系人员（      ）方面的心理素质。

    A. 较强的心理承受能力　　　　　　　B. 坚强的意志

    C. 开放的心态　　　　　　　　　　　D. 广泛的兴趣

5. 公共关系社团的类型不包括（      ）。

    A. 综合型公共关系社团组织　　　　　B. 学术型公共关系社团组织

    C. 公司型公共关系社团组织　　　　　D. 联谊型公共关系社团组织

## 二、多选题

1. 公共关系公司的优势包括（      ）。

    A. 分析和处理问题更加客观、全面

    B. 专业水准较高，实践经验丰富

    C. 知名公关公司形象资源更优

    D. 熟悉公司内情，易于看清问题的症结

2. 公共关系活动一般由（      ）要素组成。

    A. 公共关系的手段　　　　　　　　　B. 公共关系的主体

    C. 公共关系的客体　　　　　　　　　D. 公共关系的内容

3. 下列属于社会公众特点的是（      ）和相关性。

    A. 整体性　　　　　　　　　　　　　B. 共同性

    C. 多样性　　　　　　　　　　　　　D. 变化性

4. 信息传播的效果受到（　　　　　）等要素的影响。

　　A. 信息的发布者　　　　　　　　　B. 信息的接收者

　　C. 文化背景　　　　　　　　　　　D. 信息传递的途径和渠道

5. 公共关系部的工作职责包括（　　　　　）和危机应对。

　　A. 收集和处理信息　　　　　　　　B. 公关传播

　　C. 咨询和建议　　　　　　　　　　D. 协调沟通

## 三、判断题

1. 公共关系是组织与公众之间的双向关系。（　　　）

2. 公共关系部是由各具专长的专家和人员组成的，专门从事有关咨询和实施等活动的社会服务机构。（　　　）

3. 公共关系组织机构包括组织内部的公共关系部、组织外部的公共关系公司和公共关系社团。（　　　）

4. 公共关系人员不仅要具备专业基础知识和能力外，还需要掌握计算机、制图、制表和多媒体等技术。（　　　）

5. 公共关系人员注重职业道德有利于社会和公众正确看待公共关系工作。（　　　）

## 四、简答题

1. 公共关系的含义有哪几个层次？

2. 简要陈述社会公众的基本特征。

3. 公共关系公司和企业公共关系部各有什么特点？

4. 公共关系职业道德的作用是什么？

## 五、技能训练

**实训项目：** 完成一份个人公共关系素质分析报告。

**实训目的：** 通过对个人公共关系素质的分析，提升学生的自我分析能力，增强学生对公共关系的系统认知，增加学生对公共关系课程学习的兴趣，发掘自身的公共关系素质优势。

**实训内容：** 对照公共关系人员应该具备的素养和能力，进行个人公共关系素质分析，对个人需要改进和训练的部分进行详细描述，并制订训练计划。

（1）查询总结公共关系人员的素养能力。

（2）进行自我素养分析。

（3）制订素养提升训练计划，并在全班进行展示，教师点评。

实训要求：（1）按照公共关系从业人员素养逻辑来进行分析，条理清晰。

（2）训练计划需要具备可操作性、可执行性。

# 内部公共关系
## ——凝聚内部力量

第二章

## 学习目标

### 知识目标

- 了解员工关系和股东关系的内涵、特点与表现
- 了解政府内部公共关系工作的必要性和重要性
- 掌握员工关系管理、股东关系管理的内容与沟通方式
- 掌握政府内部公共关系的一般运作机制

### 技能目标

- 能够分析近期发生的员工关系、股东关系管理实例
- 能够提升内部公共关系维护的判断、决策、协调能力等
- 能够分析并掌握政府内部公共关系的沟通障碍和解决方法

### 素养目标

- 构建内部公共关系思维逻辑体系,树立良好的组织成员主体意识和形象意识
- 以积极的心态做好职业发展规划,培养良好的商业伦理和职业道德,形成以人为本的职业态度
- 塑造由内而外的个人素养和职业修养,提升沟通能力和合作精神

# 本章知识结构

```
                                              ┌── 员工关系概述 ──┬── 员工关系的内涵
                                              │                └── 员工关系的特点
                                              │
                         ┌── 员工关系管理 ──┼── 员工关系管理的内涵和作用 ──┬── 员工关系管理的内涵
                         │                  │                            └── 员工关系管理的作用
                         │                  │
                         │                  └── 员工关系管理内容 ──┬── 建立完善的沟通渠道
                         │                                        ├── 树立以人为本的用人理念
内部公共关系——凝聚内部力量 ┤                                        └── 塑造良好的企业文化
                         │
                         │                  ┌── 股东关系概述 ──┬── 股东关系的含义
                         │                  │                  ├── 股东关系的特点
                         │                  │                  └── 股东关系公众对象
                         │                  │
                         │                  │                              ┌── 股东关系管理的内涵
                         │                  │                              ├── 股东关系管理的性质
                         └── 股东关系管理 ──┼── 股东关系管理概述 ──────────┼── 股东关系管理的目的
                                            │                              ├── 股东关系管理的内容
                                            │                              └── 股东关系管理的意义
                                            │
                                            └── 股东关系管理内容 ──┬── 股东关系沟通的原则
                                                                  ├── 股东沟通的有效手段
                                                                  ├── 召开股东大会的注意事项
                                                                  └── 我国股东关系管理的问题及对策
```

# 第一节  员工关系管理

## "海底捞"员工公共关系管理

"海底捞"成立于1994年，以四川麻辣火锅起步，通过不断扩张，在北京、上海、郑州、西安、天津、杭州等城市都有连锁门店，现已成为中国著名火锅餐饮品牌，享有中国最为人称道的服务口碑。"海底捞"始终奉行"服务至上，顾客至上"的理念，凭借其服务管理模式，从一家小火锅店做到全国连锁。

在一个偏僻的简阳火锅店，"海底捞"创始人张勇摸索出一套属于自己的竞争差异化营销策略。张勇在开办火锅店初期，当地一位相熟的干部下乡回来，到店里吃火锅。张勇发现他的鞋很脏，便安排一个伙计给他擦了擦，这个小举动让客人很感动，这就是"海底捞"免费擦鞋的开端。一位住在"海底捞"楼上的大姐，吃火锅的时候夸"海底捞"的辣酱好吃，第二天张勇便把辣酱送到她家里，并告诉她以后要吃"海底捞"随时送来。这就是"海底捞"一系列服务的开始。这种差异化的服务，只能通过员工的大脑创造性地实现。吃火锅的筷子特别长，这是"海底捞"发明的；吃火锅身上没有味，也是"海底捞"解决的。"海底捞"做的就是让员工发挥自己的创造力，而不是严格遵守自己制度和流程，服务的目的就是让客人满意。

然而，"海底捞"这种差异化服务与员工目标并不是完全不一致的，那么，它是如何留住员工的呢？"海底捞"的服务员很多都是经人介绍过来的老乡、朋友、亲戚甚至是家人。在创始人张勇看来，每天能和自己的老乡、朋友一起工作，自然会开心，快乐的情绪会感染身边的每个人。张勇认为，激发员工主动为客人服务的热情，就是要让员工把公司当成自己的家，把员工当成自己的兄弟姐妹。因此，"海底捞"给员工提供的住房都是城里较好的小区，有专人负责保洁，换洗床单被套。公司每个月都会给优秀员工、优秀经理家里的父母寄几百元钱，工作3年以上的员工可享受产假及补助，还会给优秀员工配股，一级以上员工享受纯利率为3.5%的红利。为了让员工的服务更加标准化，公司出资在四川简阳专门建立了寄宿学校，让员工的孩子免费在学校上学。公司还设立了专项基金，每年会拨100万元用于治疗员工和直系亲属的重大疾病。虽然这样的福利和员工激励制度让"海底捞"的利润率降低很多，但这样的举措也让员工更加卖力地为"海底捞"付出。

当然，"海底捞"留住员工的关键还在于行业内中端偏上的薪酬水平和完善的晋升机制。"海底捞"大多数管理人员包括店长、经理，都是从内部提拔上来的。管理员工采用的师徒制，管理人员的晋升和薪酬与自己的徒弟息息相关，通过利益关系，让老员工愿意教，新员工愿意学。员工晋升机制公开透明，并且实行计件工资制度。员工信奉"双手改变命运"，每个人都有机会靠努力展示才能并进入人才候选库，成为后备店长甚至晋升为店长。

**案例启示**

在企业竞争十分激烈的今天，如果企业内部员工关系处理不当，就会挫伤员工工作的积极性和创造性，并会威胁组织的生存和发展。在本案例中，"海底捞"为建立良好的组织与员工关系，通过完善的晋升激励机制将员工需求、工作业绩、能力潜质与岗位晋升通道有机结合，充分承认和尊重员工的个人价值，将员工的利益与组织的利益紧密地结合在一起，创造了组织与员工双赢的关系。

根据公共关系发生的组织边界，可将公共关系分为内部公共关系和外部公共关系。内部公共关系就是组织为了强化内部成员对组织目标一致性的认识并努力与组织目标达成一致，利用沟通、协调等方式采取的各种行动，以及由此在内部公众间产生的各种关系。现代公共关系首先要求组织把自身的工作做好，然后才对外进行传播沟通。组织内部公共关系如何，直接关系到组织的生机和活力，进而影响外部公共关系的构建和组织目标的实现。搞好内部公共关系是整个公共关系协调工作的基础和起点。"内求团结"是公共关系工作的重点。

内部公共关系按照组织性质的不同可分为企业内部公共关系、政府内部公共关系、社团内部公共关系、事业（团体）单位内部公共关系等。因政府内部公共关系更多是从行政管理和公务员管理的角度来分析，而绝大多数事业单位的内部公共关系基本可以参照企业内部公共关系来管理，再加上社团内部公共关系又较为松散，因此，本章重点介绍企业内部公共关系。企业内部公共关系按照内部公众的类型又分为员工关系和股东关系，本节主要介绍员工关系管理。

# 一、员工关系概述

按照公众与组织的归属关系，公众可以分为内部公众和外部公众。其中，内部公众主要是指组织的成员和投资者，包括决策人员、管理人员、普通员工和股东。他们既是内部公共关系的对象，又是组织开展对外公共关系活动所依靠的基本力量。内部公众是组织成员，与组织的关系最为直接。协调好组织与员工、组织与股东的关系，是组织开展公共关系工作的首要任务。员工关系是最重要的内部公共关系，它是组织公共关系的起点，整个公共关系工作就是从良好的员工关系开始的。员工是组织赖以生存的细胞，与组织的目标和利益关系最为密切，组织一切的方针、政策、计划、措施，首先必须得到他们的理解和支持，并身体力行付诸行动方能实现。

## （一）员工关系的内涵

在对组织与员工之间的关系进行概括和描述方面，存在三个相似概念，分别是劳资关系、员工关系和劳动关系。其中，劳资关系和员工关系在国际上属于较常见的概念，而劳动关系则主要为我国采用的一种特定概念，这三者之间既有区别，又有联系。因此，在员工关系界定之前，首先要对这三个概念加以辨析。

### 1. 劳动关系

在我国，劳动关系通常被定义为用人单位与劳动者之间在运用劳动能力实现劳动过程中形成的一种社会经济关系。《中华人民共和国劳动法》（以下简称《劳动法》）第一章第一条明确指出，我国《劳动法》的基本调整对象就是劳动关系。而按照我国《劳动法》第十六条的规定，建立劳动关系应当订立劳动合同。同时，企业职工可以就劳动报酬等事项与企业签订集体合同，集体合同草案提交职工代表大会或全体职工讨论通过后，由工会代表职工（在未建立工会的企业中由职工推举的代表）与企业签订。劳动关系有广义与狭义之分。从广义上讲，任何劳动者只要与其用人单位之间因从事劳动而结成的社会关系，都属于劳动关系的范畴。从狭义上讲，现实经济生活中的劳动关系是按照国家劳动法律法规规范的劳动法律关系，是指用人单位向劳动者给付劳动报酬，而由劳动者提供职业性的劳动所形成的法律关系，其权利和义务的实现是由国家强制力来保障的。

### 2. 劳资关系

政治经济学中一直将由于雇佣关系带来的劳资矛盾视为资本主义的基本矛盾之一，劳资关系反映的是一种剥削与被剥削的关系。劳资关系概念主要有两个层面的含义：第一层是抽象或宏观层面的劳资关系含义，它所代表的是西方资本主义国家的劳方与资方之间的矛盾，是对西方企业和劳动者之间对立和斗争关系的一种笼统指代；第二层是具体或微观层面的劳资关系含义，即指代表全体工会会员的工会与雇主或雇主联盟（即资方）之间的集体关系，内容主要涉及工会组建、集体谈判以及集体争议处理等方面的内容，这种定义基本上等于西方常用的劳资关系定义。

**3. 员工关系**

员工关系的概念是由劳动关系、劳资关系等概念发展而来的。员工关系是指企业劳动力使用者与企业劳动者在实现劳动过程中所结成的与劳动相关的社会经济利益关系。员工关系同样有广义和狭义之分。狭义的员工关系不包括企业与工会之间的关系，它是企业与本企业所雇佣的员工之间的一种组织内部关系，既不涉及工会，也不涉及政府，是企业和员工在一定的法律框架内形成的经济契约和心理契约的总和。而广义的员工关系概念与广义的劳资关系概念是一致的，它同样涉及与雇佣关系有关的各个方面的内容，不仅涵盖组织和员工之间的组织内部关系，而且涵盖组织与代表部分或全部员工的工会之间的关系。换而言之，它涵盖了与工会会员以及非工会会员都有关的全部雇佣关系。总的来说，通用的员工关系大多是指广义上的概念，当前存在着用现代的员工关系概念替代传统的劳资关系概念的发展趋势。

---

### ◈ 公关伦理与和谐关系

### 我国劳动法修正进一步保障劳动者权益

《劳动法》1994 年 7 月 5 日经第八届全国人民代表大会常务委员会第八次会议通过，根据 2009 年 8 月 27 日第十一届全国人民代表大会常务委员会第十次会议《关于修改部分法律的决定》第一次修正，根据 2018 年 12 月 29 日第十三届全国人民代表大会常务委员会第七次会议《关于修改〈中华人民共和国劳动法〉等七部法律的决定》第二次修正。《劳动法》的修正体现了新时期国家对劳动者保护政策的变化。其中，关于员工试用期的新规定，解决了日益增多的用人单位与劳动者在履行劳动合同的过程中因处于试用期而产生的劳动争议的问题。第二次修正的《劳动法》有利于用人单位以及劳动者认识和理解试用期的相关法律政策、更好地适用法律规范自己的行为，减少不必要的劳动争议。

2012 年 12 月 28 日修正的《中华人民共和国劳动合同法》（以下简称《劳动合同法》）延续了《劳动法》有关试用期的一些规定，如试用期属于劳动合同的约定条款，双方可以约定也可以不约定试用期；试用期包含在劳动合同期限之内；试用期最长不得超过六个月。同时，针对实践中一些用人单位滥用试用期的问题，如试用期过长、过分压低劳动者在试用期内的工资、在试用期内随意解除劳动合同等，《劳动合同法》第十九条规定："劳动合同期限三个月以上不满一年的，试用期不得超过一个月；劳动合同期限一年以上不满三年的，试用期不得超过二个月；三年以上固定期限和无固定期限的劳动合同，试用期不得超过六个月。同一用人单位与同一劳动者只能约定一次试用期。以完成一定工作任务为期限的劳动合同或者劳动合同期限不满三个月的，不得约定试用期。试用期包含在劳动合同期限内。劳动合同仅约定试用期的，试用期不成立，该期限为劳动合同期限。"《劳动合同法》第二十条规定："劳动者在试用期的工资不得低于本单位相同岗位最低档工资或者劳动合同约定工资的百分之八十，并不得低于用人单位所在地的最低工资标准。"上述规定保障了劳动者的合法权益。

**案例启示**

　　良好劳动关系有利于提高员工的工作满意度、组织归属感、员工忠诚度。和谐的劳动关系是和谐社会及和谐组织的前提。学生应了解企业用工、劳动争议、社会保险等相关知识和内容，正确看待组织利益与员工利益之间的关系，在合理维护个体利益的同时也要遵守规章维护企业利益。和谐关系的维护需要建立在良好的规章制度和法律环境之下，遵纪守法、遵循企业规章制度是每位员工应该遵守的职业道德。

## （二）员工关系的特点

### 1. 以组织与员工之间的和谐劳动关系为基础

　　从西方劳动关系的演变历史可以看出，早期的劳资矛盾和激烈对抗曾给企业发展带来许多不稳定因素，正是在劳资双方的长期冲突和力量博弈中，管理方逐渐意识到缓和劳资冲突、提倡劳资合作对企业的正面影响大于负面影响。于是，维护和谐的劳动关系成为当代企业追求的主要目标之一。员工关系及其管理的概念和管理实践也随之产生。因此，与对抗性的劳资关系不同，员工关系强调其是以员工为主体和出发点的组织内部关系，注重人际关系管理、内部劳动关系管理、沟通与交流管理、民主参与、员工工作家庭平衡，以及人本文化等管理视角和行为，追求组织与员工之间的利益协调和共同发展。

### 2. 以提高员工认同感和组织竞争力为目标

　　与劳动关系和雇佣关系不同，员工关系主要表现为组织内部的关系，但它不局限于员工与企业之间，还表现在管理者与被管理者、上级与下属、同事之间，以及员工与客户、与家庭成员等多元利益相关者之间的关系。对这些关系的协调处理会影响员工的工作态度、行为，以及员工个体、团队和企业绩效。因此，员工关系管理的目标是通过构建和谐的员工关系，形成良好的组织氛围，提高员工的认同感与合作意愿等，提升企业的竞争优势。

**3. 以劳动契约约束的合作利益关系为本质**

员工关系本质上体现为员工与组织之间的利益关系，或者说是劳资关系在组织内部的表现形式，但是，这种利益关系一般不表现为对抗性质。现代企业的员工关系与传统劳资关系的不同之处在于，它是建立在或者试图建立在劳资双方利益一致的基础之上，并受劳动契约约束的工作合作关系。在这种关系中，虽然企业主和管理者往往处于强势或主动地位，但是为了维持关系和谐与共同目标的实现，需要组织和管理者更多地从员工利益角度考虑问题，包括满足员工在工作中的各种需求，尽可能规避对员工利益的损害，以及追求管理者与被管理者双方的利益协调等。

# 二、员工关系管理的内涵和作用

## （一）员工关系管理的内涵

员工关系管理是指为了保证组织及利益相关者的目标实现，对涉及组织与员工、管理者与被管理者，以及员工之间的各种工作关系、利益冲突和社会关系进行协调与管理的制度、体系及行为。

员工关系管理是一种复杂的社会经济管理技术，它不仅涵盖了员工关系处理办法，还通过基层员工关系促进劳资双方共同利益。对于企业来说，员工关系是员工进入企业后付出劳动的过程中所表现出来的关系，它随着不同期限和类型劳动契约的签署逐渐发生根本性变化；对于员工来说，员工关系是其在组织中发展的重要因素，若长时间处理不好与其他员工的关系，员工本人就有很大可能会选择离职。因此，加强员工之间的关系管理逐渐成为组织内部公共关系工作中最重要的问题。

员工关系管理随着内外部环境的变化而变化。企业员工关系处于不断发展变化中，从员工的角度来看，随着职业生涯的发展，从普通员工、基层管理人员、专业技术骨干发展到部门主要管理人员、企业中层骨干、企业高层管理人员等；从企业面临的内外部环境看，企业员工关系在外部受到政治、经济、技术和国际形势等因素的影响，在内部受到工作任务、绩效控制和工作安全性等因素的影响。因此，企业要不断适应社会经济的发展，不断创新管理理念，改进管理手段，提高员工关系管理水平。

### （二）员工关系管理的作用

#### 1. 建立高效的沟通机制

组织的发展离不开众多部门、岗位的协调与配合，但每个部门岗位的分工与职责有着很大区别，为了完成组织共同目标，就必须强化组织内部各环节和各层级的配合，而员工关系管理就能够在各个部门的岗位协调配合中发挥重要的纽带作用。这种纽带作用表现为员工关系管理本身建立的组织内部上行、下行、同行、交叉网络状的沟通机制，让部门员工之间能够相互了解、理解、信任，加深员工之间的感情，打破部门之间的屏障，使整个组织联动起来，形成一个利益共同体。

#### 2. 提升企业经营管理的效率

员工关系管理工作深层次的意义是了解员工内部之间的职责关系，并由此来制定员工关系管理工作方案。在很多情况下，公共关系管理部门在调节员工关系后，反而会使员工之间关系更加紧张。出现这种问题主要原因在于，公共关系人员没有深入了解员工之间的具体关系，很多不平等状态并不是工作机制所带来的。因此，良好的员工关系管理应该充分考虑到组织的员工团队综合能力，而员工团队综合能力与员工个人能力和员工关系有着直接关系，处理好员工关系可以直接提升员工生产效益，带动组织经营管理效率的提升。

#### 3. 营造良好的组织文化氛围

良好的员工关系管理有利于营造积极向上的组织文化氛围。对组织来讲，建立积极正向的员工关系，可以吸引且留住优秀的员工、提高员工生产率、增强员工对组织的忠诚度、提升工作士气、提升组织绩效、降低旷工率和缺席率等，营造具有向心力的组织文化氛围。例如，一些大中型企业，往往设有员工关系专员一职，由专员专门负责员工关系管理，而不是将员工关系管理简单地归于薪酬福利管理，这些企业良好的文化氛围能够使员工积极参与组织活动、主动完成工作任务。

## 三、员工关系管理内容

现代公共关系首先是促使组织把自身工作做好，然后才是对外沟通传播。要把自身工作做好，就需要内部员工精诚团结，共同努力。因此，协调员工关系，培养员工的认同感和归属感，增强组织的向心力和凝聚力，成为公共关系工作的起点。具体而言，员工关系管理的内容包括：建立完善的沟通渠道、树立以人为本的用人理念、塑造良好的企业文化。

## （一）建立完善的沟通渠道

微课：沟通
的策略

建立完善的沟通渠道，实现信息共享是员工关系管理的重要内容。渠道的选择和建立有助于传递组织信息，增进员工对组织的了解，使员工随时了解组织的新政策、新变化，了解发生在组织中与他们切身利益有关的大事和小事，维护他们的知情权，这对调动员工的积极性和主动性具有重要的意义。

### 1. 沟通渠道的类型

组织沟通可以采用多种不同的渠道传递信息，沟通渠道有很多种类型，它们各自的定义和优缺点如表2-1所示。

表2-1　沟通渠道的类型

| 分类标准 | 类型 | 描述/举例 | 优点 | 缺点 |
|---|---|---|---|---|
| 信息有无反馈 | 单向沟通 | 信息无反馈/演讲、报告、命令 | 时间短、速度快 | 准确性较低，沟通效果不易掌握 |
| | 双向沟通 | 信息有反馈/讨论、座谈 | 准确度高、易理解 | 耗时、速度慢 |
| 信息传递方式 | 口头沟通 | 采用口头语言进行沟通/会谈、讲座、报告、讨论、电话 | 效率高、反馈快、信息量大、操作简单 | 容易失真、不易保存、追溯难 |
| | 书面沟通 | 采用书面文书形式进行沟通/文件、报告、通知、合同、备忘录、信件、布告 | 易保存、可追溯、准确度高、信息传递广泛 | 费时、反馈难、影响信息理解 |
| | 非语言沟通 | 采用肢体、体态语言或者声、光信号进行沟通/手势、肢体动作、表情、眼神、语气；红绿灯、警铃、旗语、图形、服饰标志 | 口头沟通与非语言沟通结合，提升信息传递效果 | 配合要求高、传递范围受限、主观色彩浓 |
| | 电子媒介沟通 | 通过电子设备进行沟通/传真、闭路电视、互联网、多媒体、电子邮件、传真、电话 | 速度快、信息容量大、远程传递、范围广、成本低 | 缺少直观性、增加理解难度、易失真 |
| 信息传递媒介（渠道） | 正式沟通 | 通过正式的组织系统和层级进行沟通/会议、工作报告、财务报表、考核结果 | 权威性高、约束性强、强制力大、效果好 | 沟通速度慢 |
| | 非正式沟通 | 通过个人接触进行的沟通/私人聚餐、打球、旅游等 | 内容广泛、方式灵活、沟通方便 | 信息易失真、难控制 |

沟通渠道的类型根据不同的分类标准会有不同的分类结果，但现实中很难看到一种类型的沟通单独存在，基本都是几种或者多种形式的融合，例如，正式沟通中广泛运用电子媒介和书面、口头沟通形式。关键是要根据具体的沟通目的、沟通情境选择相适应的沟通类型，确保沟通效果。有的学者还提出了按照沟通有无中间媒介分为直接沟通和间接沟通；按照沟通的范围分为自我沟通、个体沟通、团队沟通和组织沟通等。

**2. 有效沟通原则**

美国公共关系专家特立普、森特在其合著的著作《有效的公共关系》中提出了有效沟通的"7C原则"，基本涵盖了沟通的主要环节，涉及传播学中的控制分析、内容分析、媒介分析、受众分析、效果分析、反馈分析等主要内容。这些有效沟通的基本原则，无论是对组织沟通还是人际沟通来说都具有指导意义。

（1）可信赖性（Credibility），即建立对传播者的信赖。

（2）一致性（又译为情境架构）（Context），是指传播必须与环境（物质的、社会的、心理的、时间的环境等）相协调。

（3）内容的可接受性（Content），是指传播内容必须与受众有关，必须能引起他们的兴趣，满足他们的需要。

（4）表达的明确性（Clarity），是指信息的组织形式应该简洁明了，使公众易于接受。

（5）渠道的多样性（Channels），是指应该有针对性地运用传播媒介以达到向目标公众传播信息的目的。

（6）持续性与连贯性（Continuity and Consistency），是指沟通是一个没有终点的过程，要达到渗透的目的，必须对信息进行重复传播，但又须在重复中不断补充新的内容，这一过程应该持续地坚持下去。

（7）受众能力的差异性（Capability of Audience），是指沟通必须考虑沟通对象能力的差异（包括注意能力、理解能力、接受能力和行为能力），只有采取不同方法实施传播才能使传播易为受众理解和接受。

上述"7C原则"是一种基本的有效沟通原则，起到了检查列表的作用，在沟通者发送信息之前，按照此原则对照检查可以帮助信息发出者确认信息的有效性。这七个原则总结起来就是：清晰、简明、具体、正确、连贯、完整和礼貌。

**3. 克服沟通障碍方法**

（1）正确对待沟通。公共关系人员应重视沟通工作，特别是对非正式沟通的"小道消息"要充分重视。要创造一种信任和随和的组织氛围。上下级之间要培养公开、诚实与信任的氛围，以鼓励人们开诚布公地与他人沟通。管理者不仅要获得下属的信任，而且要得到上级和同级的信任，信任是诚心诚意争取来的。同时，还应该构建并鼓励使用多种沟通渠道。通过多种沟通渠道发送信息，增加信息被恰当接收的可能性，便于员工反映想法和反馈信息。

（2）掌握倾听技巧。要较好地"听"，也就是要积极倾听。首先，要理解对方想说什么。公共关系人员在倾听时，要弄明白对方表达信息的核心本质是什么，只有正确理解对方的意图才能给予正确的反馈。其次，要站在对方的立场去倾听。如果对方有一些看法与组织的利益或管理者的观点相违背，这时不要急于与对方争论，而应该设身处地站在对方的角度，为对方着想，这样做可能会发现一些自己以前没有注意到的问题并找到解决问题的角度。再次，要听完后再发表意见，在倾听结束之前，不要轻易发表自己的意见。公共关系人员在发表自己的意见时，要非常谨慎，特别是在涉及一些敏感事件时，尤其要保持冷静，埋怨和牢骚绝不能出自公共关系人员之口。尤其是当公共关系人员的言论代表着组织的观点时，就必须对自己说出的每一句话负责。最后，要做记录，并且兑现承诺，在倾听时，最好做一些记录，一方面表明你的重视，另一方面以备遗忘。同时，对做出的承诺要及时进行兑现，如果暂时无法兑现，要向对方说明原因并获得对方理解。表 2-2 列出了一些倾听的要点。

表 2-2　倾听的要点

| 倾听中"要"做的事情 | 倾听中"不要"做的事情 |
| --- | --- |
| 表现出兴趣 | 随意打断对方 |
| 集中精力，认真听 | 急于争辩 |
| 该沉默时就要沉默，给对方表达的机会 | 从事与谈话无关的活动 |
| 选择安静的场合 | 过早做出预判和结论 |
| "听"后要留出适当的讨论时间 | 听内容，不要受对方情绪影响 |
| 恰当运用非语言避免歧义 | — |
| 可以针对没听清的地方提出疑问 | — |
| 发现对方遗漏，直接询问 | — |

微课：纵向沟通与横向沟通

（3）优化沟通系统。首先，要优化组织层级。从组织层级优化入手，根据员工管理水平和业务规模等要素条件，可采用缩短管理层级的方法来缩短信息传递链条，管理链条越短，信息传递就越快、越准确。其次，强化横向交流。一般说来，组织内部的沟通多以命令链式的垂直沟通为主，部门之间、车间之间、工作小组之间的横向交流较少，而平行沟通能加强横向合作，而且对组织间沟通尤为奏效。具体可以通过定期举行由各部门负责人参加的工作会议相互汇报本部门的工作、提出对其他部门的要求等来强化横向合作。再次，利用现代技术。公共关系人员可以通过公共网站或者专门网站与有关个人或全体人员进行信息沟通。最后，组建议事机构。组织根据经营管理复杂程度、规模等要素，在适当时机组建管理委员会、职工代表大会、非管理工作组等集体议事机构，定期开展跨部门、跨职能、跨层级的沟通。

**时代发展与公关启迪**

## 深圳某物业公司的"员工关系专员"

深圳某物业公司有一个与众不同的岗位：员工关系专员。这一岗位必须经过600多名员工投票选举产生，其主要职责是协调员工关系，反馈员工心声。何艳苹在这个岗位已经干了两年多了。由于公司严格执行《劳动法》等法律法规，自觉维护员工的合法权益，何艳苹在这一岗位两年多来，受理最多的是员工们就政策及规章制度方面的咨询，投诉内容少之又少，工资和劳动合同方面的投诉更是为零。员工们把"员工关系专员"当成自己的知心人，何艳苹更是把这一岗位当作沟通协调决策层和普通员工关系的纽带。

**案例启示**

和谐的员工关系，既是企业文化的组成部分，也是企业形象的体现。和谐的员工关系是润滑剂，它能激发员工的工作热情，减轻员工的工作压力，既有利于员工之间的沟通，也有利于培养员工的团队意识。

## （二）树立以人为本的用人理念

员工是组织赖以生存和发展的细胞，是组织服务经营活动的具体执行者，组织制定的一切服务经营计划和目标都要靠他们贯彻实施。同时，他们也是组织与外部公众接触最广泛的媒介，他们的一言一行都代表着组织，代表着整体的品牌形象。因此，要树立以人为本的用人理念，充分重视员工需求，由内而外地调动员工积极性，营造良好的员工关系。

### 1. 尊重员工合理需求

个体行为的规律是：需要引起动机，动机支配行为，行为指向目标，当一种目标得到满足后，又会产生新的需要、动机、行为，需要是个体行为的直接动力。因此，公共关系人员应认真了解员工的需要，尤其是员工在一定条件下最为迫切的需要，并尽可能去满足。大量调查表明，我国员工对组织的期望和要求主要有如下几项：

（1）工资报酬。在很多人的观念中，收入的多少是衡量个人能力大小的标准。员工希望得到公平的待遇和合理的劳动报酬，这是员工的普遍需求。

（2）奖金和福利。奖金是工资之外用于奖励劳动较突出、表现优秀的员工的一种激励手段，如何发放奖金是一件非常复杂的事情。采用平均主义方式，不利于调动员工的积极性；拉大差距，奖金发放的标准不易确定，也容易造成员工心理上的不平衡。另外，组织能否向员工提供住房、医疗、养老保险等福利条件也是员工关心的重大问题，良好的福利待遇可减少员工的后顾之忧，让员工全力投入到工作中。

（3）工作环境。员工在工作中都希望有一个安全、可靠、优美、舒适的环境，这对于提高员工的工作热情和劳动积极性有重要作用。

（4）民主管理。参与管理是现代人的普遍需要。一个组织实行决策民主、财务民主、生活民主的管理制度，就从制度上确认了员工的主人翁地位。组织的一切重大决策都要经过员工代表大会讨论或广泛听取员工的意见，信任员工，让员工参与管理，充分发挥员工的主人翁精神。

（5）培训和发展。组织必须重视员工的培训，制订出相应的员工培训计划，吸引和留住人才。追求自我价值的实现是人的最高层次需求，工作是否富有挑战性、是否能施展自己的才华、实现自己的理想，是现代人非常重视的需求。因此，组织应给员工提供有挑战性的工作、为员工的成长和发展创造条件和机会、帮助员工设计职业生涯，实现其理想与追求。

**2. 灵活运用激励方式**

（1）民主管理激励。切实保证员工的主人翁地位，让员工有权参与组织的重大决策，有权对组织领导进行监督和质询。

（2）奖惩激励。充分肯定内部公众的合理动机和正确行为，使之发扬光大；同时彻底否定员工的不良行为，使之收敛和杜绝。奖励应将物质鼓励与精神鼓励相结合，奖励和惩罚要及时。当员工做出成绩或给组织造成损失时，要及时给予表扬、奖励或惩罚，这样做的效果较好。

（3）榜样激励。树立员工熟悉的先进典型，以榜样带动一般，以先进推动后进，使先进更加严格要求自己，对后进则会产生激励作用。

（4）领导者行为激励。领导者行为对广大员工有很大的感染力、鼓舞和示范效应。领导者的模范行为是一种无声的号召，领导者廉洁奉公，处处严格要求自己，经常深入员工中，听取员工的意见、建议，可以赢得员工信赖，树立自身的威信，产生良好的激励效果。

（5）情感激励。组织要注重对员工的感情投资，除关心员工工作外，还应对员工工作之外的学习生活给予关心照顾。这方面有许多可借鉴的方法，如为员工庆祝生日，给员工安排特殊的生日餐，赠送生日贺卡等；当员工遇到困难时，及时为他们送去温暖；关心员工子女的上学、就业等。

（6）反馈激励。及时把员工的业务成绩和学习效果反馈给本人，同时做出客观的评价和奖励。可逐月公布员工的生产活动指标完成情况，及时公布年度考核结果，并与员工进行交流，以帮助其提高工作业绩。

工作价值的收获，除了物质、经济回报外，工作中获得的成就感、胜任感、职务的晋升、参与管理、领导的信任和器重，也是自我工作价值实现的方式。工作价值回报呈现多样化趋势，精神财富同物质财富同等重要。付出和回报是正相关的，幸福生活是奋斗出来的。

### （三）塑造良好的企业文化

员工关系与企业文化之间的关系非常密切且相互依赖。企业文化最普遍的定义是以企业管理哲学和企业精神为核心，凝聚企业员工归属感、积极性和创造性的人本管理理论，同时，它又是受社会文化影响和制约的，以企业规章制度和物质现象为载体的一种经济文化。由此可见，企业文化包括物质文化、制度文化和精神文化三个层面的内容。企业文化是企业的宝贵财富，没有员工的参与，企业文化就会显得苍白无力。塑造良好的企业文化，促进员工关系管理，重点要把握以下两点内容：

**1. 打造企业愿景是员工关系管理的起点**

"上下一心，其利断金。"企业所有利益相关者的利益都要通过企业共同愿景的实现来达成。员工关系管理的起点是打造让员工认同的企业愿景。而企业愿景与员工认同的一致性关键靠企业和员工之间建立心理契约。心理契约并非有形的契约，企业要通过有效的手段清楚地了解每个员工的需求和发展的愿望，并尽量予以满足，员工自然也会为企业的发展奉献全力，从而在心理上构建起乐于奉献的心理契约。

**2. 完善激励约束机制是员工关系管理的根本**

企业的核心目标是追求经济利益，而员工也需要为生活而奉献。建立企业与员工同生存、共发展的命运共同体，是处理员工关系的根本出发点。建立一套科学合理的薪酬制度和晋升机制，合理利用利益关系是企业吸引人才、留住人才的关键。例如，可以借助绩效管理等目标管理手段实现组织目标与部门目标、岗位目标的层层分解，建立上下联动的考核激励机制，充分调动每个员工的积极性。总之，员工关系管理体现了企业管理者对自身企业文化的把握和定位，关系到企业文化建设的成败。

---

### 🏵 公关实践与学思践悟

对照倾听中"不要"做的事情，检查自己在与人沟通时哪些方面还需要改进，并提出改进计划。

| 倾听中"不要"做的事情 | 你的沟通习惯 | 你的改进计划 |
|---|---|---|
| 随意打断对方 | | |
| 急于争辩 | | |
| 从事与谈话无关的活动 | | |
| 过早做出预判和结论 | | |
| 听内容，不要受对方情绪影响 | | |

# 第二节　股东关系管理

## ❖ 公共关系与中国故事

### 积极维护投资者关系，玲珑轮胎获天马奖两项荣誉

2021 年 5 月 14 日，"开局十四五，把握新阶段"——《证券时报》第十二届中国上市公司投资者关系管理论坛在深圳举行，玲珑轮胎（601966.SH）公司及董秘在本届活动中，荣获中国上市公司最佳投资者关系奖、中国上市公司投资者关系最佳董秘奖。

"中国上市公司投资者关系天马奖评选"由《证券时报》社主办，中证中小投资者服务中心担任指导单位，是业内最具影响力的投资者关系管理评选活动之一。

玲珑轮胎自 2016 年上市以来，严格按照中国证监会、上海证券交易所的管理规定，推动上市公司规范化运作、加强投资者关系管理。

公司不断完善公司治理结构，建立健全公司内部控制制度，提高公司治理水平，提升公司可持续发展软实力。重视信息披露质量，通过真实、准确、完整、简明、清晰的信息披露，真诚、高效、持续、透明地与投资者互动沟通，并积极创新与投资者进行互动的渠道和方式，不断提升各类投资者对投资者关系管理工作的良好体验和满意度。玲珑轮胎重视与投资者多维度的沟通，研究制定了《投资者关系管理办法》《信息披露制度》《突发事件应急预案》等一系列规章制度，为投关工作提供了全面制度保障。同时，公司公平对待所有股东，通过电话回复、上证 E 平台回复、现场

接待、推介路演、邮件往来、腾讯会议等方式向投资者介绍公司的经营情况、发展战略、企业文化等。连续四年主动披露社会责任报告，不断增加公司信息披露透明度。

未来，公司将继续严格遵循相关监管规则，进一步提升上市公司质量，夯实规范发展基础，不断为股东创造更多价值，为社会贡献更大力量。

**案例启示**

股东利益与企业发展息息相关。对于企业来说，资金就像肌体中的血液，股东则是制造血液的骨髓，失去了骨髓，也就中断了血液来源，企业的生命也就会枯萎。良好的股东关系可以使企业获得雄厚的资金来源，发挥自身的"造血功能"，使企业始终处于朝气蓬勃的状态。建立良好的股东关系，其目的是要加强企业与股东之间的信息沟通，提高企业的信誉度、知名度和发展力，创造一种通力合作的融洽气氛和良好的投资环境，以稳定已有的股东队伍，争取潜在的投资者。

随着股份制的推行，处理股东关系已经成为处理企业公共关系的一项重要工作。建立良好的股东关系是保证企业继续发展的重要条件，处理股东关系的基本目标是加强企业与股东之间的信息沟通，争取现有股东和潜在的投资者对本企业的了解、信任和支持，稳定已有的股东队伍，吸引更多的投资者，最大限度地扩大企业的资金来源。


# 一、股东关系概述

## （一）股东关系的含义

"股东关系"起源于投资者关系。美国的投资者关系是股东关系的雏形。20世纪40年代，许多中小投资者都进入美国证券市场投资，导致投资者关系被管理协会重视，并公开了一份研究关于上市公司股东关系的报告，拉开了研究"投资者关系"的序幕。所谓的投资者关系，是指投资者通过持有公司股权、债券或者隐性投资与公司建立的关系，它也涵盖了上市公司与专业投资机构之间建立的各种关系。之后，对投资者关系的研究逐渐深入到对股东关系的研究，

从公共关系学的角度来看，股东关系就是社会组织与投资者的关系，是股份制企业与投资者之间种种关系的总和，它还可称为金融公共关系或财务公共关系。股东很少参与或完全不参与企业的日常经营活动，但他们具有选举董事会，制定公司的规章制度，

批准或否决董事会的有关决议等权利。第二次世界大战后，股东关系获得迅速发展。由于股东关系涉及企业的"权源"和"财源"，特别是在当代资本国际化、社会化和分散化的趋势中，它与企业的生存和发展休戚相关，甚至决定一个企业命运。所以，处理与股东的关系也就成为企业的重要公共关系。

### （二）股东关系的特点

#### 1. 分散于外部的内部关系

从本质上说，股东关系属于内部关系。从形式上看，它似乎是外部关系，特别是股东众多并分散。这是一种分散于组织外部的内部关系，它是股份有限公司特有的一种企业内部公共关系。股东们是一群具有"老板意识"的外行，但他们是企业的"财源"和"权源"。他们的态度关系到企业的生存和发展。

#### 2. 利益与企业的经营状况密切相关

股东是企业的投资者，他们与企业有着密切的利益相关性。可以说二者是一荣俱荣，一损俱损，因此股东是最关心组织前途与发展的内部公众。从社会的角度来看，内部公众的社会角色是组织成员，外部公众的社会角色是组织顾客，因此内部公众会比外部公众更关心组织的前途与发展。从企业的角度来看，持股的内部公众，即股东在组织中的角色是组织的投资者，不持股的普通内部公众在组织中的角色是员工，因此股东公众会比不持股的普通内部公众更关心企业的经营状况和发展前景。

#### 3. 成员的复杂多样性

同为企业的投资者，股东公众是有共性的，但因投资的动机、方式、多少等的不同，又会导致股东公众的成分、地位、权利、利益、立场、观点等呈现出复杂多样性。例如，进入董事会的大股东会更关心组织的资本运作、高管人选，因为他有这方面的权利和利益；只有很少股份的基层员工可能并不在乎谁当总经理，而只在乎今年与去年相比红利是增加还是减少；战略投资者会更关心企业的长期发展计划和企业的成长；短线投机者不会担心短时期内股票的暴涨暴跌是否对组织发展不利，等等。因此，公共关系工作还需对股东公众进行细分，区别对待，不可一概而论。

### （三）股东关系公众对象

股东关系中的公众对象一般有四类。第一，董事会，其成员一般是占有股份较多者或社会名流，他们由股东选举产生，代表股东管理企业。企业的经理部门作为执行机构要与作为决策机构的董事会密切合作，充分协调，建立良好的工作关系。董事会人数不多，但代表股东管理企业，对企业重大政策和人事派遣任免具有参与权和监督权。第二，持有可转让和买卖股票的"纯粹"的个人股东，他们各自持有或多或少的股权，分散在社会各个阶层，虽然不直接参与企业经营，但关心企业的盈利状况。第三，股东与员工相结合，即员工购买本企业的股票，他们的利益与企业的利益联系得最紧密。第四，专业的金融舆论专家，如证券分析家、股票经纪人、投资银行家、金融新闻人员等，他们对广大股票持有者和投资者的判断具有重要的影响力。

## 二、股东关系管理概述

### （一）股东关系管理的内涵

既然股东关系就是投资者关系，那么股东关系管理就是指企业通过充分的信息披露，并运用金融和市场营销的原理加强与投资者和潜在投资者之间的沟通，促进投资者对公司的了解和认同，实现企业价值最大化的战略管理行为。

从资本市场的角度看，企业不仅要把股东作为"自家人"，增强其"主人翁意识"，使其做到与企业共荣共享，共进共退，休戚相关，而且要积极主动与股东沟通，树立诚信形象。近年来，随着我国证券市场开放步伐的加快，以及上市公司日益国际化，在海外发行股票的企业的增多，股东关系已经越来越多地被上市公司重视。从发行路演，到开通股东关系网站，组织股东参观等一系列活动说明我国上市公司已经意识到股东关系管理在公司发展战略中的重要地位，并且积极实践与股东进行良好的沟通。从企业的角度来看，无论是股东还是潜在投资者，他们与企业之间的关系，不单纯是"投资—分利"的关系，他们本身可能是最大的主顾、最知己的顾客群或同舟共济的推销伙伴，应鼓励和吸引他们参与企业的生产与销售活动，利用他们广泛的社会关系来扩大产品的销售网络。良好的股东关系不仅能保证和稳定企业财源，还有助于开辟新的市场。

### （二）股东关系管理的性质

既然股东关系是投资者关系，那么股东管理的性质就是公司的持续战略管理行为。公司战略具有全局性，以企业发展全局为对象，因此具有综合性和系统性。股东关系管理表面看起来只是面向投资者所在的资本市场，实现公司与投资者之间的沟通。实际上，在企业之间的竞争逐渐由单一的产品市场竞争转向包括资本市场竞争在内的全方位竞争的今天，企业在资本市场上的表现也很重要。因此，股东关系管理必将是企业的一项全局战略管理行为。股东关系战略也将和企业的产业发展战略、产品战略、市场营销战略、财务战略、人力资源战略等协调一致而达到彼此支持、相得益彰的目的，形成一种良性循环。

### （三）股东关系管理的目的

股东关系管理的目的是实现企业相对价值最大化。企业价值与企业的产品价值和资产价值不同，它不仅是企业的利润和净资产所能体现的企业过去和现在的价值，更重要的是企业的未来，是企业在过去和现在基础上的盈利能力和发展潜力，它是企业的已有投资者和有意投资者对企业的一种预期。事实上，企业价值的提升，是伴随着企业自身实实在在的良好前景和投资者对企业的良好预期而来的，而投资者对企业价值的发现及长期看好，是公司价值提高的一个重要环节。股东关系管理就是要通过有效的沟通，提高投资者对企业的认同度和忠诚度，进而实现企业相对价值最大化。

### （四）股东关系管理的内容

**1. 为企业发行股票开展宣传活动**

我国股份制企业所发行的股票，一般都是在银行金融机构的参与下，由有关金融机构代理发行的。一个金融机构是否愿意代理企业发行股票，这取决于该金融机构对企业的历史、管理机构、经营政策与经营绩效、企业发展前景的了解和认识。因此，要想使企业股票能够顺利发行，企业公共关系部门首先就必须对代理发行机构开展大规模的公共关系宣传活动，使企业与代理发行机构取得相互信任和了解；在寻找到较好的合作伙伴——股票代理发行机构以后，企业公共关系部门就要把宣传的重点转移到有可能购买本企业股票的社会公众身上。通过开展大规模的公共关系活动，使那些手中聚集一定闲置资金并打算用于投资的社会公众，在了解企业、信任企业的基础上，产生实际的企业股票购买行为。

**2. 定期向股东通报企业经营状况，以密切企业同股东的联系**

一旦资金持有者购买了企业的股份，他们也就成为企业的所有者，同时就具有了知晓企业经营状况的权利。企业公共关系部门的一项重要任务，就是运用各种传播手段，及时地向企业股东传递有关企业经营状况和各类信息，加强企业与股东之间的信息沟通与交流，并通过开展各种各样的联谊活动，密切企业同股东的情感联系，这对于稳定股东、稳定企业的筹资能力和渠道具有十分重要的作用。

**3. 监督企业的经营活动，维护企业股东的合法权益**

取得股息，是股东购买企业股份的特殊动机。而股东持有者取得股息的多少，一方面同他的持股数额有关，另一方面也同企业的经营状况有关。企业公共关系部门在协调企业与股东的关系时，要从维护企业股东利益的角度出发，对企业的经营活动进行必要的监督，以促使企业的经营者能够以最大的精力较好地经营企业。从企业公共关系的角度来看，维护企业股东的合法权益，实际上也就是维护了企业长期、稳定发展的基本目标。

### （五）股东关系管理的意义

**1. 有利于保障企业良性健康发展**

股东同员工一样，是组织的主人，他们的意见、主张和态度等决定着组织的命运及走向。股东关系协调，就可以赢得其积极的建设性决策支持和管理投入，从而促进组织的良性运作。股东不仅是投资者，在企业的重大决策和人事任免上也有参与权和监督权。因此，企业与股东之间的和谐关系是企业发展的重要保障。

**2. 有利于争取潜在股东的投资**

良好的股东关系可以在股东之间产生正面影响。股东，尤其是那些分散的、大量的个体股东，他们的言行直接影响更广泛的潜在投资者。如果同他们建立了协调的、融洽的关系，他们就会对广大的公众产生更积极广泛的影响，使组织吸引更多的潜在投资者。

**3. 有利于建立良好的企业形象**

股东既是消费者，又是企业的主人，拥有双重身份。在股东心中树立良好的组织形象，就可以使企业在股东的作用下提高其在一般公众中的信誉和声望，提升其知名度与美誉度。同时，股东也是企业的客户，企业可以利用股东的社会关系建立广泛的销售网络。

**4. 有利于维护股东的正当权益**

股东是公司资金的来源，股东对持股企业拥有参与公司经营管理权、优先认股权、经营成果分享权、剩余财产分配权、股份转让权等。企业在处理股东关系时，不论其持有股份多少，都应注意尊重其"特权意识"，努力维护股东的正当合法权益。

---

### ◈ 公关伦理与和谐关系

#### 《中华人民共和国公司法》保护中小股东权益

在公司制发展初期，为了鼓励投资、聚集资金、加快经济的发展，确立了资本多数决的原则。该原则对平衡股东之间的利益有着重要意义。但是，公司不仅是股东盈利的工具，也是股东进一步投资发展的平台和载体。在公司中，谁的出资份额多，谁就可以控制股东会，谁控制股东会谁就控制了公司，谁就可以运用公司的全部资源。因此，在公司中存在大股东和中小股东之间的"冲突"，存在大股东侵害中小股东的情况。现实中，大股东利用其控制地位损害中小股东权益的事件屡见不鲜，保护中小股东权益十分必要。现行《中华人民共和国公司法》（以下简称《公司法》）于1993

年制定，1999 年、2004 年对个别条款进行了修改，2005 年进行了全面修订，2013 年、2018 年又对公司资本制度相关问题作了两次重要修改。

（一）强化了股东知情权的保护

《公司法》第三十三条规定："股东有权查阅、复制公司章程、股东会会议记录、董事会会议决议、监事会会议决议和财务会计报告。股东可以要求查阅公司会计账簿。股东要求查阅公司会计账簿的，应当向公司提出书面请求，说明目的。公司有合理根据认为股东查阅会计账簿有不正当目的，可能损害公司合法利益的，可以拒绝提供查阅，并应当自股东提出书面请求之日起十五日内书面答复股东并说明理由。公司拒绝提供查阅的，股东可以请求人民法院要求公司提供查阅。"第九十七条规定："股东有权查阅公司章程、股东名册、公司债权存根、股东大会会议记录、董事会会议决议、监事会会议决议、财务会计报告，对公司的经营提出建议或者质询。"这些规定具有可操作性，有效地保障了股东对公司经营状况的知情权。

（二）规定了累积投票制

《公司法》第一百零五条规定："股东大会选举董事、监事，可以依照公司章程的规定或者股东大会的决议，实行累积投票制。本法所称累积投票制，是指股东大会选举董事或者监事时，每一股份拥有与应选董事或者监事人数相同的表决权，股东拥有的表决权可以集中使用。"累积投票制可以防止大股东利用表决权优势操纵董事或监事的选举；能够使小股东选出代表自己利益的董事或监事，并增强中小股东的话语权；当股东集团之间及其董事会之间出现利益冲突时，中小股东可以在公司的各项政策中发表自己的意见，从而提高自己在公司治理中的作用，降低投资风险。

（三）确立了股东代位诉讼机制

首先，代位诉讼机制的建立，可以对大股东的权利进行有效的约束，必要时中小股东可以针对大股东的不正当行为直接向人民法院提起诉讼，从而维护自己的权益。其次，代位诉讼机制的建立，在一定程度上加强了中小股东对公司董事会的监控。最后，代位诉讼机制的建立，使中小股东和董事会、监事会之间的关系趋向一种正常的平等主体之间的民事关系，从而使双方的权利和义务更加透明，有利于保护中小股东的权益。

（四）赋予中小股东司法救济权

《公司法》第二十二条第二款规定："股东会或者股东大会、董事会的会议召集程序、表决方式违反法律、行政法规或者公司章程，或者决议内容违反公司章程的，股东可以自决议作出之日起六十日内，请求人民法院撤销。"中小股东可以请求法院确认相关违法的决议无效，以维护自身的利益，发挥中小股东在公司治理中的作用。第一百五十二条、第一百八十二条也做出了相应的说明。根据上述规定可知，我国《公司法》不仅规定了代位诉讼机制，还赋予了中小股东的司法救济权和直诉权。当中小股东的权益受到不法侵害时，就可以自行提起诉讼来维护其合法权益。

**案例启示**

股东权益保护是公司治理中的核心问题，对中小股东利益的有效保护更是公司制度公平与效率的前提。现实中，一方面由于大股东可以利用控股地位，凭借其手中较多的资本多数表决权很容易操纵公司；另一方面，广大的中小股东的权利意识淡薄，缺乏对公司长远发展的关注，中小股东行使权利的成本太高，因此造成了中小股东的权益很容易受到大股东侵害。新修订的《公司法》通过赋予股东广泛的权利、建立股东权益司法救济机制，健全了对中小股东利益保护机制，增强了中小股东的投资热情和投资信心，大小股东齐心协力，有利于公司健康有序发展。

# 三、股东关系管理内容

股东关系管理的核心就是通过与各类投资者的有效沟通，促进他们对企业的了解和认同。特别是在目前资本市场不断发展、上市公司数量不断增加、投资品种日渐丰富的情况下，让投资者发现企业价值，并且保持对企业的长期认可绝非易事。

## （一）股东关系沟通的原则

与股东关系沟通的原则除了坚持公共关系沟通的一般原则外，还要特别注意以下两个基本原则：

### 1. 坚持平等双向沟通的原则

企业在与投资者互动交流的过程中，由于投资者对企业了解的程度不同、其投资偏好不同，必然会提出各种各样的个性化问题，其交流的内容也远远大于强制信息披露的内容。因此，在投资者关系管理中，企业与投资者沟通的内容是与投资者决策相关的信息，而不仅仅是强制信息披露要求的信息。通过这种沟通，公司一方面可以增加投资者对企业的认知，另一方面也需要进一步判断，哪些信息有可能成为股价敏感信息而需要公开予以披露。由此可见，企业应当将股东关系管理作为其长期保持的一种观念和态度，坚持与投资者开展平等、诚恳、相互尊重的双向沟通，以取得投资者的信任。

## 2. 讲求金融产品沟通技术与艺术

股东关系管理是企业与投资者相互沟通的过程，不同于一般沟通对象，股东关系管理沟通的根本目的是向各类股东和潜在投资者销售股票、债券或其他金融产品，以筹集企业发展所需要的资金，充分体现企业的价值。因此，既要讲究沟通的方式方法，还要注意运用资本营销等技术。例如，在沟通过程中尽可能采用电子邮件、电话、参观、分析师会、小型说明会、一对一介绍、路演等恰当的沟通形式，还要特别掌握和熟练运用金融营销的基本原理、方法和手段。

## （二）股东沟通的有效手段

### 1. 股东大会

股东大会是企业与股东联系的重要方式，也是股东对企业或企业代理阶层的经营管理所进行的一次整体考察审核。企业可根据情况举行定期或不定期股东大会，以向股东汇报企业的各方面情况，一般一年举行一次。在股东大会上，企业将股东们邀请来听取企业代理人的年度工作报告，审核企业代理人的经营管理情况，并对企业的重大事项和企业代理人的继任与否做出决定。股东大会开得成功与否，关系到企业能否继续得到股东们的支持和投资，企业或公司能否顺利发展。

### 2. 年终报告

年终报告是企业与股东进行交流的主要手段，也是企业向股东汇报一年来经营状况的最重要的机会。许多股东往往根据年终报告判断企业的信誉和形象。年终报告的内容应尽量详尽无遗。其内容应包括生产和财务状况、销售情况、人事安排、工会组织情况和劳资关系等全部问题。

### 3. 致函电

企业每试制成新产品或有重大经营决策出台，都可函寄材料给股东。有时也可以进行电话联系。特别是股东从购入第一张股票开始，企业就立即发出由总经理签名的欢迎函；即使股东抛出最后一张股票，也要发出告别信，表示遗憾和歉意。

### 4. 邮寄年终报告的补充材料

企业的经营信息通常是庞杂的，光靠一份年终报告往往不够，应该不断对年终报告进行补充，并将补充材料寄给每一位股东。例如，企业可以制作季度报告、股东刊物、股东通讯、财务通告等向股东汇报和交流信息。另外，还可以经常邮寄新产品样品，并可附上说明书等。

### 5. 召开相关会议

鼓励股东直接参加本企业各种会议，提出有关改善技术与管理的建议。例如，企业庆典、新企业开张、新产品投产、重要生产指标突破以及有重大决策性问题时，都是重要而难得的契机，应当邀请主要股东参加庆贺和讨论。

**6. 个人拜访或者邀请参观**

在必要的时候，甚至可直接访问股东，征求其意见。如果有些重大问题涉及某几个重要股东时，企业代理人应主动登门拜访。当然，也可以邀请股东参观企业实况，并与高级人员会晤。

## （三）召开股东大会的注意事项

要开好股东大会，对于企业公共关系部门来说，必须做好以下几个方面的工作：

**1. 采取书面形式通知企业股东**

书面通知书应在会议召开前的指定时间内送交股东手中，以便能够使其有充足的时间对会议的内容进行充分的思考和准备；送给股东的通知书，要求文字简洁，对会议召开的时间、地点及议题有明确说明；有条件的企业，要特别讲究印制正式的通知书，以示郑重。

**2. 会议地点和议程要精心策划**

在选择会议地点时，要考虑交通便利。同时，还要注意场地的舒适性。对于会议日程的安排，要做到紧凑和丰富。对于在会议上的发言者，要事先通知，使他们做好充分的准备。尤其是企业的总经理提交给股东大会通过的各项议案，必须由企业公共关系部门参与起草和拟定。

**3. 会议内容要做到紧凑和丰富**

在会议期间，有条件的话，应当安排一些其他活动，例如，举办股东聚餐会、组织股东参观企业或考察。这样既可以密切企业与股东的联系，也可以提高股东大会的到会率。还可以在股东大会上放映公司制作的成长发展纪录片、年度宣传片，向股东赠送公司生产的最新产品等。

**4. 注意把控会议进展和节奏**

公共关系部门要注意把控会议的进展和节奏，避免会议出现空场，提高会议效率。同时，要及时将股东大会进展情况、讨论的内容及形成的各种重大决议告诉本企业的全体职工，这对贯彻会议精神是十分重要的环节。例如，某公司公共关系部门，在公司每年举行的股东年会上，都要借用公司自身的通信技术，向分布在全国各地的50多个子公司和工厂，转播股东年会的实况。这无形中也使全公司的职工都成为股东大会的"参加者"。

### （四）我国股东关系管理的问题及对策

**1. 我国股东关系管理的问题**

（1）股东关系的结构管理问题。一般情况下，股东大会是由公司的入股成员组合而成的，股东大会的召开是为了进行商讨或者对某些重大事项做出决策，股东大会对整个企业的经营管理有着决定性作用，包括企业中重要职位的人事任免、运营策略等问题。重大事项只有经过股东大会的认可才能有效地实施，由此可见，股东大会在一个公司中有着至关重要的作用。但在现实环境中，小股东的话语权较弱，股东大会中大股东通常以优势持股比例控制股东大会，会议决议大多又采用"资本多数决"的原则，这就造成股东大会往往变成大股东的"独角戏"，而侵害了小股东的权益；相反，对一些合伙企业来说，由于最初合伙人所投入的资金额度不相同，因此造成了股份比例各不相同。有的合伙人为了在股东大会上拥有绝对的优势和利益，常常也会拉拢其他合伙人，便造成了被小股东"绑架"的局面。一旦被小股东"绑架"，那么将会对整个企业的运营产生严重的影响。总之，无论是大股东忽视小股东权益，还是小股东"绑架"合伙企业，都是一种股东关系管理结构不平衡，利益分配不尽合理的表现。

（2）股东关系的认知管理问题。尽管随着资本市场的成熟，国内绝大多数企业，特别是以上市公司为代表的股份制企业群体已经非常重视股东关系的构建与维护，但仍然有一部分企业存在认知不足的问题。例如，有的企业将内部公共关系等同于"员工关系"，认为内部公共关系只存在于企业和员工之间，忽视了股东关系的维护，有的企业连股东大会都不开，大股东直接拍板决定重大事项，或股东大会形同虚设；有的企业仍然对"公共关系"存在认知上的误区，总以为所有的关系都是金钱交易的"庸俗关系"，缺乏受过专业训练的高素质的公共关系人员和专门部门，常常会导致企业形象受损，特别是在国际化竞争中相形见绌。

**2. 我国股东关系管理问题的对策**

（1）平等尊重每个股东。企业对股东要一视同仁，以公正平等的态度看待股东。无论出资多少，股东都是企业的"财源"。企业对待股东，不可厚此薄彼。作为企业的投资者，股东无论投资多少，都是企业的所有者。企业的公共关系人员要尊重股东的所有者权益，不可完全从经济角度来看待股东，更不能把股东与企业的关系看成是纯粹的"投资—分利"的关系。要让股东感受到尊重，让他们感觉到自己与企业的命运是紧紧地联系在一起的。

（2）合理设置股权结构。合理设置股权结构就是要充分了解股权设置的几种法律风险。一是股权设置过于集中引起的法律风险。例如，大股东拥有企业的绝对多数股份，难免出现公司股权过分集中的情况。二是平衡股权结构引起的法律风险。所谓平衡股权结构，是指企业的大股东之间的股权比例相当接近，没有其他小股东或者其他小股东的股权比例极低的情况。这种股权分配方式不仅会存在滥用控制权的法律风险，也容易形成股东僵局。三是股权过于分散的风险。这一风险表现为企业大量的精力和能量可能消耗在股东之间的博弈活动中。四是隐名出资引起的法律风险。隐名投资，是指一方（隐名投资人）实际认购出资，但企业的章程、股东名册或其他工商登记材料记载的投资人却为他人（显名投资人）。在实践中，隐名出资或隐名股东的法律关系比较复杂，涉及股东权利的行使和股东的责任问题。在股权设置方面，如果能将隐名出资问题处理妥当，将会有效降低出资过程中的法律风险，实现企业设立目的。

##  时代发展与公关启迪

### 中小股东积极发声

2022年5月，有人在财经平台上发帖呼吁中远海控中小股东联合起来，在公司5月27日召开的股东大会上投反对票，以维护自身利益，引发市场广泛关注。

事件起因则是中远海控2022年3月末发布的年度分红方案低于中小股东的预期。一些中小投资者认为，相较于创纪录的盈利额，公司2021年分红金额太少，分红率低于上市公司分红监管指引的相关标准。而且，公司曾经承诺过制定新的三年股东回报计划也一直没有落实。

现金分红是上市公司回报广大投资者的核心方式。中远海控2021年年报显示，公司实现营业收入3 336.94亿元，同比增长95%；实现归属于母公司股东的净利润892.96亿元，同比增长8倍。然而，公司同时发布的现金分红方案显示，公司拟派发现金红利139.32亿元，仅占当年度归属于上市公司股东净利润的15.6%。

对中远海控而言，上年就出现股东积极干预的痕迹。2021年10月29日，中远海控召开的2021年第一次临时股东大会上，针对"调整《金融财务服务协议》下的存款日峰值2021年及2022年的年度交易上限"相关议案上，虽议案获通过，但H股股东投出的反对票比例高达72.81%。

让投资者充分分享上市公司成长的红利，是保护投资者合法权益的基础和根本路径。目前，中小股东参与公司治理的积极性越来越高，这是一个非常可喜的积极变化。

（资料来源：上海证券报，有改写）

　　小股东也有大力量。通过中远海控案例，中小投资者积极发声及参与投票的背后，是股东意识的觉醒。随着我国资本市场制度不断完善，股东积极主义逐渐兴起。中小股东参与公司治理的积极性越来越高。面对公司治理相关的问题，中小股东们以股东身份积极介入公司治理，通过对话促使上市公司完善治理结构，实施发展战略，实现良性的长远发展。

　　（3）制定完善相关制度和机构。首先，要制定并执行企业的章程。企业章程是企业所有股东合作的意志体现，然而，很多企业在工商管理部门申请登记的时候，往往提供的章程都不是企业当事人合意的自由体现，这也就给小股东合法权益的保护带来很多合作上的商业隐患。从实践上看，很多中小企业的股东忽视了这一问题，以股东合作协议代替企业章程；其次，建立完善的企业财务管理制度、企业财务人员的配置管理制度、企业采购的规范管理制度、企业公章管理制度等涉及股东权益的相关重大制度；最后，完善相关监督制约机构。在很多情况下，由于缺少合理的监督机构，无法起到相应的监督、制约作用。因此，很多企业在设立股东大会、董事会的同时，还设有监事会等相关机构。

## ❖ 公关实践与学思践悟

　　对照沟通的要点，检查自己在公关活动中与人沟通时哪些方面还需要改进，并提出改进计划。

| 沟通中"要"做的事情 | 你的沟通习惯 | 你的改进计划 |
| --- | --- | --- |
| 表现出兴趣 | | |
| 集中精力，认真听 | | |
| 适当保持沉默，给对方表达的机会 | | |
| 选择安静的场合 | | |
| "听"后要留出适当的讨论时间 | | |
| 恰当运用非语言避免歧义 | | |
| 可以针对没听清的地方提出疑问 | | |
| 发现对方遗漏，直接询问 | | |

## 一、单选题

1. 根据信息有无反馈可以将沟通渠道的类型分为单向沟通和（　　　）。

    A. 口头沟通　　　　 B. 双向沟通　　　　 C. 书面沟通　　　　 D. 正式沟通

2. 股东关系就是社会组织与（　　　）的关系，多存在于营利性组织。

    A. 员工　　　　　　　　　　　　　　B. 管理者

    C. 投资者　　　　　　　　　　　　　D. 总经理、董事长

3. （　　　）是企业与股东进行交流的主要手段，也是企业向股东汇报一年来经营状况的最重要的机会。

    A. 股东大会　　　　 B. 年终报告　　　　 C. 股东通讯　　　　 D. 财务通告

4. 倾听的要点不包括（　　　）。

    A. 表现出兴趣　　　　　　　　　　　B. 集中精力，认真听

    C. 发现对方遗漏，直接询问　　　　　D. 随意打断对方

5. 股东关系管理的核心是（　　　）。

    A. 通过与各类投资者的有效沟通，促进他们对企业的了解和认同

    B. 通过各种方法让股东购买更多的股票

    C. 召开股东大会向股东汇报企业经营状况

    D. 及时将年终报告发送给股东，让其第一时间掌握企业经营信息

## 二、多选题

1. 员工关系的特点包括（　　　　　）。

    A. 以组织与员工之间的和谐劳动关系为基础

    B. 以提高员工认同感和组织竞争力为目标

    C. 以劳动契约约束的合作利益关系为本质

    D. 以高绩效、高工资的实现为最终目标

2. 员工的工作满意度的影响因素包括（　　　　　）等方面。

    A. 工作空间、作息制度、兴趣相关度、工作强度等对工作本身的要求

    B. 对福利、医疗和保险、假期、休假等薪酬待遇的要求

    C. 对企业了解度、组织参与感、企业前景等参与管理的要求

    D. 对合作和谐度、个人发展满意度、信息开放度等晋升发展的要求

3. 员工的合理需求包括（　　　　　）。

A. 工资报酬、奖金和福利          B. 工作环境

C. 民主管理                    D. 培训和发展

4. 企业内部公共关系主要指（          ）。

A. 员工关系        B. 客户关系        C. 股东关系        D. 政企关系

5. 沟通渠道类型的分类标准包括（          ）。

A. 信息有无反馈                B. 信息传递方式

C. 信息传递媒介（渠道）          D. 信息传递时间

## 三、判断题

1. 召开股东大会，应该采取电话通知的形式，告知企业股东。（      ）

2. 单向沟通的优点是时间短、速度快。（      ）

3. 让员工有权参与组织的重大决策，有权对组织领导进行监督和质询属于领导行为激励。（      ）

4. "7C 原则"涉及传播学中控制分析、内容分析、媒介分析、受众分析、效果分析、反馈分析等主要内容，极具价值。（      ）

5. 股东关系管理的目的是实现企业相对价值最大化。（      ）

## 四、简答题

1. 员工关系有哪些特点？

2. 员工关系管理的内容是什么？

3. 有效沟通的原则有哪些？

4. 股东关系有哪些特点？

5. 召开股东大会的注意事项有哪些？

## 五、技能训练

**实训项目**：股东关系事件处理。

**实训目的**：通过股东关系事件处理方案的演练，培养学生的组织管理能力、应变能力、处理股东关系的能力。

**实训内容**：通过角色扮演，模拟股东关系处理的各个环节。

（1）情境设定：自行搜集或设定股东关系事件的情境和案例。

（2）方案设计：制定股东关系事件处理方案。

（3）场景布置：包括股东大会、公关部办公室、公司会议室等。

（4）小组讨论：公关小组应该如何分工合作？

（5）角色演练：事件处理模拟实战。

（6）总结归纳：总结模拟股东关系事件处理的过程及要点，对不足之处做好反思。

**实训要求：** 1. 股东大会模拟：① 制定股东大会议程；② 邀请相关媒体参与报道；③ 通报事件发生的前因后果；④ 听取与会者意见；⑤ 达成股东共识，提出解决方案。

2. 公关部会议：① 贯彻落实股东大会会议内容；② 分析事件的起因和后果；③ 提出处理方案，挽回股东关系，重塑企业形象。

3. 应对策略：① 对股东；② 对事件影响者；③ 对相关媒体；④ 对公司员工。

# 第三章

## 外部公共关系
### ——和谐沟通交流

### 学习目标

#### ✦ 知识目标

- 了解消费者关系、社区关系、政府关系和媒体关系的含义
- 理解外部公共关系管理的原则
- 掌握外部公共关系管理的主要内容

#### ✦ 技能目标

- 具备消费者关系、政府关系管理能力
- 能够策划社区公共关系活动
- 能够运用外部公共关系管理原则解决实际问题

#### ✦ 素养目标

- 遵守公共关系职业道德规范，在公共关系工作中增强法治意识
- 树立正确的外部公共关系价值导向，培养绿色环保的理念，在外部公共关系工作中厚植爱国情怀
- 培养开放、合作、主动的职业意识

# 本章知识结构

外部公共关系——和谐沟通交流

- 消费者关系管理
  - 消费者关系概述
    - 消费者的定义
    - 消费者关系管理
  - 消费者关系管理原则
    - 动态管理原则
    - 突出重点原则
    - 灵活运用原则
    - 专人负责原则
  - 消费者关系管理内容
    - 收集消费者信息
    - 对消费者分类
    - 保持与消费者的良性接触
    - 积极引导消费者

- 政府关系管理
  - 政府关系概述
    - 政府的定义
    - 政府关系管理
  - 政府关系管理原则
    - 合法性原则
    - 长期性原则
    - 整体性原则
  - 政府关系管理内容
    - 遵守政府的政策法规
    - 熟悉政府的结构层次、职能部门和办事程序
    - 发挥组织优势，为政府决策提供支持和帮助
    - 主动与政府保持密切的联系

- 社区关系管理
  - 社区关系概述
  - 社区关系管理原则
    - 功利性原则
    - 适应性原则
    - 长期性原则
    - 社区公众优先原则
  - 社区关系管理内容
    - 保持企业与社区的沟通
    - 维护社区环境
    - 支持社区的公益活动

- 媒体关系管理
  - 媒体关系概述
    - 媒体的定义
    - 媒体的分类
    - 媒体关系对企业的意义
  - 媒体关系管理原则
    - 善待媒体
    - 善用媒体
    - 善管媒体
  - 媒体关系管理内容
    - 建立合理的媒体管理制度
    - 熟悉新闻媒体传播业务
    - 保持与媒体沟通互动

# 第一节　消费者关系管理

## 京东商城客户关系的建立

京东商城（以下简称"京东"）是一个以科技为驱动的电商平台，是品牌方与客户之间的纽带。京东的客户除了消费者外，还有供应商。

### （一）消费者的选择与开发

京东的目标消费者为经常性网络购物的网民。京东为目标消费者提供了品类丰富的商品，且拥有高效的、高度标准化的后台支撑系统，能够严格掌控从生产需求、产品选购到购买决策，再到支付、配送和售后服务的各个环节，带给消费者专业的一体化购物体验。此外，京东商品的价格只是在采购价之上加 5% 的毛利。这个价格要比 3C 实体渠道之王的国美、苏宁低 10%~20%，比厂商指导价低 10%~30%。京东没有批发环节，可以节省销售额的 20%，没有中间商，可以节省销售额的 20%，而节省下来的费用体现在商品价格上，比传统零售企业更具有竞争力。

除了线上的京东商城外，京东还在一二线城市的核心商圈建设了多家线下 3C 零售体验店"京东之家"和"京东专卖店"。在"京东之家"中，不仅有各个品牌的热卖爆品，还有线上难以抢购的首发爆品、专供线下的商品，可以让客户充分体验。同时，"京东之家"中的所有商品均来自有品质保障的京东自营，并与线上实时同价，不管客户看中哪个商品，都可以当场下单提货，也可以选择配送到家，省时又省力。

### （二）供应商的选择与开发

京东商城签约的供应商涉及 IT 数码、消费电子、日用百货、图书音像等多个产品领域，并包含自营合作与开放平台的联营品牌。在最具优势的 3C 领域，京东与宏碁、戴尔、富士通等主流计算机品牌厂商分别签署了独家首发、旗舰店计划，并与包括索尼、TCL、三星等在内的家电、通信厂商达成了采购协议。

**案例启示**

质量优异的产品或服务总是受到消费者的青睐，质量在吸引客户上起到了至关重要的作用。对于高质量的产品，即使价格高些，消费者往往也愿意接受，因为质量往往代表着安全、可靠和值得信赖。

外部公共关系是对组织外部横向、纵向关系的总称，是指组织在市场经济活动中，与外部相关社会公众形成的一种相互依赖、相互影响的联系。它主要包括消费者关系、政府关系、社区关系、媒体关系等。"外求发展"是公共关系工作的重点。一方面，组织要向社会各界提供自己的产品和服务，为社会和其他组织发展作出贡献；另一方面，组织需要依靠社会提供政策、法律、科学、技术、资金、劳务、原材料等多种社会服务。组织在市场经济活动中，与外部相关公众形成具有广泛性、目的性、复杂性和社会性的联系。本节主要介绍消费者关系。

# 一、消费者关系概述

## （一）消费者的定义

消费者是指为满足生活需要而购买、使用商品或接受服务的，由国家专门法律确认其主体地位和保护其消费权益的个人。国际标准化组织（ISO）认为，消费者是以个人消费为目的而购买使用商品和服务的个体社会成员。

消费者公众也称顾客公众或服务对象公众，是指企业的具体服务对象，如连锁超市中的顾客、饭店中的就餐者、宾馆中的住宿客人、景区的游客等，他们是各类企业主体服务对象的总和。

消费者关系是指企业与其产品和服务的现实的和潜在的消费者之间所结成的社会联系。这种关系既有买卖关系，又有利益关系，还有伙伴关系。企业把商品或服务销售给消费者，企业赚得利润，消费者获得商品或服务，企业与消费者双方都通过这种关系取得利益。

根据生命周期理论，关系也有其生命周期，即关系的建立、发展、保持和破裂。如何建立和增进企业与消费者之间的关系，既是商务管理活动中的核心问题，也是企业外部公共关系的重要问题。

## （二）消费者关系管理

管理是指为有效实现组织目标，对组织资源所进行的一系列计划、组织、指挥、协调和控制的活动。消费者关系管理是企业为实现组织目标，对消费者关系所进行的计划、组织、指挥、协调、控制的活动。消费者关系管理注重研究消费者关系的建立、维护、挽回等问题。例如，早期的商人意识到，对于那些经常来往光顾的客人，如果能够熟悉记住他们的称呼、偏好和购买习惯，给予他们朋友般的亲切接待，并且投其所好地满足其需要，就容易使其成为忠实顾客。为了保持关系长久，企业需要通过消费者关系管理实现其与消费者之间的双赢。

## 二、消费者关系管理原则

微课：消费者关系管理

### （一）动态管理原则

消费者的消费情况受其事业、家庭、健康、教育等情况的影响，因此需要建立消费者信息资料，并定期调整，及时补充新资料，跟踪顾客的消费金额、消费层次、消费偏好等的变化，保持对消费者信息管理的动态性。

### （二）突出重点原则

19 世纪末，意大利经济学家帕累托发现了"二八定律"，他认为，任何一组东西中，最重要的只占其中一小部分，约 20%，其余 80% 尽管是多数却是次要的，即关键的少数和次要的多数。根据"二八定律"，企业 80% 的收益由 20% 的高贡献度的消费者创造，即关键少数消费者为企业创造了大量利润。这部分高贡献度的消费者是企业关注的重点。

关键消费者的特点是对价格的敏感度不高，乐意尝试新产品，愿意给企业介绍新顾客。他们为企业节省了开发新顾客的成本。企业的资源是有限的，为实现顾客满意，企业需要找到关键消费者并对其进行重点管理。

### （三）灵活运用原则

建立消费者资料信息档案后，不能将其束之高阁，而应以灵活的方式及时全面地把它们提供给销售人员及其他有关人员，使他们能进行更详细的分析，使资料变成"活材料"，提高消费者管理的效率。

### （四）专人负责原则

为了实现对消费者的有效管理，企业需设定专门的岗位，制定岗位说明书，由客户关系管理专员负责，严格制定消费者情报资料的利用和借阅规则。

# 三、消费者关系管理内容

消费者关系的管理既需要信息技术的支持，又需要从企业的日常管理工作入手，不断为改善与消费者之间的关系做出努力。

## （一）收集消费者信息

企业要收集消费者信息，不断将消费者信息输入到数据库中。消费者信息的内容包括消费者姓名、住址、电话、兴趣爱好、家庭情况、学历状况、消费现状等，企业应定期检验并更新，删除过时信息。

## （二）对消费者分类

对消费者分类是根据消费者对本企业的价值（如在企业购买商品的年限、消费金额、企业为开发或维持市场投入的成本）对消费者进行分类。

对消费者分类的重点是识别对企业高贡献度的消费者，即重要消费者。企业应根据历史数据，比较上年消费量大的消费者今年是否也订了同等或更多数量的商品。思考企业本年度最想和哪些消费者建立商业关系；观察上年度有哪些重要消费者对企业的产品或服务多次提出了抱怨；是否有些消费者只从本企业订购了一两种产品，却会从其他企业那里订购多种产品，等等。找出这些消费者，并对其进行重点管理。

## （三）保持与消费者的良性接触

### 1. 提高客服部门工作质量

检查测试客服中心的语音系统质量，给自己的客服部门打电话，看得到答复的难易程度如何；给竞争对手的客服部门打电话，并比较服务水平的不同。

### 2. 设计优惠措施

对识别出来的重要消费者，设计一些好的方式，如发放贵宾卡等优惠措施，以巩固他们对企业的忠诚度；也可以通过消费者俱乐部、私人联系、企业网站等形式保持与消费者的信息畅通，使其感受到企业的重视，维护企业与消费者之间的良好关系。

### 3. 妥善处理消费者提出的问题

当企业遇到消费者的质疑、抱怨，甚至是辱骂或投诉时，需要听清事实，迅速做出反应，妥善解决，争取顾客的谅解。调查显示，心存不满的消费者中只有很少一部分（约 4%）会真的向企业投诉。这意味着还有很多心存不满的消费者没有说出不满，但这些消费者将不会再购买他们不满意企业的产品。从消费心理的角度看，能表达不满的消费者对企业改善服务质量还抱有期望。企业要把问题看作提高销售的机会，尽快了解客户需求，了解市场变化情况，为开发、生产新产品提供依据。妥善处理消费者提出的问题，可以增强消费者对企业的信任感、依赖感和忠诚度，提高企业的信誉度。

## ✦ 时代发展与公关启迪

### 西贝莜面村处理消费者投诉

2019 年 3 月 16 日，江苏电视台公共频道和南京市市场监督监管机构对西贝莜面村南京新街口金鹰店进行联合检查并报道。工作人员称，经过去渣、清洗、消毒等步骤后，清洗好的餐具全部被放在保洁柜中，然后直接上餐给客人使用。但是执法人员发现，所谓清洗消毒后的餐具竟然上面全是油。

2019 年 3 月 17 日，西贝莜面村官方发布道歉回应称："问题确实存在，一定整改到位。即日起，我们全国所有门店的厨房和洗碗间保持开放，欢迎大家到店，在门店工作人员的引导下参观和监督。"

2020 年 5 月，有网友称，深圳一家西贝莜面村门店每人强制收取 5 元的茶水费，喝不喝都要收费。随后，西贝莜面村微博致歉，并表示将退还茶水费。

#### 案例启示

消费者抱怨或投诉是消费者对企业的产品或服务不满的正常反应，是消费者对产品或服务的期待及信赖落空而产生的不满及愤怒，它揭示了企业经营管理中存在的缺陷。消费者投诉可以帮助企业及时了解和改进产品或服务的不足。

### （四）积极引导消费者

卓越的企业应具有社会责任心和超前意识，依循绿色健康的发展理念，不断以新产品、新服务、新型消费观念和新型消费方式，促进消费者不断提高生活情趣，改善生活环境，提升生活质量和生活水平。长期坚持消费教育和引导的结果便是形成消费者系列化，使某类顾客成为企业产品的稳定消费人群。

进行消费教育的形式很多，包括定期举办培训学习、定期发布讲解视频、编辑印发指导性的刊物，举办操作表演会、实物展示会及咨询活动等。

# 第二节　政府关系管理

## 良好政企关系助力乡村振兴

在乡村振兴项目的顶层设计中，协调政府、企业与农民的关系是最核心问题，政府、企业与农民关系的核心理念是：政府引导、企业主导、农民受益。企业应在讲政治的前提下，有独特的发展思路，全面参与、融入当地社会经济发展的整体规划，方能使企业得到最大限度的政府支持。

企业的政企关系，遵循"三讲"原则：一是讲政治，必须研究国家和各级政府政策规划，并与之保持一致，找到政府需求和痛点；二是讲协同，必须融入当地整体社会经济发展规划，由企业承接政府农村发展资源；三是讲能力，必须培育常态的政府公关能力，展示独特的创新能力。

### （一）讲政治，抓住发展痛点

河北本地企业隆基泰和集团察觉到河北中部经济洼地在京津冀一体化背景下的战略机遇，提出将白沟、白洋淀和温泉城简称"两白一城"整体打造，获得河北省政府支持。

在京津冀一体化成为国家战略的背景下，"两白一城"升级为雄安新区，获得国家层面的战略支持，由此，该案例成为政企互动的经典。

### （二）讲协同，大企业引领区域经济和产业经济发展

唐古特白刺是柴达木盆地的特有植物，是一种药食同源的野生植物，有极高的经济价值、健康价值和生态价值。青海是我国西部地区、民族地区和集中连片困难地区，也是三江之源，中华水塔，扶贫与生态保护极为重要。

在此背景下，青海康健生物科技有限公司（简称"青海康健"）牵头制定了《青海省白刺产业发展规划》，以发展白刺为引导，带动精准扶贫，实现生态发展。由青海省、西宁市及生物产业园区给予青海康健包括资金、土地、宣传等在内的支持，支持青海康健发展白刺产业。由青海海西州、海南州等地政府，在土地、资源等方面支持青海康健在原料产区建设加工基地、特色小镇和田园综合体。

### （三）讲能力，将负担转化为创新发展的机遇

团中央为支持共青城发展，引入八所高校在江西共青城落户。但是，年轻人的业

余生活如何解决？配套建设需要投入，且投资大，回报慢，开发商并不积极。北大青鸟音乐集团打造以时尚创意为主题的共青城音乐小镇，主打音乐节庆、演出演艺、创作，解决青年的休闲娱乐、社交、创意创新需求，获得当地政府在产业规划、空间规划、投融资规划及开发模式方面的大力支持。

**案例启示**

外部公众是组织生存和发展的重要外部条件，也是组织在活动中遇到的数量最大、层次种类最复杂的公众。外部公众的理解和支持是现代社会组织正常运作的必要条件。政府则是外部公众的重要组成部分。企业在处理政府公共关系时，应遵循"三讲"原则：讲政治、讲协同、讲能力。

# 一、政府关系概述

## （一）政府的定义

政府是国家进行统治和社会管理的机关，是国家表示意志、发布命令和处理事务的机关。政府行为一般以强制手段为后盾，具有凌驾于其他一切社会组织之上的权威性和强制力。政府一般设公安、司法、行政、国防、外交、财政、工业、农业、商业、交通运输、科技、文教、体育、卫生、环境保护等职能机构，分别管理国家各方面的行政事务。任何一个组织，无论在哪个领域，都会和国家各级政府部门发生一定的联系，政府作为国家的管理者、公共利益的维护者、公共政策的制定者，约束和规范组织的行为。

政府公众是所有传播沟通对象中最具社会权威性的公众对象，一般是指政府各行政机构及其工作人员。

## （二）政府关系管理

政府关系是指组织与政府及各职能机构、政府官员和工作人员之间的关系。

政府关系管理是指组织为了改善其在政府中的形象，获得政府认可与支持而实施的专业管理。政府关系管理可以争取政府对组织的了解、信任与支持，为组织的生存和发展争取良好的政策环境、法律环境和行政支持。

政府关系管理的主体是组织。为了获取更多的法律利益、经济利益和社会资本，组织可以积极主动地通过各种合法途径去影响政府政策的制定。

政府公众是一个庞大而复杂的体系结构，从公共关系的角度可分为三个层次：一是国家的中央政府和组织利益涉及的各级地方政府；二是政府组织机构的职能部门，企业通过这些部门与政府打交道，接受政府的管理和约束；三是政府组织中的工作人员，在与政府交往过程中，企业需要接触政府的各级官员、行政部门的助理和秘书，以及职能部门的其他工作人员。

## 二、政府关系管理原则

### （一）合法性原则

遵守国家法律法规，依法经营是组织参与市场竞争的基本法则。企业作为一个独立的经济实体，从注册成立到发展壮大，始终需要做到以下四点：第一，必须具备从事生产加工的各种许可证，生产设备和生产环境涉及职工安全时，必须经过有关部门鉴定后才能使用；第二，企业生产的产品，必须严格按照规定的程序加工，经过政府职能部门的鉴定后才能在市场上销售；第三，企业在纳税、投资、职工权益等方面也必须按照国家的有关法律法规严格执行；第四，当企业对政府的干预有意见时，要利用法律赋予的诉讼权，通过合法的途径来解决争端。

### （二）长期性原则

政府关系管理是长期活动，不以追求短期效益为目的。为保证社会整体的有序运转，企业必须服从政府的指导和监督，与政府相关部门保持长期的沟通联系。

### （三）整体性原则

政府公布的各类统计资料和发展计划，为企业提供了可靠的信息服务，这些信息可以正确引导企业活动。发展企业与政府的关系，需要企业各个部门全面配合，协同推进。

## 三、政府关系管理内容

### （一）遵守政府的政策法规

政策和法规是政府管理社会的依据和标准，任何组织都要遵守，并把它们作为组织活动的依据。如果违反了这些政策和法规，正常的生产秩序、和谐的社会生活秩序就会被破坏，不仅有害社会，也不利于组织的长远发展。因此，各类组织都应该及时、全面地了解政府的政策、法规，并以此为标准来调整组织的行为；还应服从政府的监督、检查和指导，把组织的一切活动纳入遵纪守法的轨道。

为了维护整个国家利益，企业必须自觉服从政府的管理。即使相关法律、法令、政策、条例等使企业受到经济损失，企业也必须履行。例如，企事业单位和其他生产经营者应当防止、减少环境污染和生态破坏，如果造成损害，要依法承担责任。

### （二）熟悉政府的结构层次、职能部门和办事程序

各级政府组织是一个庞大的体系，有各级人民政府，有直接主管部门，有管理某一方面社会职能的部门。了解和熟悉政府的结构层次、职能部门和办事程序，是企业进行政府关系管理的基础。如果公共关系人员对于一些日常打交道的主管部门和相关职能部门机构设置、分工管理状况比较熟悉，对企业的每一次具体事务需要找哪一级、哪一个政府部门联系心中有数，那么就能有效地减少企业的申请和报告的处理时间，提高工作效率，有利于企业工作的正常开展。

### （三）发挥组织优势，为政府决策提供支持和帮助

成熟的企业一般都拥有先进的管理运作经验、大量的优秀人才、雄厚的资金实力、多元的投资渠道、广阔的国内外市场。因此，企业应发挥自身优势，在政府工作遇到困难时主动伸出援手，为政府排忧解难，力求为社会多做贡献。

### （四）主动与政府保持密切的联系

企业应主动向政府通报情况，提供信息，尤其是与主管职能部门主动联系与沟通。一方面，可以让政府更加了解企业的产品和动态，为政府分析、制定相关行业政策提供帮助。另一方面，也可以增加政府对企业产品的认同感，树立良好的企业形象，提高产品的市场竞争力。

另外，企业还应积极参与相关政府活动，协调内外关系，为公司的发展创造良好的内外环境。掌握最新的政策法规或信息，分析其对业务的影响，制定对策及解决方案。

结合政府关系管理的内容，从企业生命周期的角度，思考在企业产生、发展、成熟、衰退阶段分别侧重哪些政府关系管理内容，可以开展哪些具体活动。

| 企业生命阶段 | 政府关系管理内容 | 具体活动 |
| --- | --- | --- |
| 产生阶段 | | |
| 发展阶段 | | |
| 成熟阶段 | | |
| 衰退阶段 | | |

# 第三节　社区关系管理

## 公共关系与中国故事

### 中国中车开拓印度市场

在全球化背景下，国家间的经济依赖性不断增强。"一带一路"倡议作为我国新一轮对外开放格局的顶层设计，为高端装备"走出去"提供了广阔的平台。许多大型制造业公司借此机会进军国际市场，但面对不同国别市场，企业需要应对不同的经济、政治、人文环境等。

中国中车股份有限公司（以下简称"中车"）是全球规模最大、品种最全、技术领先的轨道交通装备供应商，中车业务现已遍及全球六大洲 102 个国家和地区，并在美国、马来西亚、南非、印度、土耳其等国家建立了制造基地，在其出口产品实现了从中低端向中高端转变的同时，出口市场也实现了从亚非拉传统市场向欧美澳高端市场的转变。

近年来，中车积极参加"一带一路"共建，为沿线国家提供轨道交通车辆和系统解决方案。首先，合资建厂推进当地经济建设。中车一级子公司中车永济电机有限公司与印度先锋电气公司成立合资公司——印度中车先锋电气有限公司（以下简称"印度中车"），为印度铁路提供技术支持，是首家响应"印度制造"，在印度本土投资兴建的轨道交通装备电气牵引设备制造企业。中车以51%的比例实现对印度中车的控股，在当地推进本土化制造、本土化采购、本土化用工、本土化维保、本地化营销的"五本"模式。

其次，靠文化尊重获得认同接纳。中车在印度提出"把他乡当故乡"，跨越文化鸿沟，拉近与当地民众的距离。在印度当地节日及需要仪式感的时候，中车都遵循当地习俗举办专题活动。积极鼓励中国员工融入当地习俗，塑造与当地居民打成一片的"自己人"形象。但融入印度文化并不意味着妥协。在适应当地文化习俗的同时，中车还会对员工进行培训和引导。通过中国员工的亲身示范，带领印度员工逐渐养成整理、维护工作场所整洁的习惯。

最后，用本土思维传播中车品牌。中车从文化尊重和社会责任担当方面入手，采用"本土化思维"，求同存异，尊重彼此的诉求，在印度塑造"自己人"形象。

**案例启示**

印度经济增长速度较快，购买力较强，市场空间广阔，同时具有独特的风俗习惯和传统文化。中车牵手"印度制造"与当地协同推进经济建设，适应当地社会结构、风俗习惯和传统文化，通过做好文化融入，保持本土思维，有效地拓展了印度市场。


# 一、社区关系概述

社区是指人们共同活动、居住的一定区域，如一个村落、小区、城镇等。一个社区一般包括一定数量的人口、一定范围的地域、一定规模的设施、一定特征的文化、一定类型的组织。

任何企业都是在一定社区中运作的，因此，必然与社区中的地方政府、社会团体和其他组织，以及当地居民发生种种联系，这种联系也就形成了社区关系。社区关系也称区域关系、地方关系、睦邻关系，是指与某个社会组织地域上相邻、利益上相关的一种公众关系。《老子·道德经》中说"千里之行，始于足下"，对企业而言，其做大做强的"千里之行"就是从成功运作自己"足下"的社区开始的。

## 二、社区关系管理原则

社区关系管理原则一般包括功利性原则、适应性原则、长期性原则和社区公众优先原则。

### （一）功利性原则

企业作为经济组织，根本目的是实现利益最大化。企业社区关系管理的功利性原则包括两个层次，即合法原则和利益原则。合法原则是指社区关系管理必须建立在合法基础上，不能从事违法活动。利益原则是指企业的社区关系管理作为企业获得利益的一种工具，其目的是追求利益最大化。在合法的前提下，追求利益最大化要求社区关系管理首先要有明确的目标，即企业的社区关系管理要达到什么目的，以什么方式实现。同时，要重视成本控制。作为一项管理活动，社区关系管理需要付出一定的代价，因此要有成本预算。最后，要有明确的监控体系，实现对社区关系管理的反馈。

### （二）适应性原则

不同企业在地理位置、规模大小、产品服务、企业战略、制造工艺、外部文化、内部制度等方面存在差异。不可能有一个固定的、适用所有企业的社区关系管理模式，因此，企业的社区关系管理必须与企业的特质相适应。

企业在不同的发展阶段，由于条件和目标的差异，社区关系管理会呈现出不同的特点。因此，社区关系管理要与企业的发展阶段相适应。同时，无论在哪个发展阶段，都要力求实现社区关系管理中收益与成本之间的均衡。

### （三）长期性原则

企业与社区在地理区域上的重合，决定了两者之间的互动和影响是长期的。企业的经营活动在某种程度上直接或间接地依赖社区提供的服务，如水电供应、交通运输、通信邮政、治安消防等，企业与社区保持良好的联系，就可以使上述服务得到保障。企业在社区的口碑较好，就容易得到社区公众的信任和支持，也会增强企业内部的凝聚力。这些都需要企业在进行社区关系管理时有长远发展的眼光。

### （四）社区公众优先原则

企业在社会中生存和发展，首先需要依靠社区的支持和协助。因此，企业在提供就业机会和社会福利方面，应实施社区公众优先原则，即在同等的竞争条件下优先录用本社区的群众为本企业的员工。在面向社会大众提供各种服务设施和服务项目时，优先提供给本社区的公众。实施社区公众优先原则，可以体现出企业对本社区公众知恩图报，让社区公众了解企业不会忘记社区公众的理解和支持。社区公众也必然会以更大的热情对企业的关爱予以回报。

## 三、社区关系管理内容

### （一）保持企业与社区的沟通

企业需要多与社区沟通，了解社区的历史、文化背景，尤其在企业开创初期，也可以向社区宣传介绍企业的产品及服务、企业规模、经营宗旨、业务范围、市场占有率等情况，还可以邀请社区公众代表参观企业、参与企业的庆典活动，进而使社区对企业产生良好印象，树立企业形象。

### （二）维护社区环境

企业所在的社区是社会民众居住的地方，也是企业的职工及家属日常生活的地方。这一区域的环境如何，直接影响到社区居民的健康和安全。如果所在社区的环境恶化，员工及其家属的生活水平和质量下降，既会影响员工的工作情绪，也会引起社区居民的不满。因此，企业要长期稳定发展，就要依循绿色发展、健康生活的原则。

首先，要严格做好安全生产工作，有危险性的企业，如化工类企业，要制定安全事故预案，防止突发事故发生时出现重大的社区伤亡。其次，要避免污染环境，不排放有毒有害的废气、废水、废渣，保证社区的空气、水源、土壤、声音等不受污染。最后，要帮助美化社区环境，例如，设计优美协调的企业建筑，不破坏当地的人文景观，企业可以出资进行社区环境绿化等。

### （三）支持社区的公益活动

企业社区关系管理的对象主要包括社区居民、社区公益组织、社区社团和社区的其他组织机构。企业可以通过与社区公益组织合作的方式开展公益事业，也可以针对不同的社区公众开展公益活动，比如，在儿童节，给社区幼儿园捐赠绘本、玩具；在重阳节，给社区的老年社团捐赠文体娱乐设施；在建军节，看望社区的军烈属；赞助社区的体育活动，支持残障人士就业等，从而向社会公众展示企业是尽力承担社会责任的优秀社区成员。

### 红了日子、绿了青山：民营企业永钢的环境担当

　　一直以来，钢铁厂给大众的印象都是灰色的，弥漫着粉尘的空气，被乌黑油污掩盖的道路，终日轰鸣的机器和毫无生机的枯草……长江之畔，却有一个不一样的地方。崭新的蓝色厂房与明净的湛蓝天空交相呼应，既有绿树葱茏，也有亭台楼榭。远远望去，具有独特江南风貌的现代化建筑群高低错落、疏密有致。这就是江苏永钢集团有限公司（以下简称"永钢"）打造出的精致的"花园式工厂"和永联现代化新农村。

　　永钢的总部坐落于江苏省张家港市永联村。1970 年建立的永联村，当时全村人口不足 800 人，到处都是破草房。1978 年，永联村先后创办了花砖厂、水磨石厂、玉石厂等七八个作坊式小工厂，以创办水泥制品厂为标志开始了工业化历程。1984 年，永联村也加入"炼钢"行列，并在第二年成为全市十大千万元村之一。2005 年，全村工业销售收入更是达到了 127 亿元，村可用财力达到了 5 000 万元。

　　2007 年初冬的一天，时任永钢董事长兼村党委书记吴栋材收到一封匿名的投诉信，信的最后写道："我不想让厂子关门，但我也不想有一天需要离开村子去养病……"在之后的永钢内部大会上，吴栋材向大家说了这封关于钢厂的"抱怨信"，并讲了自己思考许久的对策。"总体来说，这些抱怨是因为钢厂的粉尘废气污染了环境，影响了大家原本的生活，咱们不能还没富起来村民就走光了。要改变这种状况，要么进行技术改造，要么压缩生产规模。技术改造肯定需要大笔资金，国家为了控制钢铁行业的扩张，已经大幅上调了贷款利率，这意味着资金是个难题；选择缩减生产规模更不是长久之计。如果坐视不理，厂子与村子的矛盾会越来越严重，村民要么是我们的员工，要么是我们的亲朋好友，我们该如何面对他们？"最后"进行技术改造"的方案还是以微弱的优势被大家通过。于是，永钢开始了对生产线的技术改造。2015 年以来，永钢累计投入 60 多亿元，涉及设备改造、能源综合利用、余能余热利用、固废处理等全过程，能耗和排放量位于行业先进水平，远高于国家标准，节能减排效果远远超出政府要求。

　　"我们要积极践行绿水青山就是金山银山的理念，以绿色发展助力乡村振兴，让咱们永联'最美钢村'的金字招牌永不褪色。"在永钢集团一次员工大会上，永钢总经理吴耀芳慷慨激昂地说："我们必须保证村里的老百姓记得住乡愁、望得见风景。做好

绿色环保，造福社会，这是永钢集团义不容辞的社会责任。"

（资料来源：中国管理案例共享中心案例库，案例编号：CSR－0095）

### 案例启示

　　履行企业环境责任看似是诸多钢铁企业在转型过程中的被动选择，然而，企业环境责任实际上更是企业可持续发展的持久动力。永钢走出一条独具特色的绿色发展之路。一方面，外部环境变化、政策约束和市场压力是永钢绿色转型的关键驱动；另一方面，企业每一步的发展道路选择都与其利益相关者有密切的关系，永钢企业、员工与村民的利益权衡，使得企业环境社会责任成为贯穿永钢绿色发展过程的持久动力。

# 第四节　媒体关系管理

## ❖ 公共关系与中国故事

### 互惠共赢构建"全球健康生态圈"
#### ——伊利并购新西兰 Westland 乳业

　　2019 年 8 月 1 日，新西兰奥克兰博物馆，中国乳品企业伊利收购 Westland 100% 股权的交割仪式在这里举行。

　　对于中国乳品企业伊利来说，此次并购不仅为中国与新西兰搭建起跨太平洋的乳业桥梁，开启了让世界共享健康的崭新格局，也代表着伊利集团的国际化步伐又向前迈进一大步。

　　2018 年 8 月，伊利集团萌发了并购 Westland 的想法。当时澳大利亚和新西兰市场正在出售的标的有 Lion、Greenfiled、Westland。伊利集团结合自身战略及业务契合度的考虑，最终锁定收购 Westland。双方从 2019 年 1 月开始针对股权协议、供奶协议进行多轮商务谈判。2019 年 3 月，伊利团队赴新西兰进行最后条款的现场谈判。2019 年 3 月 18 日，伊利集团发布公告宣布，正式收购新西兰乳业合作社 100% 股权。当天，新西兰报纸 Rural News、Otago Dairy Times，全球行业媒体 Dairy Reporter、

FoodBev，国内新华网、搜狐、网易等媒体进行了报道。

企业的并购不仅是交易共识的达成，还要通过新西兰海外投资办公室的严格审批。从企业性质、管理层、投资性质、是否占有土地资源等方面，任何一个环节不通过都会导致交易失败。

伊利集团的董事会办公室、综合管理部、战略管理部、人力资源部、企业事务部、法务部、财务部等联动起来，快速提供所需的各项资料，投资顾问团队连夜翻译，律师团队连夜整理，每一份资料都有一本书的厚度。这样，伊利并购团队全力以赴，在两周内完成了审批资料的准备工作。

2019 年 8 月 1 日发布会前，针对新西兰各界广泛关注的整合收购问题、奶农利益保障、环保等问题，集团负责人接受了新西兰媒体 The New Zealand Herald 和 Rural News 记者的专访。

经过精心策划，交割仪式在公司公告发布 1 个小时后举行。发布会后，立即启动全球传播，实现了中文、英文、泰语、印尼语等全球多种语言的快速发布，及时披露项目进展，以避免谣言及不准确信息的扩散。新华社、中央电视台、人民网、内蒙古电视台、《新京报》等中国媒体和新西兰主流媒体参会并给予报道。

（资料来源：中国管理案例共享中心案例库，案例编号 MKT-0812）

**案例启示**

外部公共关系活动的目标主要是增进组织与社会各类公众之间的相互了解，协调彼此间的利害关系，消除可能出现的矛盾和冲突，树立良好的社会形象，提高组织声誉，为组织的繁荣和发展创造良好的社会环境。


# 一、媒体关系概述

媒体关系是外部公共关系中最敏感的部分之一，媒体是公众了解组织、认知组织、构建组织整体印象最重要、最常见的平台。

## （一）媒体的定义

媒体是指传播信息的介质。通俗地说，它是指传播信息与获取信息的平台，也是指传输文字、声音、图像等信息内容的工具或载体；还可以把媒体理解为实现信息从信息发出者传递到信息接收者的一切技术手段。

## （二）媒体的分类

（1）按科技进步水平分类，可分为传统媒体和新媒体。传统媒体包括报纸、广播、电视、期刊（杂志）、户外媒体（路牌灯箱的广告位）等。新媒体是利用数字技术及网络技术，通过无线通信网、互联网、卫星等渠道，以及手机、计算机、数字电视机等终端设备，向用户提供服务和信息的传播形态。例如，网络电视、博客、视频号、公众号等。

（2）按出现的先后顺序分类，第一媒体是报刊，第二媒体是广播，第三媒体是电视，第四媒体是互联网，第五媒体是移动网络。其中，互联网和移动网络属于新媒体范畴。

（3）按形式分类，可分为平面媒体、电波媒体、网络媒体三大类。平面媒体主要包括印刷类、非印刷类、光电类等。例如，报纸、杂志、台历、画册、信封、空飘、立体广告牌、霓虹灯、LED看板、户外电视墙等广告宣传平台。电波媒体主要包括广播、电视广告（字幕、标版、影视）等。网络媒体主要包括门户网站、搜索引擎、虚拟社区、即时通信、社交媒体、网络杂志/电子杂志等。

作为组织外部公众之一的媒体应视为一个整体概念——它是与每个人工作生活密切相关的信息平台。它行使着监测社会环境、协调社会关系、传承文化遗产、提供娱乐的社会功能，它是公众认识组织、构建组织印象的最重要、最常见的平台。

## （三）媒体关系对企业的意义

媒体关系是企业与报纸、杂志、电台、电视台、互联网等大众传播媒介的关系。报纸、杂志、广播、电视、互联网等大众传播媒介具有传递信息迅速、传播面广、可信度高等特点，在一定程度上能影响和操纵社会舆论。

**1. 良好的媒体关系有助于建立良好的社会舆论**

根据传播学观点，大众传播只有通过对公众产生较强影响力的群体的中介作用才能发挥影响。媒体有广泛、及时、有效传播信息的特点，在大众传播的过程中发挥着非常重要的中介作用。媒体对企业提供的信息进行加工处理，然后以新闻报道的形式向大众传播。这种中介地位和转换信息的功能使企业对媒体的重要性不可小觑。企业可以通过影响媒体进而影响公众，通过争取媒体对组织的理解和支持，传播组织信息，形成对企业生存发展有利的舆论氛围，实现企业和社会公众的广泛连接。

**2. 媒体是企业外部公共关系中具有特殊作用的工具**

媒体利用现代化技术手段，把各种社会事件转换成新闻信息，生动、及时地传递给公众。其特殊作用一方面体现在塑造企业形象、宣传企业产品、进行危机公关、引导有利于企业的社会舆论等。另一方面，体现在企业不仅通过自己的信息部门收集信息，也需要通过多种渠道获取企业生存发展的广泛信息，而媒体是一种经济方便的渠道。企业对内发展、对外宣传都需要利用好媒体这一工具，需要与媒体保持长期友好的关系。

## 二、媒体关系管理原则

处理企业与媒体关系，一般要注意"三善"原则：善待媒体、善用媒体、善管媒体。

### （一）善待媒体

企业通过日常数据，对各类媒体进行圈层划分，建立核心媒体数据库，积极开展媒体联谊，做好日常沟通，企业公共关系人员通过与媒体员工之间的日常信息互通，帮助媒体收集并向其提供企业内部具有新闻价值的素材，进而建立长期稳定的合作关系。

### （二）善用媒体

通过挖掘企业优质素材，对企业核心产品或功能从不同角度不同形式做创意包装，自然会吸引不同类型媒体的关注，基于关系基础和新闻价值，激发媒体的参与意愿，最终达成项目合作的目的。

### （三）善管媒体

企业借行业之势吸引媒体。企业公共关系部门通过收集行业热门话题、热点问题，组织行业沙龙、参与行业峰会，搭建行业交流平台，邀请行业专家、媒体一同进行线下交流活动，这样既可以提升企业在行业中的地位，也为媒体进行信息沟通提供平台。

## 三、媒体关系管理内容

### （一）建立合理的媒体管理制度

在与媒体交往时，组织内部应首先建立一套媒体关系管理制度，以便日后在面对各种情况时有章可循。组织可成立专门的管理部门，把媒体关系管理列为日常工作，对其进行细水长流式的维护与培养。

其次，组织可以仿效政府部门设置专门的新闻发言人，由新闻发言人专门负责接受媒体采访，并发布新闻。这样做可以使组织保持对外信息的一致性，而且固定的新闻发言人也意味着组织的稳定和关系的稳固，可以增强媒体对组织的信任感。

最后，组织要真诚对待媒体，热情接待媒体的采访，一视同仁地对待前来采访的记者。不能对大媒体热情招待、对小媒体置之不理。只有真诚地对待媒体，才能换来媒体对组织的信任，从而为双方的友好合作奠定良好基础。

### （二）熟悉新闻媒体传播业务

首先，要了解新闻媒体的工作流程，认识报纸、杂志、电台、电视台和网络新闻采访的不同特点，以便更好地配合记者采访。

其次，要了解常与本企业打交道的媒体及其从业人员的有关情况。媒体公共关系专家们提出的建议是：知晓记者们的截稿期限，并且不要在那段时间打扰他们；了解记者所供职的新闻机构，如出版周期、部门分类、目标受众等；阅读记者的专栏和以往的文章，研究他们的写作方式和兴趣爱好；调查记者的背景，如果可能的话，进一步发掘他们的个人习惯和其他信息；了解记者们偏爱的联络方式。

### （三）保持与媒体沟通互动

企业可以每周发布组织内部的新闻事件，建立起与媒体的日常合作，通过媒体对公众宣传公司形象、品牌、产品和服务；依据企业年度广告投放计划进行广告投放。接受媒体采访，欢迎媒体正常宣传策划的采访，审慎对待媒体采访内容，严格执行媒体采访接待流程。

企业也可以通过其他形式与媒体进行合作，例如，向媒体外借公司服装或其他商品、协助其拍摄宣传等。

## 一、单选题

1. （　　）关系是外部公共关系中最敏感的部分之一。

   A. 消费者　　　　　B. 政府　　　　　C. 社区　　　　　D. 媒体

2. （　　）公众是所有传播沟通对象中最具社会权威性的对象。

   A. 消费者　　　　　B. 政府　　　　　C. 社区　　　　　D. 媒体

3. 政府作为国家的管理者、公共利益的维护者、公共政策的（　　），约束和规范

   组织的行为。

   A. 所有者　　　　　B. 控制者　　　　C. 执行者　　　　D. 制定者

4. （　　）关系也称区域关系、地方关系、睦邻关系。

   A. 媒体　　　　　　B. 政府　　　　　C. 社区　　　　　D. 消费者

5. 通过媒体可以对公众宣传企业形象、（　　）、产品和服务。

   A. 品质　　　　　　B. 品类　　　　　C. 品牌　　　　　D. 品味

## 二、多选题

1. 政府关系管理可以争取政府对组织的了解、信任与支持，为组织的生存和发展

   争取良好的（　　　　）。

   A. 政策环境　　　　B. 法律环境　　　C. 自然环境　　　D. 行政支持

2. 消费者关系管理注重研究消费者关系的（　　　　）等问题。

   A. 产生　　　　　　B. 建立　　　　　C. 维护　　　　　D. 挽回

3. 社区关系管理原则包括（　　　　）。

   A. 功利性原则　　　　　　　　　　　B. 适应性原则

   C. 长期性原则　　　　　　　　　　　D. 社区公众优先原则

4. 企业可以扮演消费者的（　　　　）角色，与消费者一起设计生活、美化生活。

   A. 教育　　　　　　B. 引导　　　　　C. 组织　　　　　D. 管理

5. 处理企业与媒体关系，要注意（　　　　）原则。

   A. 善待媒体　　　　B. 善用媒体　　　C. 善观媒体　　　D. 善管媒体

## 三、判断题

1. 建立良好的消费者关系是组织生存与发展的重要保障和条件。（　　　）

2. 企业与消费者之间的关系只有买卖关系。（　　　）

3. 政府公众是指政府各行政机构，不包括其工作人员。（　　）

4. 媒体是组织外部公共关系中具有特殊作用的渠道。（　　）

5. 消费者关系管理注重研究消费者关系的建立、维护、挽回等问题。（　　）

## 四、简答题

1. 组织外部公共关系协调的特点和目的是什么？

2. 如何协调企业与消费者公众的关系？

3. 组织如何处理好同政府的关系？

4. 组织如何有效协调与社区公众的关系？

5. 组织如何处理好与媒体的关系？

## 五、技能训练

**实训项目：** 制定一份社区公关活动策划方案。

**实训目的：** （1）养成学生进行社区公关活动的策划能力。

（2）养成团队组织能力、沟通表达能力。

**实训内容：** （1）5~7人为一小组，设计一个社区公关活动策划方案。

（2）完成社区公关活动策划方案，具体内容包括：活动主题、活动目的、宣传方案和经费预算。

（3）班级组织交流，每个小组推荐一名成员做介绍，并对社区公关活动策划方案进行研讨，教师进行点评并提出改进建议。

**实训要求：** （1）每组制定一份社区公关活动策划书。

（2）由教师与学生共同对每个小组的表现评估、打分。

第四章

# 公共关系传播
## ——架起沟通的桥梁

## 学习目标

### ✦ 知识目标

- 了解公共关系传播的含义、过程、基本内容和原则
- 熟悉公共关系传播的基本类型与媒介
- 掌握公共关系传播的技巧

### ✦ 技能目标

- 能够分析公共关系传播活动的过程和内容
- 能够分析公共关系传播活动的类型和媒介
- 能够运用公共关系传播技巧，实施公共关系传播活动

### ✦ 素养目标

- 树立信息安全意识，自觉养成负责任地传播、发布信息的习惯
- 遵守传播规章制度，树立大局意识，培养全局观念
- 坚持求真务实的传播工作作风，勇于探索、敢于创新

**本章知识结构**

公共关系传播——架起沟通的桥梁

- 公共关系传播概述
  - 公共关系传播的含义和特点
    - 公共关系传播的含义
    - 公共关系传播的特点
  - 公共关系传播的过程和效果
    - 公共关系传播的基本要素
    - 公共关系传播的过程
    - 公共关系传播效果
  - 公共关系传播的内容和原则
    - 公共关系传播的内容
    - 公共关系传播的原则

- 公共关系传播选择
  - 公共关系传播类型的选择
    - 人际传播
    - 大众传播
    - 群体传播
    - 组织传播
  - 公共关系传播媒介的选择
    - 语言媒介
    - 印刷媒介
    - 实物媒介
    - 户外媒介
    - 电子媒介

- 公共关系传播技巧
  - 公共关系新闻
    - 公共关系新闻的特点
    - 公共关系新闻传播技巧
  - 公共关系广告
    - 公共关系广告的特点
    - 公共关系广告的类型
    - 公共关系广告策划技巧
  - 公共关系文书
    - 公共关系文书的特点
    - 常见的公共关系文书
    - 公共关系文书写作技巧

# 第一节  公共关系传播概述

## 一、公共关系传播的含义和特点

　　传播是人类产生以来就存在的社会现象，是人们之间进行信息交流的一种活动。公共关系传播是公共关系的三大要素之一，是连接公共关系主体和公共关系客体的纽带，也是公共关系工作的主要内容。

## （一）公共关系传播的含义

公共关系传播是指社会组织将公共关系信息通过传播媒介传递给社会公众，使公众能够了解企业的行为，理解企业的目标、政策，领会企业的善意和友好，进而影响和改变公众的态度和行为，建立和发展良好关系的社会活动。

公共关系传播对于组织形象的影响举足轻重。有效的公共关系传播有利于促进组织和公众的双向沟通及和谐共处，有利于增强组织的聚合力和吸引力，能够塑造良好的组织形象。

## （二）公共关系传播的特点

### 1. 传播行为的受制性

公共关系传播是一种组织行为，需要服从于组织大局，为实现组织目标服务。这就要求公共关系传播在时间上、空间上、内容上和形式上等都要受到组织目标、组织制度、组织规范等因素的制约。

### 2. 传播内容的求实性

实事求是是公共关系传播的基本要求。公共关系传播的内容必须是真实的，只有客观地向公众传递信息，才能让公众感受到组织的真诚，了解组织的本意和初衷，从而塑造良好的组织形象。

### 3. 传播渠道的多样性

公共关系传播渠道呈现出多样性的特点。由于公众的知识背景、生活环境、风俗文化等存在较大的差异性，对于传播渠道的偏好也存在较大的差别，应针对公众的特点选择合适的传播渠道。

### 4. 传播方式的策略性

公共关系传播既是一门科学，也是一门艺术。公共关系传播在真实性的前提下，如果能针对公众心理需求有技巧、有策略地实施，就更能够得到公众的认同，可以获得更好的公共关系效果。

### 5. 传播活动的高效性

公共关系传播活动往往都是提前做好筹划的，因此，其指向性和针对性十分明显。同时，在传播中要注重选择合适的信息传输通道，这些使得公共关系传播更容易达成组织目标，提高传播活动的效率。

## 二、公共关系传播的过程和效果

公共关系传播的完成有一些必要的条件，这就是公关传播基本要素。在公共关系传播中，应把握这些要素在传播中的影响作用，注重公共关系传播效果。

### （一）公共关系传播的基本要素

1948 年，哈罗德·拉斯韦尔（Harold Lasswell）明确提出了传播过程及其五个基本构成要素，即：谁（Who），说了什么（says What），通过什么渠道（in Which channel），对谁说（to Whom），取得了什么效果（with What effect）。这就是著名的"5W"传播模式。据此，公共关系传播的基本要素可以概括为：传播者、信息、信道、受传者和效果，也有观点认为还应加上"反馈"这一要素。

#### 1. 传播者

传播者是公共关系传播的主体。传播者是传播活动的发起者，在传播过程中担负着信息的收集、加工和传递的任务。传播者既可以是单个的人，也可以是集体或专门的机构。公共关系传播多表现为社会组织的行为。

#### 2. 信息

信息是指公共关系传播的内容。信息是一组有意义的符号的组合，符号包括语言符号和非语言符号。在公共关系传播中，信息需要通过合适的形式进行传递，使其易于被接受和被理解。

#### 3. 信道

信道是公共关系传播的渠道。公共关系传播需要经过中介或借助物质载体，它可以是诸如信件、电话等人际传播媒介，也可以是报纸、广播、电视、网络等大众传播媒介。传播中可以单一使用某种媒介，也可以综合运用多种媒介。

#### 4. 受传者

受传者是公共关系传播的接收者。受传者一般是指所有受众，如读者、听众、观众等的总称，它是传播的最终对象和目的地。受传者作为信息发送的对象，其能否正确理解所传递的信息，直接影响传播效果。

#### 5. 效果

效果是公共关系传播的结果。效果指的是信息到达受众后在其认知、情感、行为各方面所引起的反应，它是检验公共关系传播活动是否成功的重要标准。成功的公共关系传播可以让公众从认知到情感，进而产生认同，最终采取行动。

#### 6. 反馈

反馈是公共关系传播的回馈。反馈指的是受传者将传播效果反映给传播者的过程，这种反馈可能是正反馈，也可能是负反馈。反馈有助于传播者更好地总结经验，分析问题，为公共关系传播循环做好准备。

---

### 🔷 公关伦理与和谐关系

#### 子产不毁乡校

　　春秋时期，郑国人喜欢聚集在乡校里，七嘴八舌地议论国家施政措施的好坏。大夫然明便对丞相子产说："把乡校废除了，怎么样？"子产说道："为什么要这样做？那些人早晚聚集在一起休息、谈笑，当然要议论我们把国家治理的好坏。他们肯定的，我们就努力去做；他们讨厌的，我们就马上改正；他们是我们的老师啊，为什么要打击他们呢？我只听说忠诚为善可以减少怨恨，没有听说以势作威就能防止怨恨。如果作威防怨而不能止住怨恨，就会像大河决口，我就无法救治了。所以，不如开个小决口，让人们的怨恨有发泄渠道，我就能从容地听从并改正了。"然明被子产的话说服了，郑国也在子产的开明治理下，出现了政通景明的气象。

（资料来源：胡学亮，《公共关系理论与实务》，知识产权出版社）

**案例启示**

　　在本案例中，子产把乡校作为获取群众议论政事的反馈信息的场所，而且注意根据公众的意见，调整自己的政策和行为。子产执政后，重视听取百姓的议论，努力疏通统治者与被统治者之间的关系，颇得百姓的爱戴，从而使郑国强盛起来。

### (二) 公共关系传播的过程

　　根据公共关系传播的五要素，考虑到公共关系传播的双向性，在此基础上加上"反馈"这一要素，可以将公共关系传播的基本过程通过图 4-1 表示出来。

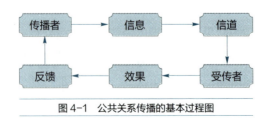

图 4-1　公共关系传播的基本过程图

公共关系传播的基本过程图可以直观地展示：公共关系传播就是传播者将信息通过信道传递给受传者并产生一定的效果，最终将传播效果反馈给传播者。根据公共关系传播的基本要素，可以从控制分析、内容分析、媒介分析、受者分析和效果分析等五个方面分门别类地对公共关系传播进行研究。

控制分析主要研究传播者对公共关系传播的影响，传播者的个人素质、传播经验、传播的方式方法等直接影响传播效果；内容分析主要研究信息在公共关系传播中的作用，信息的呈现方式、容量、是否符合目前需求和受众需求等直接影响传播效果；媒介分析主要研究传播媒介对于公共关系传播的影响，语言媒介、书面媒介、电子媒介等在传播中各自发挥着作用；受者分析主要研究受传者对于公共关系传播的影响，受传者的态度、文化认知、心理特征等因素均会影响到传播效果；效果分析主要研究公共关系传播所达到的影响程度，公共关系传播效果的最终达成与前四个要素有着不可分割的联系。

## （三）公共关系传播效果

公共关系传播效果是指目标公众对于信息传播的反应，也是社会组织对传播对象的影响程度。公共关系传播效果是公共关系传播的五要素之一，人们对传播效果的研究经历了半个多世纪的历程。针对公共关系的目标和公共关系传播的目标评估，公共关系传播对于受众的效果可以从以下四个层次来分析：

### 1. 信息层次

这一层次是最基本的层次，是将信息传递给目标受众，使之完整、清晰地接收，并且减少歧义、含混、缺漏。这是简单的传递、知晓层次，是任何传播行为首先应达到的传播效果层次。

### 2. 情感层次

在这一层次，传播者传出的信息从知晓进而产生情感，使目标受众在感情上与传播内容接近、认同。受众进而对这一传播内容感兴趣，从而与传播者更接近，这是公共关系传播达到的较为理想的效果。

### 3. 态度层次

这一层次已从感性层次进入理性层次，是在感性认识基础上经过分析判断、理性思维而产生的，一旦形成就很难产生改变。传播若达到这一层次，对目标公众的影响就已经相当深入了。

### 4. 行为层次

这是公共关系传播效果的最高层次。目标公众在经过感性、理性认识之后，行为发生改变，做出与传播者目标一致的行为，从而完成从认识到实践的全过程，使传播者的目标不仅有了共情、认同者，而且有了具体实施、执行者。

 **时代发展与公关启迪**

## 盒马"共享员工"

在新冠肺炎疫情影响下，不少侧重线下消费服务的商家无法正常营业，例如，一些大型连锁餐饮店的资金一般高流转低储存，这时就面临着员工不能正常上岗、资金紧张、可能发不出工资的窘境。另外，同样因为新冠肺炎疫情，社区电商兴起，需要大量人力来配送生鲜蔬果到人们家门口，该行业面临"用工荒"。2020年2月3日，阿里巴巴旗下的盒马宣布联合北京多家餐饮企业，合作解决现阶段餐饮行业待岗人员的收入问题，缓解餐饮企业成本压力和商超生活消费行业人力不足的挑战。该方案施行后，已经陆续有餐饮、酒店、影院、百货、商场、出租、汽车租赁等32家企业加入进来，1800余人加入盒马，正式上岗。该"共享"举措为盒马赢得了各界赞誉，浙江省总工会评价盒马、京东、苏宁等平台型企业与受疫情影响暂无法开业的餐饮企业达成临时合作，"借用"其员工，大大缓解了疫情期间的人力供需矛盾。《广州日报》评论疫情期间共享员工的广泛尝试表明，这种用工模式能够有效缓解"潮汐式"用工这一老大难问题。

**案例启示**

盒马通过共享用工，使员工可以得到多元化工作机会，保证收入来源，而企业则可以减轻用工成本压力，可以说是双赢。盒马的此番操作，不仅解决了自身员工空缺难题，还担负起企业社会责任，收获了大众好感，树立了一个企业良好的形象。

# 三、公共关系传播的内容和原则

## （一）公共关系传播的内容

公共关系传播内容可以分为告知性传播与劝导性传播两类。

### 1. 告知性传播

告知性传播向公众介绍有关组织的情况，它的目标、宗旨、方针、经营思想、产品和服务质量等。在信息传播过程中，传播内容往往以动态消息或专题报道的形式出现，通常都包括哈罗德·拉斯韦尔传播模式的五个"W"。告知性传播重在向公众传递组织的信息，以促进公众对于组织的的了解。

### 2. 劝导性传播

劝导性传播的内容号召公众响应某一项决议、呼吁公众参与某一项社会公益活动，或者劝说人们购买某一品牌的商品。在利用大众传媒进行宣传的过程中，组织发布的劝导性的传播内容，往往以社论、评论、倡议书的形式出现，而营利性组织发布的此类内容，则多以商业广告的形式出现。

## （二）公共关系传播的原则

公共关系传播随着传播范围的扩展和传播手段的多样而不断变化，为了使传播活动能够取得预期效果，公共关系传播一般需要遵循以下四个原则：

### 1. 目标明确原则

英国公共关系学者弗兰克·杰夫金斯（Frank Jefkins）认为："公共关系是一个组织为了达到与公众之间的相互理解的特定目标，而有计划地采用对内、对外传播方面的总和。"公共关系传播是带有明确目的性的传播，它的总目标是树立、改善组织形象，形成有利的舆论环境，获得各界的支持。

### 2. 双向沟通原则

双向沟通原则是指传播双方相互传递、互相理解的信息互助原则。具体包含以下内容：一是沟通必须由两人以上进行；二是沟通双方互为角色；三是沟通双方相互理解并有所交流。组织与公众的沟通应注意两个方面的内容：一是创造沟通的共识区域，即寻找沟通双方在知识、经验、兴趣、爱好、文化传统等方面的相近似之处；二是具备反馈意识，即沟通双方在信息交流中应主动、及时做出反应，给予对方反馈，并根据反馈进行积极的调节。

### 3. 平衡理论原则

这一理论认为，如果两人存在着友好关系，并且对另一事物持有相同态度，两人的关系就是平衡的。在寻求关系平衡的过程中，可以从两个方面进行关注：一是采用A-A式平行沟通，即双方具有相对等同职权地位的人参与沟通，并随时注意公众反应，不断调节，使其保持在平衡状态之中；二是注重情感沟通，即通过情感互动和思想交流，产生接近和认同，达到态度的一致和关系的平衡。公共关系传播追求组织与公众之间态度、感情的一致和关系的平衡。

## 4. 有效沟通原则

公共关系传播追求的是有效沟通，即通过沟通使公众理解、喜爱和支持组织。影响与公众有效沟通的主要因素有四个方面：一是信息的真实性和信息量的大小；二是传播者的方式与态度；三是传播内容的制作技巧；四是传播渠道的畅通程度。

### ❖ 公关实践与学思践悟

以小组为单位，搜集近期企业、社会组织的公共关系传播案例，分析公共关系传播中体现出哪些原则，并从学、思、践、悟四个方面对公共关系传播原则进行总结。

| 项目 | 目标明确原则 | 双向沟通原则 | 平衡理论原则 | 有效沟通原则 |
|---|---|---|---|---|
| 学 | | | | |
| 思 | | | | |
| 践 | | | | |
| 悟 | | | | |

# 第二节　公共关系传播选择

### ❖ 公共关系与中国故事

#### 北京冬奥会开幕倒计时一周年

北京冬奥会开幕倒计时一周年活动于 2021 年 2 月 4 日晚在国家游泳中心"冰立方"举行，北京 2022 年冬奥会、冬残奥会火炬外观设计发布。

国际奥委会主席巴赫通过视频致辞："一年后的今天，北京将书写历史，成为有史以来第一个既举办过夏季奥运会、又举办冬季奥运会的双奥之城。北京 2022 年冬奥会将是一个伟大时刻，秉持和平、团结和友谊的精神，将全世界凝聚在一起。"活动现场，北京冬奥会和冬残奥会火炬"飞扬"发布。冬奥会火炬外形极具动感和活力，颜色为银色与红色，象征冰火相约，激情飞扬，照亮冰雪，温暖世界。冬残奥会火炬则选用银色与金色，寓意辉煌与梦想，体现"勇气、决心、激励、平等"，火炬下方刻有"北京 2022 年冬残奥会"全称的盲文。

**案例启示**

在此案例中，通过举行北京冬奥会开幕式倒计时一周年活动，以视频的方式向全世界展示了北京将书写奥林匹克运动全新的历史篇章，更重要的是，北京冬奥会实现了在东方大国普及冰雪运动的宏大愿景。

公共关系传播是组织通过报刊、广播、电视、网络等大众传播媒介，辅之以人际传播的手段，向其内部及外部公众传递有关组织各方面信息的共享过程。常见的公共关系传播的分类方法有以下几种：按照传播的主体和客体进行划分，可以分为人际传播、大众传播、群体传播和组织传播；按照传播信息的流向进行划分，可以分为上行传播、下行传播和平行传播；按照传播的方法进行划分，可以分为口头传播和书面传播；按照传播的途径进行划分，可以分为直接传播和间接传播。

# 一、公共关系传播类型的选择

## （一）人际传播

人际传播是指个人与他人之间的传播行为。即由一个人发出信息，由个别状态中的另一个人接受，并有机会立即反馈。在人际传播中，强调个人与他人的沟通，让对方接受自己的看法，并据此改变自己的行为。常见的人际传播有交谈、会见、电话沟通、书信往来、即时通信沟通等。

人际传播的形式可以是两个人面对面的直接传播，也可以是以媒体为中介的间接传播。前者主要以语言表达信息，或用表情、姿势来强化、补充、修正语言的不足，它可以使传者与受者直接沟通，及时反馈信息，并共聚一堂，促膝交流，产生亲切感，从而增强传播的效果。后者使用的媒体主要有电话、交互电视、计算机网络、书信等，它可以使传者与受者克服空间上的距离限制，从而提高了传播的效率。

人际传播的优点主要表现在可以使用语言和大量的非语言符号，如表情、姿势、语气、语调等，使人与人的交流更富有情感性，并且能够较为迅速地得到对方的反馈，由此可以调整自身的传播方式、方法，让双方更容易达成一致。但人际沟通的传播范围小、影响面不大，这是人际传播的不足。

## （二）大众传播

大众传播是指需要通过大众传播媒介来进行的传播行为，即社会组织通过职业传播者运用报纸、杂志、书籍、广播、电视、电影、网络等传播媒介向为数众多的公众传递信息。大众沟通的传播者通常是庞大的组织体，沟通的工具大都是最先进的科技结晶体，而受传者则是不知名的及不定量的大众。

大众传播最显著的特点是借助大众媒介传递信息，因此，大众媒介的发展也就使大众传播的方式逐渐多样化。由于公众是分散的、无定型的，而且反馈的媒介也不一定是传播者使用的媒介，有时候反馈速度会较慢。因此，传播者在进行传播时，不能依赖反馈修改其传播内容。

大众传播的优势在于传播范围较广，传播速度较快，影响面较大。这种传播可以将组织相关信息迅速地传递到全国各地乃至世界各地，并且能够产生较大的影响力。值得注意的是，大众传播既可以使社会事件和人物被赋予正面形象，树立威信；也可以使组织形象受到损害。

## （三）群体传播

群体传播是指制度化的公众传播，即传播者与在一定的规章下聚合于某一场合中的受传者进行信息沟通。它与人际传播的区别在于受众是两个以上的有一定范围的群体，而人际传播的受众是个人。常见的群体传播有新闻发布会、供货会、展览会、商品交易会等。

在社会生活中，人总要被纳入或从属于一定的群体，而且常常要分属于许多群体。一旦参加社会活动，还会加入某些社会团体；外出购物、旅游、观看演出时，又会自觉不自觉地加入集群中去。因此，人的群体传播是无法避免的。人为了消除对自己和对环境的不确定性而参加群体传播，由此，群体成员可以获得更多的信息，对个人的认识和行动补充大量的信息。

群体传播的主要优势在于受传者在性别、年龄、文化程度、社会观念、兴趣爱好、心理特征等某一个方面或某几个方面总有大致相同的特点，很容易发生相互作用。因此，群体传播应关注受传者的共性，有针对性地选择传播内容并运用合适的传播媒介，以达到公共关系传播的效果。

### （四）组织传播

组织传播是指组织成员之间、组织内部机构之间、组织与更大的社会环境之间的信息交流和沟通。具体地说，组织传播是由各种相互依赖的关系结成的网络，既是为了应付外部环境的不确定性，也是为了完成组织目标而创造和交流信息的过程。组织传播可以分为组织内传播和组织外传播。

传播是组织的一个基本属性，组织的任何活动都伴随着信息传播。组织传播包括组织内部个人与个人、团体与团体、部门与部门、组织与其成员的传播活动，以及组织与相关的外部环境之间的交流沟通活动。组织传播既是保障组织内部正常运行的信息纽带，也是组织作为一个整体与外部环境保持互动的信息桥梁。

组织传播的最大优势在于能够促进组织成员对组织共同的目的、利益、价值观念等方面的认同，便于齐心协力地完成既定任务。通过组织传播可以交流思想、观念，进行情感沟通，对于稳定组织成员，应对外部环境，内求团结，外求发展，促进组织形象的提升具有重要作用。

## 二、公共关系传播媒介的选择

### （一）语言媒介

语言是面对面人际传播的主要信息载体，是人类信息、情感交流、实现交际目标的最基本工具。公共关系传播中的大量日常和专业的工作都离不开语言的运用，运用语言媒介的常见表现形式有谈话、谈心、演讲、会议、记者招待会等。

微课：公共关系传播媒介

**1. 谈话**

谈话是人与人最直接的语言交流。谈话能够较为清晰、迅速地传递信息，使对方了解自己的真实想法，并及时接收对方反馈，最容易实现双向往来。为达到谈话的最佳公共关系传播效果，应注意在谈话前做好充分的准备，针对谈话对象运用合适的谈话技巧，并注重根据对方的反应及时做出调整。

**2. 谈心**

谈心比谈话更具有人情味，更强调情感沟通，不仅以理服人，更要以情动人。开展谈心可以拉近和对方的心理距离，常用在组织内部公共关系工作中，有助于提高组织成员的团结和提升组织的凝聚力。在谈心过程中，应注重对方的心理需求和情感诉求，有针对性地开展交流更易于实现公共关系目标。

### 3. 演讲

演讲是组织就重大的经营管理战略、决策，或开展某种重大的活动进行宣传、鼓动，以说服内部员工或外部公众，为实现既定目标而进行的演说。演讲的公众范围较广，更注重在有声语言运用中融入手势、表情、眼神等各种元素，达到唤起公众的兴趣和情绪的目的。

### 4. 会议

会议是组织公共关系活动的常见形式，主要有座谈会、招待会、工作例会等。会议具有主题明确的特点，与会人员可以就某一话题进行充分的交流，并最终达成共识。组织可以通过会议获得大量的信息，以供决策时参考。会议涉及的人员相对较广，需要在会议前做好各环节的准备工作。

### 5. 记者招待会

记者招待会是某个社会组织定期、不定期或临时举办的信息和新闻发布活动，直接向媒体发布组织信息，解释组织的重大政策和事件。记者招待会一般通过大众传播来进行，受众面广，传播速度快，影响较大。组织在进行记者招待会时，注重选择适宜的时机，往往会获得更好的效果。

## （二）印刷媒介

印刷媒介是通过印刷方式向社会公众传播信息的大众传播媒介。在所有的传播媒介中，印刷媒介是一种传统的媒介形式，常见的印刷媒介如书籍、杂志、报纸、传单等。与语言媒介相比，印刷媒介能够更详细并图文并茂地向公众传递信息。

印刷媒介储存性好、信息量大，具有较高的权威性。具体来说，书籍专业性、系统性强，内容集中；杂志能够满足不同市场需求的群体，专业性也很强；报纸内容丰富、通俗易懂，新闻性强。但印刷媒介的缺点主要表现为：不如广播、电视、网络等媒介传播速度快，不适用于文化水平较低的群体。

## （三）实物媒介

实物媒介主要是指用于展览、赠送的产品样品、产品或企业建筑微缩模型等。这些用于特殊场合的样品、模型、象征物上凝聚着组织的各类信息，展现着产品和组织的形象，实际上充当了组织对外传递信息、沟通与公众联系的特殊媒介。

实物媒介最显著的优势在于能够真实地表现组织的风格、特色、文化、宗旨等内容，能够联络感情、表达礼仪、协调关系，从而实现公共关系传播的目标。但一般来说，单一的实物很难形成公众对组织的全面认知，往往需要综合实物构成一项活动，即通过多项实物的展示塑造组织形象。

### （四）户外媒介

户外媒介是指主要建筑物的楼顶和商业区的门前、路边等户外场地设置的发布广告信息的媒介，主要形式包括气球、飞艇、车厢、大型充气模型、住宅小区走廊楼道等。户外媒介一般选择在具有地段优势的区域或地点进行，能够取得较好的宣传效果。

户外媒介面积大、色彩鲜艳、主题鲜明、设计新颖，具有形象生动、简单明快等优势，往往有很强的视觉冲击力，能够吸引公众的注意力，从而形成对组织的关注。其缺点表现在户外媒介一般内容比较简单，传播的信息量有限，并且会受到场地的限制和受众数量的限制。

### （五）电子媒介

电子媒介是指现代传播活动中存储与传递信息时使用的电子技术信息载体。最早出现的是电报、电话，后来出现广播、电影、传真、网络等，每一种类型又都拥有各种类型的信息存储、发送和接收设备。电子媒介具有传播速度快、受众面广的优势，下面以广播电视和网络为例进行说明。

微课：媒介传播

#### 1. 广播

广播是一种通过声音来传递信息的电子媒介。广播的优点主要表现在具有较强的跨时空性和即时性，适用于各种文化程度的受众，传播较为迅速，与工作不易产生冲突；其缺点表现在播音效果转瞬即逝，受众难以深入思考，同时，传播的信息受播出时间和顺序的限制。

#### 2. 电视

电视是大众传播媒介中运用现代科学技术的产物。电视的优点主要表现在能够声形并茂地传递信息，真实性、艺术性强，受众面广，影响力较大。其缺点表现在受到电视频道节目播出安排的限制，并且效果稍纵即逝，难以重复，与广播相比制作成本较高。

#### 3. 网络

网络媒介是指运用计算机网络及多媒体技术传播信息的媒介。网络媒介的优势在于提供了一个集各种媒介于一身的新型传播系统，声音、影像、文字完美地结合在一起，受众广、传播影响大。其局限性主要表现在信息量大，信息选择困难，建设自身的网站需要专业技术人员进行维护。

**时代发展与公关启迪**

## 老字号应擅用网络媒体

　　一位博主用体验的方式实拍了狗不理某餐厅的情况，视频在 2020 年 9 月 10 日在网络上被转发。就在当晚，狗不理包子在网上发布声明，声称视频中伤的言论均为不实信息，发布者侵犯了餐厅名誉权，餐厅将依法追究相关人员和网络媒体的法律责任，并且表示已经报警。狗不理该餐厅的报警引起了舆情危机。事实上，老字号品牌有情怀，有消费者的情感积淀，积攒着口碑，往往比普通品牌拥有更丰富的品牌资产。好的老字号的共性是厚道经营，且有虚心接受的雅量。

**案例启示**

　　网络是集声音、文字、影像于一身的传播媒介，其受众广泛，传播影响大。此次事件中，狗不理的这家餐厅面对网络负面舆论时的做法使其口碑大为受损。企业面对危机时，若能够利用网络媒介的优势妥善处理，不仅可以转化危机，体现企业勇于担责的社会形象，还可扩大品牌知名度；反之，若处理不当，则会损坏企业名誉和形象。

---

## 公关实践与学思践悟

　　以小组为单位，策划 ×× 公司 ×× 产品的公共关系活动，针对活动内容、活动受众、活动效果等选择合适的传播媒介并说明理由，完成下表填写。

| 企业名称 | | |
|---|---|---|
| 产品名称 | | |
| 公共关系活动 | 活动名称 | |
| | 活动内容 | |
| | 活动受众 | |
| | 活动效果 | |

# 第三节　公共关系传播技巧

## ❖ 公共关系与中国故事

### 海底捞事件

2021 年 8 月 25 日上午,《法制晚报》下属的"看法新闻"发表了一篇标题为《记者历时 4 个月暗访海底捞:老鼠爬进食品柜,火锅漏勺掏下水道》。文章中,记者卧底了北京海底捞 ×× 店和 ××× 店,发现了两家店的厨房都出现了不良现象。

8 月 25 日 14: 46 分,海底捞在其官方微博和官网发表致歉信(对外)。其内容包含:① 首先承认了曝光内容属实;② 提供过往处理类似事件的查询通道;③ 感谢媒体和群众的监督,表示愿意承担相关的经济和法律责任;④ 承诺已经布置在所有门店进行整改,后续将公开发出整改方案。

8 月 25 日 17: 16 分,海底捞在其官方微博和官网发布处理通报。内容包括事件门店的停业整改处理,所有门店开启卫生排查,接受公众、媒体的监督,安抚所涉事件的员工,董事会主动揽责。

8 月 27 日 15: 04 分,海底捞在其官方微博和官网发布《关于积极落实整改,主动接受社会监督的声明》。在声明中,海底捞除了表明加强员工培训、落实整改措施,还承诺将在全国门店实现后厨操作可视化。

### 案例启示

案例中"海底捞"能够成功转危为安,正是得益于其及时对负面事件做出反应,并诚恳发布道歉信和处理公告。海底捞的这次事件最初是由报纸媒介传播给公众,最终海底捞通过网络媒介进行积极应对并扭转局面。由此,不难发现公共关系传播技巧对于塑造企业形象发挥着举足轻重的作用。

# 一、公共关系新闻

公共关系新闻,是有利于一个社会组织建立、维持、发展和完善其形象,并受到新闻媒介重视并报道的新近发生的事实。其职能主要有三个方面:帮助组织加强与公众之间的沟通、理解；矫正、纠正组织在社会公众心中的不利、虚假、片面形象；扩大组织影响，维护完善组织的整体形象。

## （一）公共关系新闻的特点

### 1. 真实性强

在组织公共关系工作中，公共关系新闻传播，无论是通过记者采访，还是公共关系部门自己组织人力进行新闻报道，都应站在第三者的角度，对组织新近发生的有价值的事件进行真实、客观的宣传。这是公共关系新闻的最基本要求，也是能够得到公众支持的最基本态度。

### 2. 可信度高

由于新闻媒介的权威性，通过新闻来报道社会组织发生的事实，可以起到信息传播、形成舆论、宣传教育、为公众服务的作用，而且公众对新闻报道往往具有较强的信任度。对于社会组织来说，可以充分运用其可信度高的特点，通过公共关系新闻塑造组织形象。

### 3. 影响力大

公共关系新闻主要针对热点问题进行报道，一般通过报刊、电视、网络等大众媒介进行传播，受众面较广，影响力较大。若公共关系新闻传播为正面信息，则可以迅速提高组织的知名度和美誉度。但值得注意的是，若产生负面新闻，其破坏作用同样也是相当巨大的。

## （二）公共关系新闻传播技巧

### 1. 内容注重事实性

公共关系新闻最基本的要求就是以客观事实为依据。从题目的拟定到内容的组织必须注重事实性，这样才能让公众真实地了解组织传递的信息，才能形成对组织的正确认识。当然，在注重事实性的基础上应适当考虑事实所具有的新颖性、及时性、趣味性及与公众的接近性。

### 2. 写作注重规范性

公共关系新闻传播一般借助大众传播媒介来进行报道，在新闻撰写中应注重规范性。一篇完整的新闻报道通常包括标题、导语和主体三个组成部分。标题部分应该用精炼、有特色的语言表现报道的主题；导语部分具有统领全篇、引导阅读的作用；主体部分说明事情的来龙去脉，并使用背景材料对事实进行补充。

### 3. 表达注重简洁性

公共关系新闻传播意在短时间内让公众迅速接收组织传递的信息，因此，在语言表达上应短小精悍，避免冗长、重复、难以理解的语句，注重简洁性。在公共关系新闻传播中，最好开门见山，简单明了，表达清楚即可，不需要华丽的辞藻，但同时应注意不要遗漏基本事实和重要细节。

### 4. 策划注重计划性

组织的宣传要把握好时机，要尊重客观事实，同时要重视"制造新闻"。所谓"制造新闻"，是指组织为了提高自身的知名度和美誉度，通过有计划的策划与组织，将某件事情典型化、新闻化的公共关系行为。有技巧的新闻策划，对于塑造良好的组织形象能够起到事半功倍的效果。

## 二、公共关系广告

微课：公共
关系广告

公共关系广告是组织有计划地通过大众传播媒体或户外展示形式传递产品、服务或观念信息，以达到树立组织形象的一种宣传方式。

### （一）公共关系广告的特点

#### 1. 客观性

公共关系广告不同于商业广告，商业广告重在扩大销售、获取赢利，而公共关系广告重在塑造组织形象。公共关系广告应避免弄虚作假，要真实地、客观地进行公共关系广告设计、编写与制作，真实地向公众传递信息，以争取得到更多的社会公众的信赖。

#### 2. 特色性

在广告云集的当代社会，若想引起公众的注意，公共关系广告必须独具风格，具有特色。这要求组织在特定的公共关系主题下形成自身独特的风格，在表现手法、语言组织、色彩运用等方面突显组织与众不同的元素，以加深社会公众对本组织的印象。

#### 3. 创新性

成功的公共关系广告应该具有创新性，注重创造性。这要求公共关系广告在具体内容、分析角度、运用手法等方面，新颖别致、富于创新意识，以给予社会公众一种清新的活力和奇特的美感。这样的公共关系广告才更能够深入人心，让公众印象深刻，最终达到塑造组织形象的作用。

## （二）公共关系广告的类型

### 1. 组织广告

组织广告是以组织为主体，宣传组织的信息，树立某种观念，以塑造组织形象为目的的广告。这类广告的宣传目的，是要建立或改变一个组织或一个产品在社会公众心目中的地位，建立或改变消费者的消费意识、树立一种新的消费观念。这种新消费观念的树立，可以使社会公众倾心于某个组织或某项产品。

### 2. 响应广告

响应广告是指组织为响应社会或其他组织的号召，支持公益事业的发展，以求社会各界公众的理解与支持而发布的广告。响应广告一般可分为两种：一种是对政府的某项政策、措施或者当前社会活动中的某项重大事件，以组织的名义表示响应；另一种是对某个新开张或有重大庆典活动的组织或企业，以同行的身份刊登广告以示祝贺。

### 3. 创意广告

创意广告是组织以自身的名义率先发起某种社会活动，或提倡某种有意义的新观念的广告。一般来说，创意广告要有明确的主题和目标，以表明组织对社会活动的关心、支持。公益广告也属于其中的一种，重在体现组织的社会责任感，使公众产生对组织的认同感。

## （三）公共关系广告策划技巧

### 1. 吸引公众注意

组织在进行公共关系广告策划时应意识到，若想让公众接收到有效信息，首先需要做到让公共关系广告吸引公众注意。具体表现在：广告的立意、形式要新颖，把握公众的心理需求，以独特的方式展示在公众面前，在色彩、大小、位置、媒介等选择上要突出组织自身的特色。

### 2. 内容通俗易懂

公共关系广告想要获得成功，在引起公众注意的基础上，还必须能够让公众产生共鸣。这就要求公共关系广告传递的信息尽可能在内容上贴近公众的生活，画面通俗易懂，使公众易于理解、易于接受。只有公众真正理解公共关系广告传递的信息，才更容易理解组织的初衷。

### 3. 语言真挚坦诚

"晓之以理，动之以情"，是公共关系广告实现目标的技巧。对于公共关系广告来说，真挚坦诚的语言是打动公众的关键。语言实在，适当留有余地，以事实为依据，用事实说话，是公共关系广告的要求。语言朴实真挚，既是一种朴素的表现形式，也是一种踏实的态度，这样的内容更容易深入人心。

# 三、公共关系文书

## （一）公共关系文书的特点

### 1. 针对性

公共关系文书的针对性一方面体现在针对组织生存或发展中的具体问题而写作，另一方面体现在针对特定的公众或明确的传播范围进行写作，该特点也决定了公共关系文书能有效解决组织面临的特定问题。

### 2. 主动性

公共关系文书的主动性体现在公共关系文书是积极为公共关系活动服务的，并且不是一成不变，会随着公共关系活动的不断推进，因人、因事、因时、因地制宜，该特点会对公共关系活动起到事半功倍的效果。

### 3. 规范性

公共关系文书的规范性体现在其书写在内容要素、行文格式、书写位置及一些习惯用语等方面都有一定的要求，不同类型的公文在书写规范上具有较为显著的差别，该特点也体现了公共关系活动的严肃性和正式性。

## （二）常见的公共关系文书

公共关系文书的种类很多，主要分为事务类文书和礼仪类文书。常见的事务类文书有公文、简报等，常见的礼仪类文书有书信、柬帖等。

### 1. 公文

公文是党政机关实施领导、履行职能、处理公务的具有特定效力和规范体式的文书，是传达、贯彻党和国家方针政策，公布法规和规章，指导、布置和商洽工作，请示和答复问题，报告、通报和交流情况等的重要工具。根据《党政机关公文处理工作条例》(中办发〔2021〕14号)，公文分为决议、决定、命令（令）、公报、公告、通告、意见、通知、通报、报告、请示、批复、议案、函和纪要等15种。

公文的书面格式主要包括文头、主体和文尾三个部分。文头是位于公文首页横隔线以上的部分，一般由代码、编号、密级、紧急程度、文件名称、发文字号、签发人等组成；主体部分是指位于横隔线以下至附注之间的各要素，一般包括公文标题、正文、附件说明、成文时间、印章等；文尾部分包括附注、附件、主题词、抄送机关、印发机关、印发时间、印发份数等。

### 2. 简报

简报是机关、团体和企事业单位经常使用的一种文书。一些组织将简报作为内部刊物，不定期出版，在本系统内或有关单位进行分发。简报用简明的语句及时将社会动态、本企业的经营管理成果和经验等反映出来，起着传播信息、沟通情况的作用，有助于企业与公众之间的相互理解、支持与合作，也有助于企业知名度和美誉度的提高。

公共关系简报的格式大体上是固定的，一般由报头、报核和报尾三部分组成。报头一般用间隔线与报核部分分开，包括简报名称、期数、编发单位、编发日期、密级和编号；报核部分由标题和正文组成，其中正文以新闻消息式写法居多；报尾部分左侧标注简报报、送、发单位（部门）的名称，右侧标注简报印制份数。公共关系简报格式如范文 4-1 所示。

### 范文 4-1

| 密级 | | 编号 |
|---|---|---|
| | 简报名称<br>第 ×× 期 | |
| 编发单位 | | 编发日期 |
| | 简报标题 | |
| 简报内容 ×××××× <br> ×××××× | | |
| | | 供稿单位 |
| 报：×× 单位<br>送：×× 部门<br>发：×× 部门 | | 份数： |

### 3. 书信

书信是人们在日常生活和工作中最广泛使用的应用文，也是社会组织开展公共关系工作的沟通工具。按照习惯可以将书信分为一般书信和专用书信，一般书信也称便函，专用书信主要包括介绍信、证明信、感谢信等。书信能够传递信息、交流思想、讨论问题、增进感情，对于组织公共关系活动中各种关系的协调具有显著的促进作用。

介绍信是社会组织为了将被介绍人介绍到有关单位了解情况、参观或访问而拟定的一种专用书信，内容主要包括被介绍人的姓名、身份、随访人数、活动目的、对受访单位的请求。介绍信格式如范文 4-2 所示。

 **范文 4-2**

### 介 绍 信

×××× ：

　　兹介绍 ××× 同志等 × 人，前往贵处联系 ××××，请予接洽为荷。

×××× （公章）

×××× 年 × 月 × 日

证明信是社会组织为证明有关人员的身份、履历、学历及其他事项的真实性而使用的专用书信，书写证明信时需注意证明的内容一定要准确，用语明确、肯定，不得涂改，以便核查。证明信格式如范文 4-3 所示。

 **范文 4-3**

### 证 明

×× 市人力资源和社会保障局：

　　××× 同志曾于 ×××× 年 × 月 × 日至 ×××× 年 × 月 × 日在我校 ×× 系进修，大学学历。

　　特此证明。

×× 大学教务处（公章）

×××× 年 × 月 × 日

感谢信是为了感谢对方为自己提供生活上或者工作上的支持、帮助使任务得以顺利完成而写的。基本格式与介绍信相同：一般第一行居中写"感谢信"或"致 ×× 感谢信"，正文部分分别是称呼、正文内容和结束语（多为敬意致谢的话），最后在右下方先署名，然后填写时间。

### 4. 柬帖

柬帖是通过简要文字表达出企业或个人的意向和感情，或通知某一方面的事务。组织举办招待会、宴会、舞会、展览会前，在邀请参加者时，一般采用发送请柬的方式。柬帖主要有庆祝请柬、开业或迁移请柬、通知性请柬、吊柬等，柬帖能够体现庄重性，措辞文雅，文明友好，有利于交流情感，促进组织形象的提升。

公共关系柬帖的常用形式有请柬和邀请函。请柬是邀请某单位或某人参加某项活动的专用文书，用于重要的庆典宴请活动，多数使用统一印制、美观大方的现成式样。在使用时，其具体内容根据需要进行填写，一般包括被邀请单位名称或个人姓名、活动时间、地点、主题、内容、活动安排、发文单位、发文日期等。邀请函一般用 A4 纸印，比请柬更显庄重、正式和尊重，特点在于可以更加详尽地介绍活动的相关事宜，以引起被邀请者的关注。

## （三）公共关系文书写作技巧

### 1. 把握时机

公共关系文书的撰写需要密切关注组织公共关系活动的开展，重点不在于等待宣传机会的到来，而在于发现机会，争取条件创造和利用机会。例如，当组织发生突发性危机事件时，好的公共关系文书能够以此为契机，采取及时、正确的措施，化危机为机会，使之前负面的形象得以扭转，重塑良好的组织形象。

### 2. 明确目标

公共关系文书的目的性很强，在进行写作前必须明确目标。这个目标是推广组织的产品或服务，还是塑造更好的组织形象；是面向特定的外部公众，还是组织的内部公众；是局限于某个特定的区域，还是在全国范围内扩大影响，等等。只有明确了目标，才能有的放矢地进行文书写作。

### 3. 有效沟通

公共关系文书以特定的群体为对象，这就需要公共关系人员了解对象的需求、心理、生活习惯、文化习俗等。根据对象选择合适的文书类别和传播方式，使传播对象更容易接收传播信息。公共关系工作的沟通是双向的，公共关系文书的使用也要考虑反馈效应。

## 公关实践与学思践悟

　　访问本地一家企业，与其公共关系部门进行交流沟通，了解近期该企业开展的公共关系传播活动，学习各种常见公共关系传播活动的方法和技巧，并从学、思、践、悟四个方面对公共关系传播技巧进行总结。

| 项目 | 公共关系新闻 | 公共关系广告 | 公共关系文书 |
|---|---|---|---|
| 学 | | | |
| 思 | | | |
| 践 | | | |
| 悟 | | | |

## 一、单选题

1. 公共关系传播是公共关系中的（　　　）。

   A. 主体                            B. 连接主体和客体的纽带

   C. 客体                            D. 过程和方式

2. 公共关系所显示的经营管理手段是一种（　　　）。

   A. 经济手段                        B. 传播沟通手段

   C. 行政沟通手段                    D. 人事管理手段

3. 公共关系传播活动的绝对前提是（　　　）。

   A. 真实          B. 真诚          C. 务实          D. 热情

4. 公共关系的传播的职能首先在于（　　　）。

   A. 扩大影响                        B. 引导舆论

   C. 控制公众                        D. 告知公众

5. （　　　）是以组织为主体，宣传组织的信息，树立某种观念，以塑造组织形象为目的的广告。

   A. 电视广告                        B. 商品广告

   C. 组织广告                        D. 形象广告

## 二、多选题

1. 公共关系传播的内容包括（　　　）。

   A. 告知性传播                      B. 劝导性传播

   C. 人际传播                        D. 大众传播

2. 公共关系传播的效果包括（　　　）。

   A. 信息层次                        B. 情感层次

   C. 态度层次                        D. 行为层次

3. 属于公共关系传播语言媒介的表现形式有（　　　）、会议和记者招待会。

   A. 谈话          B. 谈心          C. 演讲          D. 电视

4. 公共关系广告的策划技巧包括（　　　）。

   A. 吸引公众注意                    B. 写作注重规范

   C. 内容通俗易懂                    D. 语言真挚坦诚

5. 常见的公共关系文书主要有（　　　　　）。

A. 公文　　　　　　　　B. 简报　　　　　　　C. 书信　　　　　　　D. 调查报告

## 三、判断题

1. 公共关系传播是公共关系活动的媒介。（　　　）

2. 公共关系传播是无目的地向公众传递信息。（　　　）

3. 公共关系传播的本质就是双向沟通。（　　　）

4. 公共关系的主要传播手段是大众传播媒介。（　　　）

5. 公共关系新闻写得越长越好。（　　　）

## 四、简答题

1. 公共关系传播的基本原则是什么？

2. 请介绍公共关系传播的基本要素。

3. 列举公共关系传播的基本类型。

4. 公共关系传播的主要媒介有哪几种？

5. 公共关系新闻传播的技巧有哪些？

## 五、技能训练

**实训项目：** 公共关系传播活动策划。

**实训目的：** 通过策划公共关系传播活动的演练，养成学生的沟通协调能力、创新能力、开展公共关系传播活动的能力。

**实训内容：** 通过角色扮演，模拟公共关系传播活动的各个环节。

（1）情境设定：自行收集或设定公共关系传播活动的情境和案例。

（2）方案设计：制定公共关系传播活动方案。

（3）场景布置：包括公关部办公室、公司会议室、活动现场等。

（4）小组讨论：活动策划小组应该如何分工合作？

（5）角色演练：策划公共关系传播活动模拟实战。

（6）总结归纳：总结模拟公共关系传播活动的过程及要点，指出其不足之处并进行反思。

实训要求：（1）公关部经理模拟：① 明确本次公共关系传播活动的目标；② 初步考虑公共关系传播活动可采用的几种具体方式；③ 选择参与本次公共关系传播活动的人员；④ 目标公众情况分析；⑤ 考虑公共关系传播活动涉及的其他相关部门。

（2）公关部会议：① 分析本次公共关系传播活动的意义；② 讨论决定公共关系传播活动的最终方式；③ 落实公共关系传播活动初步方案；④ 进行人员工作分工。

（3）应对策略：① 事前准备阶段；② 事中落实阶段；③ 事后完善阶段。

# 公共关系工作程序
## ——是科学也是艺术

第五章

## 学习目标

### ✦ 知识目标

- 了解公共关系"四步工作法"及其相互关系
- 掌握公共关系调查和策划的基本内容和方法
- 熟悉公共关系实施和评估的基本内容和方法

### ✦ 技能目标

- 能够为公共关系活动的开展进行必要的公共关系调查
- 能够撰写公共关系活动策划方案
- 能够分析公共关系活动实施过程中的问题

### ✦ 素养目标

- 养成脚踏实地的工作作风,构建全局意识和系统思维
- 树立创新意识和创新思维,塑造团队合作精神
- 形成公众至上的价值理念,树立"人人为我、我为人人"
  的价值取向

**本章知识结构**

公共关系工作程序——是科学也是艺术

公共关系调查
- 公共关系调查的意义
  - 公共关系调查是制定公共关系活动方案的前提
  - 公共关系调查是公共关系活动的基础性工作
  - 公共关系调查本身具有沟通信息的作用
  - 公共关系调查是现代组织适应环境变化的需要
- 公共关系调查的内容
  - 组织形象调查
  - 组织的公众舆论调查
  - 组织开展公共关系活动的条件调查
- 公共关系调查的方法
  - 文献调查法
  - 访谈调查法
  - 问卷调查法

公共关系策划
- 公共关系策划的含义
- 公共关系策划的原则
  - 公众利益优先原则
  - 实事求是原则
  - 独创性与连续性相统一原则
  - 计划性与灵活性相统一原则
  - 与组织整体行为相一致原则
- 公共关系策划方案编写
  - 确立目标
  - 设计主题
  - 分析目标公众
  - 选择媒介
  - 编制预算
  - 审定方案

公共关系实施
- 公共关系实施的意义
- 公共关系实施的特点
  - 实施过程中的动态性
  - 实施过程中的创造性
  - 实施影响的广泛性
- 公共关系实施管理
  - 对人员的管理
  - 沟通管理
  - 过程管理

公共关系评估
- 公共关系评估的意义
  - 公共关系评估是改进公共关系工作的重要环节
  - 公共关系评估是开展后续工作的必要前提
  - 公共关系评估是激励内部员工的重要形式
- 公共关系评估的标准
  - 公共关系策划准备过程的评估标准
  - 公共关系实施过程的评估标准
  - 公共关系实施效果评估标准
- 公共关系评估报告编写

# 第一节　公共关系调查

## 京东发布《潮流运动白皮书》帮助品牌了解未来发展新趋势

近年来，以"95后"为代表的"Z世代"成为消费市场新的动力，如何与"Z世代"深度沟通成了各大企业品牌共同关注的话题。2021年7月22日，京东与全球领先的极限潮流赛事XGames共同发布《潮流运动白皮书》（以下简称"白皮书"），聚焦崇尚个性、热爱潮流运动的"Z世代"，从潮流运动市场发展趋势、用户诉求和市场机会入手，帮助欲入局的品牌精准触达目标人群。

如今，滑板、冲浪、滑雪、攀岩、翼装飞行、摩托艇等越来越新潮的运动，受到"Z世代"年轻人的喜爱。白皮书显示，京东潮流运动装备销量逐年增长，"00后"年轻用户带动了潮流用户的增长，越来越多的人加入潮流运动群体中。

白皮书显示，不同类型的玩家对装备有着不同偏爱，骑行玩家除关注骑行装备外，对耳机、手机及手机贴膜同样较为关注；滑雪玩家更喜欢拍照设备；户外装备、健康监测及拍照设备成为越野玩家的必备；智能手表、平板电脑配件等小型智能设备受到滑板玩家的青睐。

此外，手机也是潮流运动爱好者不可或缺的一部分，他们在购买手机时优先看中功能和品牌，其次才是配件配置和价格。随着智能手机市场日益庞大，完善的售后服务体系会给消费者带来更大的权益保障，这也成为用户选机的标准。对于潮流运动爱好者们，他们在购买手机时，对故障换新、维修、白条免息、保险等服务更感兴趣。

为了让潮流运动爱好者们能更极致地追求梦想，2021年4—6月，京东携手国际极限潮流赛事XGames、腾讯视频打造的"造浪计划"正式上线，20多个品牌成为"造浪合伙人"，为潮流运动爱好者们提供了一个看赛事、玩潮流、买装备的一站式潮流运动阵地，并受到了潮流运动、潮流文化、科技圈层等爱好者们的青睐。以中兴Axon 30系列为例，借助造浪计划一系列话题与落地赛事的开展，为中兴打造一个与年轻用户深度沟通的场景，实现了手机"运动场景三摄同拍同录"功能与潮流运动的跨圈结合。同时，中兴、iQOO等科技品牌通过造浪计划，"Z世代"用户占比有了大幅提升。

　　公关调查首先需要界定问题，体现公关管理的情报职能，通过判断"现在正在发生什么"为问题解决过程的其他步骤奠定基础。京东通过调研，发布《潮流运动白皮书》，从潮流运动市场发展趋势、用户诉求和市场机会入手，帮助品牌精准触达目标人群。公关调研就是要去发现社会、公众、市场需求和社会组织自身发展之间的内在联系，界定需要利用传播资源解决的问题。

# 一、公共关系调查的意义

　　公共关系调查作为"四步工作法"的第一步，是整个公共关系活动的起点。公共关系调查即公共关系工作人员运用科学的方法和技巧，对自己或所服务的组织的公共关系状态进行的情报收集与研究工作。公共关系调查主要是为了发现或确定问题，它有两个主要功能：一是收集资料，反馈信息，客观真实地反映组织的公共关系状态；二是分析资料，透过现象看本质，从而揭示组织公共关系状态的发展趋势，并据此提出加强和改进组织公共关系的策略、方法和措施。公共关系调查本身不是目的，而是一种认识组织现状与变化的手段。它评估当前实践、预测未来事件，为公共关系管理提供科学依据。公共关系管理要求基于客观事实，而不是靠知觉或猜测。在公共关系过程中，公共关系调查的重要意义具体体现在以下四个方面：

## （一）公共关系调查是制定公共关系活动方案的前提

　　公共关系调查是公共关系活动的第一步，是制定公共关系活动方案的前提。只有经过调查研究，探明事实真相，掌握公众的认知、观点、态度和行为，确定组织所面临的问题，才能使公共关系计划建立在可靠的事实基础上，其他环节才有可能有效地进行下去。否则情况不明，盲目工作，开展公共关系活动的背景及意义不明确，公共关系活动的成功率就无法得到保证。

## （二）公共关系调查是公共关系活动的基础性工作

　　公共关系调查不仅是"四步工作法"的第一步，它还贯穿于整个公共关系活动的全过程，是开展公共关系活动其他环节的基础。事前调查是为制订公共关系计划服务，事中调查是及时纠偏、保证公共关系活动顺利实施的必要条件，事后调查则是评价公共关系活动成效的重要依据。正如美国公共关系专家 R. 西蒙所说："如果把整个公关活动的流程视为一个'车轮'，调查研究便是这个'车轮'的'轴'。"

### （三）公共关系调查本身具有沟通信息的作用

公共关系调查是组织了解公众的过程，同时是使公众了解组织的过程。美国公共关系专家伦纳德·萨菲尔（Leonard Saffir）所著的《强势公关》一书指出："在当今这个流行民意调查和实时市场研究的时代，对有趣的或有争议的话题进行调查已不再仅仅是为了衡量公众舆论，它已经成为一种最有力而可行的沟通工具……"公共关系调查能够使组织内部信息畅通，保持和协调上下级及同级之间的和谐关系；唤起外部公众对组织的进一步关注，加强与社会公众的联系。

### （四）公共关系调查是现代组织适应环境变化的需要

美国公共关系专家詹姆斯·格鲁尼格（James E. Grunig）曾把现代社会组织划分为两大类：一类是"开放的、解决问题的组织"，另一类是"封闭的、受命运支配的组织"。前一类组织总是较为积极地对待自身与环境的交互作用，及时了解环境的变化，调整自己的下一步政策；后一类组织则使自己处于与外界环境割裂的状态，"闭关自守"，最后完全"受命运支配"。公共关系管理的核心任务就是努力使组织与社会环境的适应程度最大化，主动寻找信息，针对不断变化的社会环境进行自我调整。

## ≢ 时代发展与公关启迪

### 中国柒牌发布《社会新鲜人生存现状白皮书》

2021 年 12 月 13 日，在 2021 中国大学生营销创意创业大赛（以下简称"营创赛"）春＆秋季颁奖盛典暨品牌青春宣言发布会活动中，中国柒牌联合广告人文化集团、营创赛重磅发布了《社会新鲜人生存现状白皮书》（以下简称"白皮书"）。

品牌年轻化一直是关乎品牌生命力的话题。以"创享中华时尚，演绎美好人生"为企业使命的中国柒牌，为传承中华文化、打造"中华时尚"而不断探索、创新改变，输出"国潮"风尚，彰显了中国传统文化的魅力。中国柒牌在不断让品牌保持新鲜，跟上消费群体代际更迭的同时，还致力于深化与年轻人沟通，始终和年轻人保持同频共振。

2021 年，中国柒牌携手营创赛青年共创，同时借助营创赛的高校渠道，开展"社会新鲜人生存现状"调研。调研对象是社会经验不足，做事不娴熟，正在为步入社会做准备的在校大学生群体，白皮书将这类人群定义为"社会新鲜人"，认为他们是一群努力适应新社会环境的年轻人，即将成为社会的一股新鲜力量。从数百所高校广泛分发、回收 1 000 多份有效样本的调研问卷，到横纵向多维度、多视角对比分析，再到汇编成白皮书，全方位呈现了社会新鲜人的真实样貌和状态。

白皮书发布将是一个全新的开始，未来，中国柒牌将依托此白皮书探索更多实践模式，无论是联合高校、社会机构建立定向人才培养，还是基于企业创建健全的用人机制，中国柒牌希望深挖白皮书的价值，让调研成果得到充分运用和发挥，协力促进年轻人成长、发展。

**案例启示**

年轻人是整个社会力量中最积极、最有生气的力量，也是新消费时代的消费主力。中国柒牌主动"寻找信息"，了解年轻人，走进年轻人，用积极的姿态洞察、体恤当代年轻人所面临的人生困惑与发展前景，探索助力青年成长发展的新路径，体现了一个"开放、解决问题的组织"的责任与担当，有助于品牌焕新焕活、永续发展。

# 二、公共关系调查的内容

公共关系调查是社会调查的一种，有广义和狭义之分。如果从广义的"公共关系"概念出发，一切社会调查都可以称作公共关系调查。但是，一般情况下，通常所说的公共关系调查是指狭义的公共关系调查。这种调查活动针对性更强、目的性更明确，需要就公众对组织形象的评价进行具体的分析，用数据或文字的形式显示公众的整体意见，或者就某一具体公共关系活动条件进行实际考察。

## （一）组织形象调查

所谓组织形象，是组织的总体特征和实际表现在社会公众中获得的认知和评价。换而言之，组织形象也就是组织在公众心目中留下的印象。公共关系人员的根本任务就是为组织在社会上树立形象，在从事形象设计和传播之前，首先要对组织现有的形象有所了解，只有做到心中有数，在设计形象时才能脚踏实地、有的放矢。

组织的形象调查可分成两个方面：组织自我期待形象的调查和组织实际社会形象的调查。组织的自我期待形象是一个组织自己所期望建立的形象，它是一个组织发展的内在动力、基本方向和目标。有些组织的自我期待形象并不明确，这就需要公共关系人员通过调查研究将其揭示出来，了解组织领导人对组织形象的期待水平，了解全体员工对自己组织的看法和期望，同时还需要完整地掌握组织的基本资料。通过上述三个方面的调查，从主观愿望和实际可能的结合上，可确定本组织的自我期望形象。组织实际社会形象的镜子是社会舆论和公众评价。公共关系人员可以通过公众网络分析、形象地位测量、形象要素的分析，获得自身的实际社会形象。具体实施方法是：首先，通过辨认公众、甄别对象，确定调查的对象和范围；其次，根据知名度和美誉度两项指标，综合分析公众的评价意见，测定组织的实际形象地位；最后，进一步调查分析形成某种形象的具体原因，以正确评价组织的实际形象。

自我期待形象与实际社会形象之间往往有差距。找出差距、发现问题是公共关系调查的重要任务，缩小和弥补这个差距，就是公共关系工作的目标。

### （二）组织的公众舆论调查

公众舆论往往也被称为民意，是特定社会中人们对于某一问题所公开表述的具有某种一致性的议论或意见。在公共关系的日常实践中，政府公共关系的民意测验会较普遍地运用于调查人民对选举、政府官员任命、政府实施方针以及重大事件等范围广泛的问题。而企业做市场调查时，往往会运用民意测验来了解消费者对商品的购买、使用和消费者对商品的喜好、意见、购买动机等。公众舆论调查是对公众的态度倾向性进行统计、测算，用数据显示公众的整体意见。

很多公众舆论调查在公共关系策划及评估中没有发挥作用，这是因为这些调查总是想找出平均的反应，而掩盖了舆论的相对强度。公众舆论是个含有多层结构的表层意识，是由公众的各种意见和态度构成的集合体。任何一种舆论都是可以分解的，根据舆论各部分分解值的大小，可以测算出公众舆论的倾向和影响力，从而有效地把握公众舆论环境。对公众舆论进行测量分析，把握其变化的态势，必须依赖舆论指标体系的考察。

**1. 舆论标志**

舆论标志表明各种公众意见在一定时间和空间所达到的规模和发展趋势，它揭示了各类舆论的综合对比关系，是对舆论总体趋向的描述。根据舆论分布的区域和公众人数多少，可把舆论标志分为四个等级：主导舆论、分支舆论、次舆论和微舆论。一般来说，主导舆论是指一定范围内有70%以上的人所坚持的共同意见；分支舆论是指同时存在的几种有相当数量的公众赞成的一致意见；次舆论是指在某些局部地区有多数人坚持但并不具有全局性的意见；微舆论通常是小社会环境下的群体舆论，舆论主体只是很少一部分人。

**2. 舆论指标**

舆论指标主要分为两类，一类是量度指标，另一类是强度指标。舆论的量度指标包括两个量的乘积，一个量是公众的数量，另一个量是公众的分布种类。量度指标越大，表明公众舆论的影响越广，也越具有权威性。通常需要测定出正反两种指标的百分比，即持肯定和否定态度的人占全部量度指数的百分比。指数百分比大的称广度舆论，百分比小的称狭度舆论。舆论的强度指标即公众所表示的意见、态度、观点的强烈程度。调查对象在表达对组织的意见时，不同的调查对象具有不同的强烈程度，进行强度指数计算同样可以清晰地显示出公众中持有各种态度人数的百分比。可见，量度指标和强度指标可以通过不同舆论的广狭、强弱的对比，对公众舆论做出准确的说明。

### (三) 组织开展公共关系活动的条件调查

组织在开展某一公共关系活动之前，必须要对开展活动的主客观条件进行调查研究。这类调查具有很强的实用性和机动性，有时在组织策划公共关系活动之前，有时则与策划活动交替进行。再好的策划思想，如果没有对实施的具体条件进行调查分析，都可能是闭门造车。为什么要举办这个活动？为什么选择这一时间和地点？为什么采取这种方式而不是其他？离开调查分析，就不可能找到这些问题的正确答案，整个策划，包括创意，都会失去方向。对组织有价值的信息来自内外两方面，包括公共关系活动主体情况调查和公共关系活动客观环境调查。

**1. 公共关系活动主体情况调查**

组织需要对公共关系活动主体基本情况进行深入了解，包括组织目标、组织历史、市场定位、目前规模、市场地位、管理团队、产品／服务内容、一贯营销策略、一贯传播策略、外部公众形象、内部公众形象等。

**2. 公共关系活动客观环境调查**

组织在开展公共关系活动之前，应对社会政治、经济形势进行冷静分析，对市场和人们的社会心理进行认真的研究，对这一时期，社会公众关注（或可能关注）的热点话题、同类公共关系活动的历史资料、特定地区的文化特征和特定场地的有关情况以及国家有关政策和法规等，都要事先了解和掌握。调查工作做得越全面、越细致、越彻底，公共关系活动的成功就越有保障。

## 三、公共关系调查的方法

用适当的调查方法进行调查，是实现公共关系调查目的的首要问题和重要步骤。公共关系调查在方法和手段上具有一般社会调查的相同点，其所运用的主要方法有文献调查法、访谈调查法和问卷调查法等。

## (一) 文献调查法

文献调查法也称桌面调查法，是一种收集、分析、整理现成文献资料的调查研究方法。它主要包括以下几个主要步骤：第一，收集、保存资料文献；第二，建立分类检索系统；第三，分析资料、寻找问题、查明原因、确定解决问题的方法。随着计算机技术和通信技术的飞速发展，人们已能通过网络检索各种文献资料。文献调查法获取的是第二手资料，经济有效，节省人力、物力和财力。

## (二) 访谈调查法

访谈调查法是调查者通过与调查对象进行面对面的交谈以收集信息的一种方法。根据访谈对象的多少，访谈调查法可以分为个别访谈法和小组访谈法。个别访谈法是同某些有代表性或者有深刻见解的个人进行交谈，从中获取信息。个别访谈灵活方便，彼此容易沟通，能深入了解情况，但获取的信息具有个别性，不能完全代表全体。小组访谈法一般以6~12人为宜，在进行小组交谈时，要事先拟定交谈计划，引导交谈有目的地进行。小组访谈能集思广益，提出更有价值的建议或见解，但难以定量，对主持人要求较高。

## (三) 问卷调查法

问卷调查法是调查法中一种最常用方法，是调查者向调查对象提供问卷收集所需信息的调查方法。问卷是一份精心设计的问题表格，用来测量公众的多种行为、态度和社会特征。问卷调查法节省时间、经费和人力，调查范围广，成本较低，可以直接点对点获得一手数据，结果也容易量化。但需要注意的是，问卷设计是一项技术性很强的细致工作，其质量高低对调查结果的真实性、有效性等具有决定性的作用。

---

### ✦ 公关实践与学思践悟

以小组为单位，运用科学的调查方法，全面地了解某企业的公关现状，并运用 SWOT 分析工具梳理调研结果，列举研究对象的优势（S）、劣势（W）、机会（O）、挑战（T），填入下面的框架图。在 SWOT 分析的基础上，找出该品牌亟须通过公关传播解决的问题，并清晰地界定问题。

## SWOT 分析

| 优势 | 劣势 |
|---|---|
| 机会 | 威胁 |

公关问题界定：＿＿＿＿＿＿＿＿＿＿＿＿＿＿＿＿＿＿＿

＿＿＿＿＿＿＿＿＿＿＿＿＿＿＿＿＿＿＿＿＿＿＿＿＿＿＿

# 第二节　公共关系策划

## ❖ 公共关系与中国故事

### 李宁"三十而立·丝路探行"主题派对敦煌上演

2020 年 8 月 25 日，在敦煌雅丹魔鬼城，以"三十而立·丝路探行"为主题的李宁品牌三十周年主题派对成功上演。

李宁选在敦煌这个使人们千年梦回的地方开启品牌新的探索，既有对融之新生的渴望，也饱含了澎湃的少年之气。以"三十而立·丝路探行"为主题，李宁携手天猫超品日并联合敦煌博物馆，用丝路之精神鼓舞中国的新青年，表达品牌对传承中国文化、进一步延伸产品故事的向往。

此次主题派对李宁就地取材，结合雅丹地貌的自然起伏打造出一条天然的沙漠秀道。开场驼队在秀道两边伏下，模特身着敦煌系列服饰登场，拉开了本次大秀的帷幕。

本季敦煌系列产品以"丝路探行""少年心气""融之新生"三个关键词为篇章，讲述了一位长安少年策马探行丝路，在而立之年仍具少年心气的传奇故事。

丝路探行篇服装以古代丝路商队为灵感，提取敦煌壁画元素作为印花，通过扎染工艺和特色分割设计营造出做旧感。同时，探行篇中囊括的鞋品通过时装化工艺将敦煌地形融入鞋身造型，辅以"补丁"设计体现行路艰苦，致敬行者精神。

少年心气篇服装以反伍 BADFIVE 长安少年城市限定系列及反伍 20FW 高端系列为基底，通过街头廓形与传统手工拼布、织绣工艺设计彰显中国街头篮球品牌态度，表达少年不安一隅、勇于开拓的意气。在鞋品方面，将古城元素完美融入浅土棕色的立体鞋型，厚底设计在保留潮流外观的同时，确保"长安少年"的舒适穿着。

融之新生篇服装着眼敦煌壁画，通过鲜明的复古撞色和敦煌传统纹样，打造出复古新潮流；鞋品则通过简洁百搭的鞋型和层叠剥落的艺术效果，呈现出斑驳的岁月感，让敦煌艺术之美在潮流鞋品中焕然新生。

值得一提的是，本次敦煌系列鞋品选择以真实发生的历史故事为灵感。例如，"驼铃"以裴矩经略西域为故事蓝本，致敬为后人奉献自身的明灯精神；"ALIEN 秘语丝路配色"讲述敦煌拓荒者的传奇故事，用潮流化的表达致敬每一个特立独行的探行者；"拾叁侍"则取材于"十三将士归玉门"的忠魂佳话，将坚定不移守护初心的节义精神以鞋品的形式留存。

在开场秀后，李宁公司董事长李宁以视频短片的形式与现场来宾互动，回望了过去三十年来李宁的成长之路，并对品牌的未来发展充满信心。李宁表示，不断追求突破的运动精神引领着李宁品牌不断探索和创造，与此同时，李宁也将以推动中国文化走向世界为己任，期待更多中国运动潮流文化的新输出。

### 案例启示

这是一场在沙漠上演的时尚秀，李宁品牌通过活动讲述了一位长安少年策马探行丝路，在而立之年仍具少年心气的传奇故事。活动营销不同于传统营销，不是单一的宣传推介，而要具有强大的资源整合力，且善于在潜移默化中沟通情感、传递价值。正值而立之年的李宁品牌，通过"新丝路传奇"展现了走向世界的决心，表达了对传统文化的重新思考，用产品塑造"国潮"品牌形象。习近平总书记多次强调"讲好中国故事，传播好中国声音，展示真实、立体、全面的中国，是加强我国国际传播能力建设的重要任务。"中国企业要走向国际，也要增强国际传播力，讲好中国故事，让中国优秀的传统文化被更多人喜爱。

# 一、公共关系策划的含义

公共关系策划是策划理论在公共关系领域中的具体运用。对于公共关系策划的认识和理解，大体上存在以下三个角度：

第一，从广义的角度去理解，将公共关系策划作为贯穿于公共关系活动始终、对公共关系活动的全过程都具有指导意义的活动，即所有的公共关系活动、公共关系活动的每一个步骤都需要以策划为核心、以策划为先导。从这一意义上讲，公共关系策划是最高层次的公共关系工作。从 20 世纪 80 年代初至今，中国公共关系事业走过了多年的历程，从最初的接待型公共关系到后来的传播型公共关系，再到现在的策划型公共关系，其发展过程是公共关系价值的提升、功能的拓展。可以从广义的角度去认识公共关系策划的战略地位。

第二，从中义的角度去理解，将公共关系策划作为公共关系活动程序的一个相对独立的中间环节，即"四步工作法"的第二步。公共关系策划包含了公共关系工作程序第二步的全部内容，也就是在公共关系调查分析的基础上，做好公共关系活动实施前的一切准备工作，公共关系策划过程的完成也就是实施前的一切准备工作的完成。从中义的角度去理解公共关系策划，一方面可以随时捕捉到变化的环境给组织提供的公共关系活动机会，另一方面可以通过设计、创意，挖掘思想深度，把握策划方向，保证公共关系策划的实际效果。

第三，从狭义的角度去理解，要么将公共关系策划仅仅理解为谋略或策略，理解为解决特定公共关系问题的基本思路，是观念性的东西；要么将公共关系策划仅仅理解为执行计划，理解为依据一定目标建立起来并可用来进行具体操作的方案步骤，没有更多的思想创造。狭义角度的策划只是"策"或"划"的一个方面。

基于以上的考虑，可以从中义的角度将公共关系策划的定义为：公共关系策划是公共关系人员为了达成特定的公共关系目标，在充分进行环境分析的基础上，利用组织资源与能力，把握公共关系由头与机会，对信息传播活动进行系统、科学的谋划，制定最佳行动方案的过程。这个定义包括如下四层意思：

第一，公共关系策划由专业的公共关系人员完成。

第二，公共关系策划服务于组织的公共关系目标。

第三，公共关系策划建立在公共关系调查基础之上，其策划过程必须应用相应的科学方法。

第四，公共关系策划的内容是为公共关系活动设计最佳行动方案，方案的核心是通过信息传播实施对公众的心理影响。

## 二、公共关系策划的原则

### (一) 公众利益优先原则

公众利益优先，并不是要组织完全牺牲自身的利益，而是要求组织在考虑自身利益与公众利益的关系时，始终坚持把公众利益放在首位，更多地为社会做出贡献。组织只有时时处处为公众的利益着想，坚持公众利益至上，才能得到公众的好评，才能使自身获得更大、更长远的利益。

### (二) 实事求是原则

实事求是的原则是公共关系策划的基本原则。这一原则要求公共关系人员必须经过周密细致的公共关系调查，制定切实可行的公共关系目标，排除来自各种虚假因素的干扰，坚持公共关系策划的真实性。没有事实，就没有可行的公共关系策划。

### (三) 独创性与连续性相统一原则

企业所处的环境与公众都在不断变化，唯有富于特色的、标新立异的公共关系活动，才能适应社会条件和公众心理的变化，将之与竞争对手的形象产生差别，从而突出自己的企业形象。公共关系策划不仅要考虑一次活动的独创性，还要考虑本次活动与前后活动的连续性，将独创性和连续性结合起来，这样，才能更为科学有效地实现企业整体形象塑造的传播效果。

### (四) 计划性与灵活性相统一原则

公共关系策划所形成的行动方案，放入企业的整体计划中，构成企业整体活动的一部分，通常是不能轻易改变的。这种计划性带有对企业行为识别系统最佳效果的战略布局，但是，这种预见性及超前的计划往往也会因企业主客观条件的变化而出现不适应或不合时宜的情形，这就需及时调整、完善计划的前瞻性和实际的可操作性，给予其动态支持，并考虑灵活的补救措施。

### (五) 与组织整体行为相一致原则

组织的形象是一个多面综合体，反映组织形象、建立公众协调关系的工作，绝不是一个公共关系部或一份策划书就能解决的。那种指望通过一两次轰轰烈烈的"公共关系活动"解决组织长远的战略形象的想法，实际上只是一种脱离现实的空想。只有将公共关系行为渗透到组织行为的方方面面，将公共关系思想变成组织中每一个人的自觉意识，公共关系策划才会取得显著效果。

## 🔷 公关伦理与和谐关系

### 粉丝① 为"打投"偶像浪费牛奶引发网友强烈批评

　　在选秀节目《青春有你3》中，为偶像打投需大量购买赞助商奶制品。而粉丝购买赞助商奶制品后，扫描瓶盖内的二维码才能为偶像助力。买得越多助力越多，喝不完又转卖不了，直接倒掉便成了最"快捷"的处理方式。偶像能不能出道不得而知，但可以预见的是，节目组和赞助商却获得了高热度和巨大收益。

　　对此，人们不禁想问：策划这种打投方式之初，有没有考虑到可能造成大量浪费的风险？有没有想过本该承担的社会责任？在这个前有劳动节后有青年节的假期，这样的节目、这种营销方式又将给青年人造成怎样的不良影响和引导？

　　归根结底，"大量牛奶被倒"的背后，是以浪费和挥霍为代价的吸睛牟利，是对劳动的不尊重、对法律的亵渎和蔑视，其最终结果是误导、侵蚀了青年人的追求和价值观。

　　2021年4月29日通过的《中华人民共和国反食品浪费法》明确提出，应当"树立文明、健康、理性、绿色的消费理念""形成科学健康、物尽其用、防止浪费的良好习惯"。"厉行节约，反对浪费"不再只是柔性倡议，而是被纳入法律条文的刚性要求，违者将受到法律的惩罚。

　　坚决抵制浪费之风！粉丝多些理性克制，避免跟风盲从；节目组、相关平台和企业更要主动作为，时刻记得并肩负起自身的社会责任。

**案例启示**

　　公共关系策划必须坚守的底线就是不能损害公众利益。从公共关系的角度来看，粉丝是节目方最重要的利益相关者，对盲目消费的软性引导是一件损害粉丝利益的事，不仅误导青少年，也侵蚀他们的价值观。政府也是节目方重要的利益关系人，利用牛奶产品进行投票这一规则本身也与政府所引导的"理性消费""珍惜粮食"的正向价值观相冲突。只顾经济利益，无视社会利益，只顾组织利益，无视公众利益，最终会给节目方和赞助商带来不可估量的损害。因此，公共关系策划必须坚持组织利益和公众利益兼顾，社会利益和经济利益相结合。

---

① 粉丝是英语"fans"的谐音，意为爱好者、追星族。

# 三、公共关系策划方案编写

公共关系策划是一种思维活动，是一个积极寻求最佳方案的思维过程。因此，公共关系策划应掌握一整套谋划的科学思路，遵守一定的工作程序，以避免凭经验和直觉办事的随意性和盲目性。英国著名公共关系专家弗兰克·杰夫金斯（Frank Jefkins）提出策划公共关系工作方案的六点模式，亦称"六步工作法"。这六步是：确立目标、设计主题、分析目标公众、选择媒介、编制预算、审定方案。

## （一）确立目标

公共关系目标，是指公共关系活动所要达到的理想境地和标准。公共关系目标是一个组织开展公共关系活动的指南，也是使公共关系活动得以顺利进行的保证。同时，它也是衡量一个组织公共关系活动的尺度与标准。对于公共关系活动来说，确定公共关系目标具有十分重要的意义。

确立公共关系策划目标的思路，一般过程为：通过调查研究获得组织内外部环境与资源的大量材料，以材料去推断组织的优势与劣势、机会与风险、资源与条件；通过对这些推断的分析，找出组织的公共关系问题所在；再根据问题的轻重缓急，排出解决问题的先后次序，并提出和界定首要的问题；然后通过对这一最重要问题产生原因的探索，找出问题的症结；最后根据组织的特质和组织的需要，确立组织公共关系策划的目标。

公共关系目标是一个复合目标系统。不同的公共关系专题活动，其目的有所不同。一般说来，带有公益性质的公共关系专题活动，往往带有双重目的：一是引起社会公众对某一社会热点问题的关注和支持，二是提升主办组织机构的知名度和美誉度。确立目标时，就应该同时明确这两个方面。而一项品牌推介型的公共关系专题活动，则目的比较单一，即集中于企业和品牌自身形象的宣传和推广上，但有时也兼有借此沟通政府和媒介关系的考虑。

在确立组织公共关系活动的目标时，应注意以下几点：

第一，目标必须是具体的。目标不应是一个抽象的概念或空洞的口号，如"良好形象"或"真诚的奉献"。它应当是组织在内外环境条件下必须达到的实际结果，如"促使消费者对 C 品牌认知的改观，提升消费者对 C 品牌的认同，使 80% 的消费者认为 C 品牌已经属于一个具流行和时尚元素的品牌"。

第二，目标必须是可衡量的。既然目标需要达成，那么它就得可衡量，这样才能检验目标达成的程度。比如"使员工的参与意识得到极大提高"中，"极大"一词便是难以准确把握的,应是可以通过计算得到明确数据的结果,比如"使80%的员工参与到本组织的这次活动中来。"

第三,目标应当是可实现的。在确立目标时,必须考虑在组织现有条件下,能否解决问题、实现目标,能在多大程度上解决问题、实现目标。目标过高,必然导致失望和沮丧;不考虑自身条件地盲目蛮干,也只会以失败告终。

第四,目标必须要有时间限制。组织公共关系活动要实现的目标,必须是在规定的时间里应当达到的结果,既非遥不可及,也不应遥遥无期。

## (二)设计主题

主题,是指公共关系活动中连接所有项目、统率整个活动的思想纽带和思想核心。提炼公共关系活动的主题,是公共关系策划过程中一个极其重要的环节,它好比确定一部大型交响乐曲的主旋律。能否提炼出鲜明突出的公共关系活动主题,主题能否吸引公众、抓住人心,是公共关系策划成败的一个重要标志。为此反复揣摩、推敲、提炼,对于公共关系策划者来说,都是必要和值得的。

表现公共关系活动主题的形式多种多样,一般用一个口号来概括,也可以是一句陈述或表白。设计主题需要创意,但不能故弄玄虚、故作高深。提炼和确定主题应当注意以下四个方面:

第一,与目标的一致性。提炼主题是为了更好地突显公共关系目标,主题必须与公共关系活动的目标保持一致,主题必须服务于目标。

第二,要有鲜明的个性和特色。公共关系主题不是随处可见的标语,不可以千篇一律,它讲究个性的突出和特色化。太流俗的东西只会引起公众的"视觉疲劳"。

第三,要考虑到公众的心理。考虑公众的心理就是要注重公众的接纳、认同心理,只有产生了一定程度上的接纳和认同,公众才会积极地关注并参与公共关系活动。

第四,要有一定的传播力。主题一定要高度凝练、朗朗上口、便于记忆,切忌使用冗长拗口的词句,否则会令人生厌且难以记忆。

总之,设计主题是一项创造性很强的工作,目标是公共关系活动的程序化奋斗方向,而主题则是公共关系活动目标的艺术化体现。

## (三)分析目标公众

组织公共关系活动目标的差异性,决定了公共关系活动对象的区别性。在公共关系策划过程中,要在组织的广大公众群中,根据实现目标的需要,去分析哪些是该项公共关系活动必须关注、交流和影响的目标公众。分析目标公众的方法如下:

第一，以活动目标划定公众范围。例如，学校为宣传自己的办学成果而组织的人才交流会，其公众主要是应届毕业生、用工单位、新闻单位、毕业生家长、人才交流部门及部分教职工，非毕业班学生和他们的家长、政府机关、实习基地等则不是该次活动的目标公众。这种划分主要强调的是关联性。

第二，以组织实力划定目标公众。在公共关系实践活动中，有时组织需要面对的公众面极广，如果面面俱到则深感人力有限、经费不足，应付不过来。这时就应将有关公众按与组织关系的密切程度、影响的大小程度、相关事情的急缓程度等因素进行排队，选出最为重要的部分作为目标公众。这种划分主要强调的是重要性。

第三，以组织需要决定目标公众。例如，当组织出现形象危机时，目标公众应防止危机的扩散和加剧。这种划分主要强调的是影响度。

其实，不同组织每次公共关系活动确定谁为目标公众，很难有统一的标准，基本的原则便是考虑组织目标、实力和需要三个方面的因素，由各个组织灵活地决定。确定公众之后，就可以有意识地筛选和利用有关信息，对特定公众进行卓有成效的传播，而不是进行漫无边际的传播，造成不必要的浪费。

## (四) 选择媒介

媒介是公共关系信息传播的载体。既然不同的公众需要不同的媒介，不同的媒介也限定了所要沟通的公众。要想达到预期的传播效果，公共关系策划者必须知晓各种媒介，了解各种媒介的优缺点，要善于通过巧妙组合的方式，造成优势互补、交相辉映的整合性传播效果。策划者需要思考的是：整个公共关系活动主要由哪几个传播活动组成？每一个传播活动的特色是什么？各用什么传播方式？分几个阶段或如何交错进行？每个传播活动所要达到的理想效果，以及整个传播的整体效果是什么？因此，选择媒介也是公共关系策划的关键一步。至于如何去选择那些功能特点各有所长的媒介，应当是根据不同的情况去做不同选择，最常见的有以下几种方法：

第一，根据传播对象选择媒体。这里的关键是考虑组织公共关系信息的接受者是否能有效地获取信息。

第二，根据传播内容和形式选择媒体。组织公共关系传播的内容千差万别，形式也多种多样，因此对媒体的选择也要求多样化。

第三，根据组织实力来选择媒体。公共关系传播需要一定的经济投入和其他资源的投入。组织在选择媒体时应事先考虑自己的实力，只要能达到预期的目标，考虑媒体时应尽力以节省经费为出发点，不必一味贪大。

第四，根据组织的环境条件来选择媒体。在我国，经济和科技的发展并不平衡，媒体的分布和发展程度，尤其是大众传媒发展水平也不平衡，故而选择媒体时必须考虑研究当地现有的条件。

## （五）编制预算

经费预算是公共关系策划对实施经费开支的控制。策划中的精打细算，既可给公共关系活动实施带来事前心中有数的方便，也使决策者认可策划方案成为可能。美国内布拉斯加大学著名传播学教授罗伯特·罗雷在《管理公共关系学——理论与实践》一书中指出："公共关系活动往往由于以下原因归于失败：第一，由于没有足够的经费，难以为继，关键时刻不得不下马；第二，因经费不足，只得削足适履，大幅度修改原计划；第三，活动耗资过大，得不偿失。"这是组织策划时必须引为戒的。一般来说，公共关系活动的经费开支主要包括四大内容：

一是日常行政经费。例如：房租、水电费、电话费、文具用品费、保险费、报刊订阅费、交通费、差旅费、交际费以及其他通信费（如电报、特快专递费等）、资料购置费和复制费等。

二是器材设施费。如购置、租借或维修各种视听器材。相关的器材包括通信器材、摄影（像）器材、交通工具、工艺美术器材，制作各种纪念品、印刷品、音像制品和各种传播行为所需的实物及用品。

三是劳务报酬经费。包括组织内部公共关系人员的薪金或工资、奖金及其他各种福利费、组织外聘专家顾问的工时报酬（策划费用的高低，一般根据公共关系策划者的名声及公共关系活动的要求、规模和难易程度事先谈定）。

四是具体公共关系活动项目开支经费。这笔费用的开支主要根据公共关系活动项目大小来确定。它包括宣传广告费、调查活动费、人员培训费、场地租用费、各种名目的赞助费以及办公、布展、接待参观的费用。与此同时，策划人员还应考虑活动的机动费用（一般占总费用的20%），以防意外突发事件。

公共关系经费预算编制是一件非常复杂的事。为了达到组织预期的公共关系目标，本着勤俭节约、精打细算的原则，要开列出详细的开支预算清单，保证所有开支项目都是必要的、可检测的。在编制经费预算时，最好同时制定经费开支的办法和超支规定，以便在公共关系活动的实施中及时核对、控制开支并考察绩效。

## （六）审定方案

公共关系策划方案提出后，要经过可行性论证和审定，方可正式确定下来。方案论证一般是由组织的领导、有关专家和实际工作者提出问题，由策划人答辩论证。论证的内容包括价值论证、可行性论证和应变论证。

审定方案工作有方案优化、方案论证和书面报告三个步骤。一般应从以下方面入手：一要对目标进行分析，即分析目标是否明确，与组织总目标是否协调，实现的把握程度如何；二要对限制性因素进行分析，这是因为任何一项公共关系活动都是在一定条件下进行的，都要受到资金、时间、人力、传播渠道以及其他有关条件的限制，这就必须分析公共关系策划方案在哪些条件下可以实行，在哪些条件下不能实行；三要对潜在问题进行分析，即预测公共关系策划方案实施时可能发生的潜在问题和障碍，分析防止和补救的可能性及其应对措施是否可行；四要对预期结果进行综合效益评价。

除了按照上述六个步骤来进行策划，作为公共关系实施行动指南的策划方案还需要明确规定活动的具体实施时间、地点、举措、预算以及效果评估的方法和标准等。在六个步骤的基础上，参照公共关系实践的成功案例，一份要素完备、结构完整的条文式公共关系策划方案应包括以下内容：

一是封面。封面必须写明公共关系策划方案的标题、策划者和策划时间。封面对策划内容的形象定位有帮助作用，醒目、整洁即可，切忌过于花哨。

二是目录。目录不要省略，它能使公共关系策划方案的结构一目了然。注意目录中的所标页数不能和实际的页数有出入，这样会有损于公共关系策划方案的形象。

三是正文。正文部分是公共关系策划方案最主要的部分。正文是公共关系策划方案的主体部分，需要包含的要素有：背景分析、公共关系目标、目标公众、活动主题、活动时间和地点、活动内容、传播策略、经费预算、效果预测等。

四是附件。附件提供策划客观性的证明。凡是有助于阅读者对策划内容的理解、信任的资料都可以考虑列入附录，如调研方案、宣传作品等。

---

## ✤ 公关实践与学思践悟

以小组为单位，在上一节公共关系调查活动的基础上，为该企业问题的解决设计一个传播方案，并撰写公共关系活动策划书。公关活动策划书要求有封面、目录和正文，正文部分应包括以下要素：

（1）背景分析：介绍公关主体，阐明传播亟须解决的问题；

（2）公关目标：写明活动希望达成的理想状态；

（3）目标公众：指明活动需要产生的影响或传播到的直接或间接的目标群体；

（4）活动主题：对整个活动进行高度概括；

（5）传播策略：围绕活动的前期、中期、后期全面设计和制定活动的信息传播策略；

  （6）活动安排：具体阐明活动时间、活动地点、活动内容等；

  （7）经费预算：对经费预算有准确、可靠的估算；

  （8）效果预测：预测公众参与、媒体报道、活动影响等。

# 第三节　公共关系实施

## ❖ 公共关系与中国故事

### 灵北中国"精神健康，人民安康"世界精神卫生日绿丝带主题科普活动

  10月10日是世界精神卫生日，为了进一步提高公众对精神疾病的认识，提高公众对于抑郁症的关注和认知，普及疾病诊疗知识，助力中国精神卫生事业，灵北中国开展了世界精神卫生日绿丝带主题科普活动。活动实施分三个阶段：

  1. 第一阶段：科普长图制作及发布

  活动期间，灵北中国支持制作了科普长图，主题为"一张图读懂阿尔茨海默病的病症"，投放于《人民日报》健康客户端，提高人们对阿尔茨海默病的认识，并为在线讲座直播做好预告，充分为活动进行曝光宣传。长图的介绍清晰明确，观众可以轻松理解阿尔茨海默病症状的特点，从而更易于达到科普效果。

  2. 第二阶段：公益科普直播

  灵北中国联手《健康时报》以及业内顶级专家发起公益科普直播，多平台全方位进行推广，包括《人民日报》健康客户端、《健康时报》微信、《健康时报》网站等14个平台。3位权威专家在线针对阿尔茨海默病的预防、治疗等内容进行科普，帮助人们正确面对阿尔茨海默病。

  3. 第三阶段：专题公益短片

  灵北联手《健康时报》、中国老年保健协会阿尔茨海默病分会及患者共同录制推出专题公益短片《记住世界 记住爱》，在《人民日报》健康客户端、《健康时报》客户端以及新浪微博等多渠道进行推送。从记忆和关爱入手，从情感切入唤起对病人的

内心世界的关注，呼吁人们对阿尔茨海默病患者的关怀，从而消除阿尔茨海默病患者的病耻感。该视频也在抖音、快手等短视频平台发布有＃阿尔茨海默病＃相关话题的标签。

**案例启示**

公共关系实施是旨在达到特定目标的行动和传播，即"我们如何和何时做与说？"本次活动结合社会热点，多种创新传播渠道相结合，扩大传播影响力。通过短视频形式，紧贴社会热点话题，邀请专家、患者及灵北高层共同发力，录制阿尔茨海默病短片，吸引更广泛的关注。一系列的传播活动层层推进，将核心信息及时触达核心受众，提高了人们对阿尔茨海默病的认识。

# 一、公共关系实施的意义

策划阶段的工作结束后，公共关系活动便进入了方案实施阶段，这是用真正行动来解决组织的公共关系问题、调整公众关系的实战阶段。公共关系方案实施就是公共关系策划方案被采纳以后，把公共关系策划所确定的内容变为现实的过程。公共关系方案实施是公共关系活动中最为关键的一个环节，这是因为公共关系调查研究、制定策划方案是发现问题、研究问题的过程，而方案的实施才是直接地、实际地、具体地解决问题的过程。要认识到以下四个方面：

第一，公共关系实施是实现公共关系目标的关键环节。

第二，公共关系实施决定了方案实现及实现的程度和范围。

第三，公共关系实施结果可以作为后续方案的重要依据。

第四，公共关系实施可以检验策划工作的水平。

# 二、公共关系实施的特点

## （一）实施过程中的动态性

公共关系实施是由一系列连续活动构成的过程，是一个需要不断变化、不断调整的动态过程。一方面，无论公共关系策划方案制定得多么周密、具体、细致，与实际情况总会存在差异；另一方面，随着时间的推移、实施的进展、环境的变化，实施过程中仍会遇到一些新情况和问题。因此，从实际的操作过程来看，实施的过程不可能"照葫芦画瓢"，对计划方案机械式地、一成不变地照搬照抄，需要根据变化了的情况而不断地修正、补充、完善计划。

## （二）实施过程中的创造性

由于计划的实施是一个不断变化和需要调整的动态过程，实施者要依据整个实施方案中的原则和自己所处的环境、面临的条件确定自己的实施策略，如准确地选择传播渠道、媒介与方法，合理地选择时机，正确地分配任务，灵活地调整步调等。公共关系实施的过程是一个由一系列不同层次的实施者发挥主观能动性的过程，既是一个对原策划进行艺术性地再创造的过程，也是不断丰富公共关系实务经验的过程。忽略了这一特点，公共关系策划方案的实施将成为一种缺乏艺术性的程序化、制度化的活动。

## （三）实施影响的广泛性

公共关系所产生的影响在方案策划阶段还只是"纸上谈兵"，只有在策划方案的实施过程中才能真正地体现出来。公共关系实施所产生的广泛影响性主要体现在：首先，在公共关系策划方案实施过程中，会对众多的目标公众产生深刻的影响；其次，公共关系策划方案的实施有时还会对整个社会的文化、习俗产生深刻的影响；最后，一项公共关系策划方案在实施过程中产生的影响还表现在：公共关系策划方案在研究过程中一些没有认识到的、隐蔽着的问题，常常在实施过程中显示出来，带来一些未及预料的影响和变化。正是由于公共关系策划方案的实施，才使公共关系计划产生了广泛的实际影响。

---

### ⬥ 时代发展与公关启迪

#### "丢书大作战"初入中国"水土不服"

一个由微信公众号发起的"丢书大作战"活动，在北京、上海、广州三地的地铁中进行，引起市民广泛关注。主办方称，10 000本书被随机放置在地铁、航班等公共交通工具上，希望民众能在通勤时分享阅读，但实际效果却不尽如人意。

有北京市民傍晚在地铁4号线上捡到一本被"丢"下的《读书与旅行》，"我第一反应以为是别人用来占座的"。他认为这种方式并不适合中国实际，且不说地铁里人挤人根本腾不出手看书，有些书就直接被人放到地上甚至坐在屁股下面，"让人很难有心情再拿起来读"。

"丢书大作战"活动源自英国伦敦的公益组织 Books On The Underground。一位英国女演员的参与让其广为人知。这位电影《哈利·波特》中赫敏的扮演者，把书籍藏在伦敦地铁上，并在书中附上手写纸条，让大家像玩游戏般自己去寻找。

中国版"丢书大作战"，请来了一众影视明星助阵，但人们对其效果却褒贬不一。网友分享的图片显示，有一些书被置于地铁座位下，或被堆在垃圾桶旁，真的成了被"丢"的书。

为什么中国的"丢书"真的成了"丢"书？首先，伦敦版"丢书大作战"已进行4年，而此次中国版活动，事前的宣传并不充分。有网友直言"刚才在地铁看到一本书在那里放着，根本就是吓一跳，以为又是诈骗传销的新方式"。

其次，搭乘地铁的北京、上海、广州民众，皆以人多拥挤为苦。即使除去通勤早晚高峰乘客拥挤时段，如何保证书不会被保洁员清扫，如何让被冷落的书籍再次在地铁上"流动"起来，主办方均缺乏有效的运作方式，也就无怪乎会被指责有"作秀"的嫌疑。

事实上，相关活动完全可以做得更有序。例如，和入驻地铁站的报刊店面合作，让有兴趣的乘客免费取阅等。武汉地铁已设立了69个自助图书馆，打造"地铁读书角"；成都有地铁"流动书包"项目，向市民提供书籍免费借阅；中国国家图书馆和北京地铁4号线合办了"M地铁·图书馆"主题活动，靠近车门的广告位改成了一本图书的推介，上方印着一个二维码，乘客用手机扫一下，就可以免费阅读这本图书的电子版。

其实，重要的不是读书的形式，而是真正去读书。

## 案例启示

中国版"丢书大作战"活动实施后未能很好唤起目标人群的行动，出现了一些与活动初衷相违背的结果，例如：有些书没人碰、有些书被堆在垃圾桶旁。说明事前的宣传并不充分，主办方没能及时、准确、充分地把活动信息传递给公众。另外，如何保证书不会被保洁员清扫，如何让被冷落的书籍再次在地铁上"流动"起来，主办方均缺乏有效的运作方式。事实上，事物往往是复杂的、多层面的，若不能认识事物的多层次性，就会产生传播的障碍。公共关系实施是真正通过行动来解决组织的公共关系问题、调整公众关系的实战阶段，是公共关系活动中最为关键的一个环节。

# 三、公共关系实施管理

公共关系实施管理是对实施中的各项要素及其阶段性实施目标进行管理。具体内容如下：

## （一）对人员的管理

公共关系活动的实施要靠公共关系人员进行。在公共关系活动实施之前，首先要组建一个专门负责此次公共关系活动实施的工作机构（小组），确定该项目的总负责人及其助手、各专案负责人，通过明确合理的分工安排及合作竞争并行的机制提高工作效率，借助相应的规章制度和激励手段去调动相关人员的工作热情和积极性，同时也要监控他们的工作方法、质量。

## （二）沟通管理

公共关系实施管理过程也是传播沟通过程。传播沟通越通畅，实施效果就越好。但是，在传播沟通过程中通常会发生传播沟通障碍，如语言障碍、习俗障碍、观念障碍、心理障碍等，都会影响组织与公众之间的沟通。公共关系人员必须考虑到目标公众的语言习惯、习俗、观念及心理，从而真诚而巧妙地与其沟通，进而实现公共关系的沟通目标。

## （三）过程管理

### 1. 时间和进度进行控制

时机与进度控制主要涉及流程控制、环节衔接、对各项活动开始时机的掌控，务必要确保时间进度和工作任务进度一致。一旦发现实际进度与计划进度不一样的情况，必须立即分析寻找影响进度的因素，及时调整纠正。

### 2. 资金物品管理

公共关系实施中随时需要经费开支和摄像、音响、通信器材和交通工具等各种物品器材的使用，因此涉及成本控制和物品管理工作。一般来说，应安排专人负责并及时登记在册，以便有账可查。同时，在公共关系实施过程中，既要保障供给公共关系实施的需要，充分发挥财物的功效，又要避免不必要的损坏、遗失和浪费。

### 3. 突发危机事件控制

公共关系策划方案的实施中干扰最大的因素莫过于重大的突发事件，突发事件不仅有碍活动实施，而且有可能严重影响组织形象。因此，公共关系人员应预先准备好危机预案，并密切注意实施过程中是否存在各种矛盾和不协调因素，例如，实施环境有无障碍因素、新闻传媒有无不利报道、工作方法是否存在较大风险、竞争对手有无对抗行为等，并及时加以化解与调整，以免情况恶化。

在具体管理过程中，还需要制定实施细化方案，以增强公共关系活动的可操作性和可控性。内容包括：

（1）场地管理。主要包括常用场地类别选择、室内室外场地寻找、场地问询、场地勘测、活动场地筛选、活动现场平面图制作；

（2）物料管理。物料管理的对象主要包括活动常用物料类别及功能、自备物料、需要供应商的物料，以及物料管理模式；

（3）外聘人员管理。主要包括志愿者的招聘、志愿者的培训、志愿者在活动中的管理、礼仪的培训、礼仪在活动中的管理；

（4）来宾管理。主要包括来宾迎接、来宾接待、突发事件应对；

（5）现场布置。主要包括舞台区域、观众区域、舞台区域及签到区域的布置；

（6）车辆管理。主要包括对停车位置、行车路线、停车证、司机的管理；

（7）餐饮管理。主要包括餐饮风格、餐饮单的确定；

（8）资料管理。相关资料主要包括给记者的资料、给经销商的资料、给嘉宾的资料；

（9）现场执行管理。主要是指现场管理的团队组建；

（10）现场突发事件管理。主要是指对现场常见的突发事件的处理及管控。

---

### ✿ 公关实践与学思践悟

以小组为单位，在上一节公共关系策划书撰写的基础上，对活动方案进行自审，预测可能存在的风险及其影响程度，并提出应对措施，完成下表：

| 风险问题 | 发生原因 | 影响程度 | 应对措施 |
| --- | --- | --- | --- |
|  |  |  |  |
|  |  |  |  |
|  |  |  |  |

# 第四节 公共关系评估

## ❖ 公共关系与中国故事

### 大美东方苗族印象——花西子"双11"全球整合营销

花西子从成立之初就建立了"东方彩妆"体系，该品牌根植于中国传统文化，坚持东方传承，打造具有中国文化特色、内外兼修的彩妆产品。

一、活动目标

花西子"双11"全球整合营销的目标如下：

（1）"品"：以民族之美占领消费者心智，沉淀花西子"东方"资产。

（2）"效"：打造年度高级定制，掀起购买热潮。

（3）"传"：打造具有自传播力的内容。

（4）"双11"销售目标为5亿元。

二、活动过程

花西子以"大美东方，苗族印象"为主题开展了整合营销传播。

（1）造势期：初见苗银惊艳东方——人民日报新媒体《非一般非遗》纪录片。

（2）预热期：深入苗族守护东方——讲述花西子苗银传承；主播与苗族鼓舞传承人在直播间带领消费者一同探索苗银文化，感受苗银之美。

（3）爆发期：传承苗银美绝东方——花西子年度苗银定制；话题上热搜，激发最佳传播效果；花西子直播高级定制苗银产品及爆款产品。

（4）爆发期：苗银出海大美东方——抢占海外市场，系列产品在纽约、日本、曼谷陆续上线，东方美走向世界；苗银纪录片上线，传承苗银文化。

三、活动结果

（1）"品""效""传"全线出圈。花西子将中国非遗技艺通过现代设计及工艺，通过苗银与彩妆结合的方式，使年轻消费者留下深刻印象，让更多年轻人加入非遗的传承中来。赋传统以时尚，也成为花西子的一个独特的"东方美学"品牌符号。

（2）"双11"花西子达成销售目标5亿元；同比增长259%；30亿人次通过花西子欣赏了苗银非遗文化之美；天猫美妆国货销售榜第1名，100多个国家和地区的用户购买了花西子产品。

在总结公共关系效果以前，首先要回顾本次公共关系活动所制定的目标，看看计划中准备建立什么形象，要达到什么传播层次，获得哪些宣传效果。只有和行动前制定的计划相对照，才可能获得一把衡量公共关系活动效果的"尺子"。公共关系评估将公共关系活动与"价值"联系起来，并为下一轮活动的开展总结、积累经验教训。

# 一、公共关系评估的意义

所谓公共关系评估，是指根据特定的标准，对公共关系计划、实施及效果进行检查、评价，从中发现问题，判断其优劣，及时修订计划，进一步调整方案和完善组织形象的过程。作为"四步工作法"的最后一步，公共关系评估的意义如下：

## （一）公共关系评估是改进公共关系工作的重要环节

公共关系评估对公共关系工作具有效果导向作用，对改进公共关系工作至关重要。缺乏对公共关系实践活动认真、科学的评估，没有经过对公共关系计划、实施及效果的充分研究和分析，就盲目地调整计划及实施的方法步骤，是导致整个公共关系实践活动失败的重要原因。公共关系活动无论成功还是失败，其经验和教训都将成为下一个公共关系活动或环节改进的基础。

## （二）公共关系评估是开展后续工作的必要前提

公共关系工作具有连续性，任何一项新的公共关系工作计划的制订与实施都不是孤立存在的，它总是以原来的公共关系工作及其效果为背景的；或是前一项公共关系工作所要解决的问题没有得到完全解决，问题仍继续存在甚至更加恶化了；或是伴随着原来的公共关系工作所解决的问题又产生了新的问题。

## （三）公共关系评估是激励内部员工的重要形式

一般来说，内部员工很难对公共关系工作有全面而深刻的了解和认识。当一项公共关系策划方案实施之后，需要有关人员把该项公共关系计划的目标、措施、实施过程和效果向内部员工进行分析、解释和说明，使他们能认清本组织的利益和实现途径，以便将实现本组织的战略目标与自己的本职工作紧密地联系在一起，变成一种自觉的行动。

同时，公共关系评估的另一个重要意义还在于使组织的领导人看到开展公共关系工作的明显效果，从而使他们能更加自觉地重视公共关系工作。一些组织的公共关系工作不能受到领导人的重视，其原因就是忽略或取消了评估这一环节。要使组织的领导人看到公共关系活动的明显效果，公共关系活动就必须建立在对整个公共关系策划及实施实事求是的分析和科学的评估之上。

# 二、公共关系评估的标准

评估必须有标准。如何确定标准，确定什么样的标准，决定了评估的结果是否科学，是否符合实际。根据公共关系过程的不同阶段，通常存在以下常用的评估标准：

## （一）公共关系策划准备过程的评估标准

这个阶段的公共关系活动尚未开始，尤其是公共关系活动对环境的影响尚未产生，公共关系评估的主要任务是对资料的充分性、合理性和有效性进行判断分析。具体包括：① 检验背景材料是否充分，能否及时发现在环境分析中被遗漏的、对项目有影响的因素；② 检验信息内容是否正确、充实，是否紧紧围绕"公共关系活动适应形势要求"合理展开；③ 检验信息的表现形式是否恰当、有效，能否充分体现公共关系活动组织者的专业技能。

## （二）公共关系实施过程的评估标准

评估不仅要对公共关系工作效果进行评估，更要对实施活动发挥监控、反馈作用。这个阶段的评估标准可分为四个层次：① 检查发送信息的数量，把所有信息资料的制作情况和其他宣传活动的进展情况用数据反映出来；② 检查信息被媒介采用的数量，因为只有被传播媒介所采用的信息才能为目标公众所接受，才能发挥其影响作用；③ 将收到信息的各类公众进行分类统计，检验接收信息的目标公众的多少，注意重要的不是收到信息的公众的绝对数量，而是这些公众的结构，如发现目标公众对组织信息材料接受不足，还可采取一些补救性措施；④ 检验关注该信息的公众数量，明确哪些人浏览了组织发出的信息材料，其数量有多少，他们读到了什么，读了多少内容。

## （三）公共关系实施效果的评估标准

实施效果的评估是一种总结性的评估，评估标准包括：

（1）检查了解信息内容的公众数量。对开展公共关系活动前后公众对组织的认识、了解和理解等变量进行比较。

（2）检查改变态度的公众数量。公众的态度不容易在短时间内发生变化，要根据一段时间内他们在所有相关问题上的立场和观念来判定。

（3）检查发生与重复期望行为的公众数量。评估一项公共关系活动在改变公众长期行为方面所取得的效果，需要较长时期的观察，并取得足以说明公众行为调整后不断重复与维持期望行为的有力证据。

（4）检查达到的目标与解决的问题。这是公共关系活动效果评估的最高标准。

（5）检查对社会发展产生的影响。这种影响同其他各种因素共同起作用，在较长时间内以复杂的、综合的形式表现出来，因此，对此类实施效果的评估并非公共关系人员自身所能完成，还需要社会学家等给予评价。

 ## 时代发展与公关启迪

### 第二届腾讯青少年科学小会

2020 年 1 月 12 日下午，腾讯联合顶尖学术期刊《科学》（Science）、清华大学在京举办了第二届腾讯青少年科学小会。八位科学家在新清华学堂为青少年系统盘点了天文学、数学、物理学、生命科学和化学等领域的年度科学成果。演讲的科学家，也成了孩子眼中的大明星。

青少年科学小会是专为孩子们量身打造的一场科普盛会。"不是每一个热爱科学的人都要成长为科学家，但种下科学的种子，未来可以开出万千朵美丽的花。"腾讯集团副总裁程武说。当然，科普不止于一次活动。科学小会推出的视频、文章等内容，也会坐上科普大篷车，进入偏远山区，服务更多青少年。

材料物理学家薛其坤讲述了科学和国家发展、人类命运之间存在的密切联系。到21 世纪中叶，我国将建成社会主义现代化强国。"2050 年，我快九十岁了，我可能还要继续去实验室工作。"薛其坤说，"但那个时候，中国科研的主力军，一定是在座的小朋友们。你们四十岁上下，正是年富力强的时候。"他期待更多孩子通过科学小会，保持对知识的渴望，对探索的兴趣，培养科学精神，愿意讲科学、爱科学和学科学。

和薛其坤一样，好几位演讲者们都对小听众给出了期许。

"我们现在已经迎来了黑洞研究的黄金时代。"艾弗里·布罗德里克（Avery Broderick）是"事件视界望远镜"（The Event Horizon Telescope, EHT）项目的主要负责人之一，其带领团队拍摄到全球首张黑洞照片。他伸手指向台下的人说："你们有非常多的机会，你们将是见证科幻小说成真的一代人。"

国家天文台副台长刘继峰研究的也是黑洞。2019年11月，他和他的团队捕获了"黑洞之王"——迄今为止质量最大的恒星级黑洞。他们启动"黑洞猎手"计划，想描绘出宇宙中的黑洞地图。"随着科技的发展，终有一天，我们可以窥视宇宙的全貌。我们人类的最终命运是星辰大海。"刘继峰强调，"在这个探索星辰大海的征程中，你们才是主力军。"

年过八旬的中国科学院院士欧阳自远，分享了中国探月工程从起步到成功实现月球背面登陆的艰辛历程。"2020年，我们启程去探测火星。2020年以后，我们还要探测整个太阳系。""任务艰巨，我们中国要越飞越远。""所有这些，都寄托在年轻人身上。未来人类的幸福，建设强国的任务，孩子们哪，你们要担当起来。"

会上，腾讯和《科学》连续第二年共同推出了《青少年科学看点榜单》，2020年有120万名青少年参与了投票。投票结果显示，包括黑洞、月球探测等在内的天文学话题最受中国青少年关注。

**案例启示**

腾讯青少年科学小会是一年一度面向全国青少年的科学盛典，已连续举办三届。腾讯通过这一公关活动，希望激发中国青少年对科学话题的关注，引导青少年以科学家为新偶像、以科学探索为新时尚，永葆"世界一定有答案"的探索精神，也充分体现了腾讯"正值、进取、协作、创造"独特的企业文化内涵。

# 三、公共关系评估报告编写

公共关系评估报告应尽可能准确地描述整个公共关系活动过程，简洁地概括活动取得的主要成果及其存在的不足，科学预测尚未解决的一些问题在今后的发展趋势，并提出相应的解决办法，为决策层的组织战略决策提供充分的信息依据。

公共关系评估报告的主要内容应包括以下五个方面：

第一，评估目的。说明为什么要进行公共关系评估，希望通过评估解决什么问题。

第二，评估对象基本情况。明确评估对象本身的情况，包括活动或项目名称、开展时间、实施的具体情况与特点等。

第三，评估标准、方法与过程。说明评估的标准或具有可测量的具体化标准体系及评估过程所采用的方法。评估过程是如何进行的，可分为哪些阶段。

第四，内容评估、分析与结论。写明被评估的公共关系活动、工作或项目的内容，对运行与执行及效果、效益进行分析，从而得出客观公正的结论。

第五，问题与建议。应有针对性地提出问题，并提出有利于解决问题的建设性意见。

---

## ◈ 公关实践与学思践悟

以小组为单位，针对某项公关活动，完成对公共关系策划准备过程的评估。评估的主要任务是对资料的充分性、合理性、有效性判断分析。完成下表。

| 评估标准 | 评估结果 |
|---|---|
| 背景材料是否充分，环境分析中有无遗漏的、对项目有影响的因素 | |
| 信息内容是否正确、充实，紧紧围绕"公共关系活动是否适应形势要求"合理展开 | |
| 信息的表现形式是否恰当、有效，充分体现了公共关系活动组织者的专业技能 | |

### 一、单选题

1. （　　　）是公关活动中的基础性工作，它贯穿于整个公关活动的全过程。

    A. 公关调查　　　　　B. 公关策划　　　　　C. 公关实施　　　　　D. 公关评估

2. （　　　）是组织的总体特征和实际表现在社会公众中获得的认知和评价。

    A. 公众舆论　　　　　B. 公众调查　　　　　C. 公共关系　　　　　D. 组织形象

3. 进行公共关系策划时，应把（　　　）放在首位，更多地为社会做出贡献。

    A. 公众利益　　　　　B. 组织利益　　　　　C. 自身利益　　　　　D. 经济利益

4. 公共关系活动中连接所有项目、统率整个活动的思想纽带和思想核心即公共关系的（　　　）。

    A. 目标　　　　　　　B. 活动口号　　　　　C. 主题　　　　　　　D. 活动创意

5. 对原计划进行艺术性地再创造的过程，体现了公关实施的（　　　）特点。

    A. 动态性　　　　　　B. 创造性　　　　　　C. 广泛性　　　　　　D. 艺术性

### 二、多选题

1. 公关调查所用方法中可以获得一手资料的是（　　　　　）。

    A. 文献调查法　　　　　　　　　　　　B. 访谈调查法

    C. 问卷调查法　　　　　　　　　　　　D. 桌面调查法

2. 公共关系策划的原则包括（　　　　　）。

    A. 公众利益优先　　　　　　　　　　　B. 实事求是

    C. 独创性与连续性相统一　　　　　　　D. 计划性与灵活性相统一

3. 好的公关活动主题应（　　　　　），并要有一定的传播力。

    A. 要与公关目标一致　　　　　　　　　B. 要有鲜明的个性和特色

    C. 要考虑到公众的心理　　　　　　　　D. 要采用大段文字

4. 一份要素完备、结构完整的条文式公关活动策划书正文应包括（　　　　　）和传播策略。

    A. 背景分析　　　　　B. 公关目标　　　　　C. 目标公众　　　　　D. 活动主题

5. 对公共关系策划方案的实施干扰最大的因素莫过于重大的突发事件，公关人员应（　　　　　）。

    A. 预先准备好危机预案　　　　　　　　B. 注意实施环境有无障碍因素

    C. 注意新闻传媒有无不利报道　　　　　D. 注意竞争对手有无对抗行为

## 三、判断题

1. 公共关系程序的各个步骤同等重要，缺一不可。（　　）

2. 发现问题、界定问题是公共关系调查的重要任务。（　　）

3. 公共关系活动的目标公众设定越广泛越好，扩大活动影响力是第一位的。（　　）

4. 公共关系计划应制订得周密、具体、细致，消除与实际情况的差异。（　　）

5. 公共关系评估对公共关系活动起着总结、衡量和评估的重要作用。（　　）

## 四、技能训练

**实训项目：** 校园公益活动策划比赛。

**实训目的：** 掌握公共关系策划的方法和技巧，形成公共关系工作的基本思路，集纳创造性智慧，养成团队精神、合作意识和社会责任感。

**实训内容：** 从高校与社会的联系日趋密切的特点出发，关心社会发展、关注社会问题，策划出立足于本校实际，但在社会上能产生较大反响的公益活动，体现大学生对社会负责的强烈责任心和奉献精神。

（1）组队参赛：学生组队参赛，为自己的策划团队取一个有创意的队名。

（2）策划选题：以比赛选题为载体，对选题加以思考和理解。

（3）方案设计：各队按照公共关系策划书的写作要求制定公共关系策划方案。

（4）方案陈述：各队派代表进行方案陈述，陈述后可安排评委提问。

（5）评委打分：由评委组对所有参赛方案进行打分。

（6）总结归纳：教师宣布比赛结果，并进行点评和总结。

**实训要求：**（1）按照公共关系策划的程序进行策划，策划方案结构完整、要素完备、条理清晰；

（2）策划方案不要求大而全，而应集约化、小而精、突出创意和亮点、形式不拘泥常规；

（3）策划方案在现实中具有可操作性、可执行性；

（4）策划方案本身的表现形式应直观、形象、新颖、有逻辑性，易沟通、易理解。

# 第六章

# 公共关系专题活动
## ——精进公关效能

## 学习目标

### ❖ 知识目标

- 了解公共关系专题活动的类型、基本特征及注意事项
- 熟悉公共关系各项专题活动的内容及活动程序
- 掌握公共关系专题活动主要就业岗位及其从业人员需具备的基本知识

### ❖ 技能目标

- 能够熟练组织公共关系各项专题活动
- 能够借助公共关系专题活动进行公共关系危机的处理
- 能够举例说明公共关系专题活动对企事业单位发展的促进作用

### ❖ 素养目标

- 养成协同合作的团队精神,具有良好的组织纪律性
- 形成公共关系思维逻辑,在公共关系专题活动中增强危机意识
- 养成学生爱岗敬业、精益求精的工匠精神

# 本章知识结构

公共关系专题活动——精进公关效能

**庆典活动**
- 庆典活动的类型
  - 典礼仪式
  - 节庆活动
  - 纪念活动
- 庆典活动的工作程序

**赞助活动**
- 赞助活动的作用
- 赞助活动的类型
  - 赞助体育事业
  - 赞助社会慈善和福利事业
  - 赞助教育事业
  - 赞助文化生活
- 赞助活动的工作程序
  - 做好赞助研究
  - 制订赞助计划
  - 评估与审核赞助活动
  - 实施赞助方案
  - 测定赞助效果

**新闻发布会**
- 新闻发布会的特点
  - 权威性强
  - 针对性强
  - 传播速度快
  - 难度大、要求高
- 新闻发布会的工作程序
  - 确定新闻发布会的主题
  - 选择新闻发布会的时间和地点
  - 确定邀请对象
  - 选定发言人
  - 准备发布会所需资料
  - 制定发布会议程

**展览会**
- 展览会的特点与类型
  - 展览会的特点
  - 展览会的类型
- 展览会的工作程序
  - 明确主题
  - 确定时间、地点
  - 确定参展单位
  - 宣传展览会内容
  - 布展制作
  - 其他组织工作

# 第一节　庆典活动

## 中国银行威海分行举办 40 周年行庆庆典

　　为庆祝中国银行威海分行成立 40 周年,2021 年 7 月 15 日上午, 中行威海分行成功举行 40 周年行庆庆典。分行党委班子全体成员、分行各部门主要负责人、辖内各支行行长、30 年以上行龄员工代表、优秀员工代表、员工家属代表, 以及党建共建单位代表、公司客户代表、个人客户代表共聚一堂。

　　中国银行山东省分行领导向威海分行表示热烈祝贺, 代表省行党委对威海分行发展寄予厚望, 希望中行威海分行在省行党委的领导下, 坚持党建引领, 提高政治站位, 在服务实体经济上体现新担当, 保持定力, 鼓足士气, 在推动高质量发展上展现新作为, 为建设山东分行更加美好的明天努力奋斗。

　　中国银行威海分行领导现场致辞, 回首往日峥嵘岁月, 一代又一代威海中行人艰苦奋斗、砥砺前行, 创造了一个又一个历史性佳绩; 先后获评山东省 "服务名牌" "良好银行" "文明单位" "创争活动优秀组织单位", 全国 "巾帼文明岗" "青年文明号" "职工之家" 等诸多荣誉。

　　庆典现场气氛热烈、喜悦洋溢, 员工及客户代表纷纷在行庆 40 周年签到墙合影留念; 全体人员共同观看了中行威海分行 40 周年行庆宣传片、行领导祝福短片、员工祝福短片, 进行了《生日快乐, 我的行》诗朗诵、《共筑中国梦》大合唱。

　　庆典中, 中行威海分行党委班子全体成员为入行 30 年以上忠诚员工颁发纪念奖章, 员工代表感言, "以平凡成就卓越, 以实实在在的贡献为威海分行 40 周年华诞献上最美好的祝福。" 庆典结束后, 来访嘉宾共同参观了中行威海分行行史展览室。

（资料来源：大众报业, 有改写）

**案例启示**

　　中国银行威海分行成功举办了成立 40 周年庆典活动, 庆祝活动盛大庄严、热烈喜庆, 充分体现了仪式感、参与感、现代感, 起到了统一思想、凝聚力量、振奋人心、鼓舞士气的作用。

# 一、庆典活动的类型

庆典活动是组织或单位利用自身或社会环境中的有关重大事件、纪念日、节日等所举办的各种仪式、庆祝会和纪念活动的总称，包括节庆活动、纪念活动、典礼仪式等。通过庆典活动，可以渲染气氛，强化组织或单位的影响力；可以激发感情，鼓舞员工斗志；也可以广交朋友，拓展社会关系；成功的庆典活动还具有较高的新闻价值，可以进一步提高组织或单位的知名度、美誉度，树立良好的公众形象。

从庆典活动的内容来看，庆典活动大致可分为以下三大类：

## （一）典礼仪式

典礼仪式包括各种典礼和仪式活动，如开业典礼、颁奖典礼、毕业典礼、结婚典礼、项目竣工典礼、就职仪式、授勋仪式、签字仪式、捐赠仪式等。在实际工作中，典礼仪式的形式多种多样，一般并无统一模式。有的仪式非常简单，如某个工厂厂房的开工典礼，燃放一挂鞭炮，厂长大喊一声"开工"，仪式便宣告结束；有的仪式非常隆重、庄严，一般都有着一套严格的程序和环节。

## （二）节庆活动

节庆活动是利用盛大节日而举行的表达欢乐或纪念的庆祝活动。不同国家甚至同一国家不同地区，都有自己独特的节日。节日又有官方节日和民间传统节日之分。常见的官方节日有元旦、妇女节、劳动节、儿童节、建军节、国庆节等，民间传统节日有春节、元宵节、清明节、端午节、中秋节、重阳节等，还有些地方根据自身文化传统、风俗习惯、土特产等，组织举办一些具有地方特色的节庆活动，如傣族的泼水节等。

节庆日是公共关系部门特别是酒店、宾馆等接待服务单位开展公共关系活动的绝好时机。比如，每年的 11 月 11 日（"双 11"）前后，天猫、京东、苏宁易购等电商平台都会举行各种促销活动；中秋节前，各品牌则会爆发一轮又一轮的月饼大战；国庆节前夕，各地或各大旅游景区会大张旗鼓地宣传和推介其独特的旅游体验等。

## （三）纪念活动

纪念活动是利用社会上或本行业、本组织的具有纪念意义的日期而开展的公关活动。可供组织举办纪念活动的日期和时间有很多，如历史上的重要事件发生纪念日、本行业重大事件纪念日、社会名流和著名人士的诞辰或逝世纪念日；而本组织的周年纪念日、逢五逢十的纪念日及重大成就的纪念日，更是举办纪念活动的极好时机。通过举办这样的活动，可以传播组织的经营理念、经营哲学和价值观念，使社会公众了解、熟悉进而支持本组织。

## 二、庆典活动的工作程序

微课：如何举办成功的庆典活动

庆典活动是庆祝活动的一种形式，主要以庆祝为主。庆典活动要尽可能组织得热烈、欢快、隆重。工作程序通常是：签到—接待—主持人宣布开始—奏国歌或奏乐—介绍主要来宾—本企业负责人致辞—领导或来宾代表致辞—宣读贺电、贺信—剪彩—安排文艺演出—参观活动—酒会或接待会等。下面具体介绍几个重要环节：

签到，简单来说就是报到，用记录的方式表明自己出席或者参加过某个活动。签到是活动开始前的"门面"，会影响参会嘉宾对活动的第一直观印象，一般来说签到环节会在活动现场中设置"签到处"，并且有工作人员来负责签到环节。随着互联网技术的应用，追求高品质、高互动、高效率的签到形式已成为一种流行的趋势，比如扫描二维码签到等。签到是整场活动成功举办的开端，需认真、周密安排。

接待，这个环节关系到整个庆典活动给大众留下的印象，甚至影响企业品牌及口碑的塑造。一般情况下，活动要安排专门的接待人员引导入场、签到、留言、剪彩等。对所有来宾都应热情接待，耐心服务；对重要来宾要由组织或单位的相关领导亲自接待。

介绍主要来宾时要注意，一般由主持人介绍来宾，也可以由组织内部地位较高的人员介绍来宾。介绍时要考虑先后顺序，以地位高者先介绍为原则，同时要考虑到宾主身份。

落实致辞人和剪彩人时需注意，致辞人和剪彩人分己方和客方。己方为组织最高负责人，客方为德高望重、社会地位较高的知名人士；选择致辞人和剪彩人应提前征得本人同意。

一般说来，庆典活动应注意以下事项：

（1）确定庆典活动主题，并精心策划安排，同时进行适当的宣传。

（2）拟定出席庆典仪式的宾客名单，一般包括政府要员、社区负责人代表、同行代表、员工代表、公众代表、知名人士、社团等。

（3）拟定庆典程序，一般为：签到、宣布庆典活动开始，宣布来宾名单、致贺词、致答词、剪彩等。

（4）事先确定致贺词、答词的人员名单，并拟好贺词、答词，注意内容应言简意赅。

（5）确定关键仪式人员，如剪彩、揭牌等；除本组织领导外，还应邀请德高望重的知名人士。

（6）安排各项接待事宜，事先确定签到、接待、剪彩、摄影、录像、扩音等有关服务礼仪人员。

（7）可在庆典活动中安排节目，如舞龙、舞蹈表演等；还可邀请来宾题字、题词，以此作为纪念。

（8）庆典结束后，可组织来宾参观本组织的设施、陈列展等，扩大宣传渠道。

### ◈ 公关实践与学思践悟

掌握庆典活动的策划与安排是公关从业者不可或缺的能力，请你为好又佳超市开业典礼制定相关公关目标并进行主题活动策划安排。

| 宣传对象 | |
| --- | --- |
| 公关目标 | |

公关主题：_____

_____

庆典活动程序安排：_____

_____

注意事项：_____

_____

# 第二节　赞助活动

### ◈ 公共关系与中国故事

北京冬奥会火种首场赞助企业展示活动在京举行

2021年12月7日，北京冬奥会火种首场赞助企业展示活动在京举行，主会场中国石化总部通过连线方式与分会场共同观赏奥林匹克火种、北京冬奥会火种灯、火炬和火炬手制服。

北京冬奥会火种于 10 月 20 日抵京，火种的抵达标志着北京冬奥会大幕即将开启。按照"简约、安全、精彩"的办赛要求，此次北京冬奥组委创新打造北京冬奥会火炬接力活动。其中，北京冬奥会火种赞助企业展示活动是整体火种展示计划的重要环节，是展示奥林匹克文化、传播奥林匹克精神的重要载体。

北京冬奥会火种取自希腊奥林匹亚；火种灯以西汉长信宫灯为灵感创意；"轻、固、美"的"飞扬"火炬由碳纤维复合材料制成；火炬手制服体现了冬季自然景观与火炬接力所承载的热情欢快气氛。

中国石化集团公司负责人表示，一直以来，中国石化积极响应"带动 3 亿人参与冰雪运动"的号召，致力于传播北京 2022 年冬奥会文化理念、普及冰雪知识、推广冰雪运动。积极践行"简约、安全、精彩"的办赛要求，勇于迎接挑战，共同担当奉献，向全世界爱好奥林匹克事业的人们传递更多的信心和正能量，并将在场馆建设、能源供应、物资保障、志愿服务等方面继续做出贡献。

据悉，此次冬奥火炬"飞扬"的外壳正是中国石化上海石化研发的碳纤维复合材料制成的。研发过程中，攻关团队解决了碳纤维复合材料在极端条件下的应用瓶颈，实现了火炬外壳在高于 800℃的氢气燃烧环境中正常使用，破解了火炬外壳在 1 000℃高温制备过程中起泡、开裂等难题。

此外，作为北京 2022 年冬奥会和冬残奥会官方合作伙伴，中国石化已完成北京冬奥会成品油和天然气保供站布局，在北京冬奥赛区布局 30 座油品保供站、29 座 LNG（Liquefied Natural Gas，液化天然气）加气站。在河北冬奥赛区，布局了 19 座油品保供站，完成了 50 座冬奥主题加油站的升级改造，并借助易捷便利店建成了 200 多家冬奥特许商品零售店。

北京冬奥组委市场开发部部长称，火炬接力景观的视觉设计核心是一条象征奥林匹克火种与激情的红丝带，传递着梦想与激情，展示着传统文化与时代精神。红丝带把主会场与分会场紧密连接起来，共同见证奥林匹克火种的魅力，共同感受北京冬奥会火种灯、火炬、火炬手制服所彰显的丰富文化内涵。希望大众以饱满的热情迎接冰雪之约、奔向美好未来，共同迎接北京 2022 年冬奥会。

**案例启示**

从上面这个品牌赞助案例可以看出，要制定正确的、理性的策略，首先要考虑赞助项目是否具有高曝光度，或是否具有成为热点的潜力；其次，要考虑品牌是否与项目活动存在相似或者一致的内涵；再次，就是如何让品牌在活动中突出存在感；最后，赞助活动还可以与其他的营销公关方式进行综合使用，利用项目中已有的元素、资源和空间，尽可能地在活动过程中彰显品牌影响力。

# 一、赞助活动的作用

赞助活动，也叫捐赠或资助，是社会组织或个人为某一社会事业或社会活动无偿提供人力、物力、财力资助的一种公共关系专题活动。赞助活动是一种信誉投资和感情投资，是企业改善社会环境和社会关系最有效的方式之一。总体来说，赞助活动可以扩大社会影响，提高经济效益，改善社会关系，为社会组织或个人树立良好形象。

# 二、赞助活动的类型

开展赞助活动的首要问题就是选择赞助对象。根据赞助对象的不同，赞助活动主要分为以下四种类型：

## （一）赞助体育事业

赞助体育事业是组织赞助活动的最常见形式，特别是通过赞助奥运会、世界杯、亚运会等世界性或区域性的体育赛事来展示组织实力，扩大组织的社会影响力。

赞助体育事业常见的形式有赞助体育经费、赞助体育竞赛活动、赞助体育器械或服装等用品、设立体育竞赛奖励基金等。

## （二）赞助社会慈善和福利事业

慈善活动的资助对象往往是社会弱势群体，如孤寡老人、残疾病人、福利院儿童、荣誉军人或烈士遗属、重大自然灾害或社会灾难性事件的受害者及其遗属等。因此，选择赞助对象时要注意选有典型社会意义、符合道德标准和社会正义感的对象。赞助社会慈善和福利事业的常见形式如赞助敬老院、孤儿院、康复中心，赈灾捐款捐物等。赞助社会慈善和福利事业既是社会组织向社会表明履行社会义务的重要手段之一，又是社会组织改善与社区公众关系、政府公众关系的重要途径之一。

### （三）赞助教育事业

教育是立国之本，发展教育事业是一个国家的基本战略方针。社会组织自觉地赞助教育事业，如捐资建立图书馆、教学楼、实验室，或者设立某项奖学金、资助贫困学生、捐助希望工程、设立某项奖教金制度等，既可以促进教育事业的发展，又可以为社会组织树立关心教育事业的良好形象。

### （四）赞助文化生活

文化生活是公众社会生活的主要内容之一。社会组织积极赞助文化活动，不仅可以增进社会组织与公众之间的深厚感情，而且可以提高社会组织的文化品位和知名度。赞助文化生活的方式主要有赞助文化机构、赞助拍摄影视片、资助文艺演出活动、赞助媒体文化栏目、赞助出版事业等形式。

## 三、赞助活动的工作程序

赞助活动是一种技术性很强的公共关系专题活动，一次完整的、成功的赞助活动需要做好以下工作：

### （一）做好赞助研究

开展赞助活动，进行赞助研究是非常重要的一步。组织应从经营活动政策入手，分析组织公共关系目标，确定赞助目的，并据此考核需要赞助的项目是否对社会公众有益，是否能对本组织产生有利影响。在此基础上，研究赞助项目的必要性、可行性和有效性，保证社会和组织都能获益。

### （二）制订赞助计划

要在赞助研究的基础上制订赞助计划。赞助计划是赞助研究的具体化，因此，赞助计划的内容应该具体、翔实，对赞助的目的、对象、形式、费用预算、具体实施方案等都应有所计划，并控制范围，防止赞助规模超过组织的承受能力。

### （三）评估与审核赞助活动

这一步主要是针对具体赞助活动进行的。对每一项具体的赞助活动，赞助工作机构都应进行分析研究。首先，对赞助项目进行总体评估，检查是否符合赞助方向，对赞助效果进行质和量两方面的评估。审核则要结合计划进行，组织每进行一次具体赞助活动，都应有该组织的高层领导或赞助委员会对其提案和计划进行逐项地审核评定，确定其可行性、具体赞助方式、款额和时机。

### （四）实施赞助方案

组织要派出专门的公共关系人员去实施赞助方案。在实施过程中，公共关系人员要充分利用有效的公共关系技巧，尽可能扩大赞助活动的社会影响。同时，应采用广告、新闻等传播手段，辅助赞助活动，使赞助活动的效益达到最大化，争取赞助活动的圆满成功。

### （五）测定赞助效果

赞助活动结束后，组织应该对照计划，测定实际效果。赞助活动的效果应由组织自身和专家共同评测，尽可能做到符合客观实际。检测过程包括检查、收集各个方面对此次赞助的看法、评论，分析是否达到预定目的，还有哪些差距，对活动不理想的地方应该找出原因，并把这些写成总结报告，归档储存，为以后的赞助活动提供参考。

---

### ❖ 公关实践与学思践悟

掌握赞助活动的策划与安排是公关从业者不可或缺的能力，请你为某公司赞助 ×× 大学运动会制定相关公关目标并进行主题活动策划安排。

| 赞助对象 | |
|---|---|
| 公关目标 | |

公关主题：_____

_____

赞助活动程序安排：_____

_____

_____

注意事项：_____

_____

# 第三节 新闻发布会

## 国务院联防联控机制：严格落实疫情防控"九不准"要求

　　国务院联防联控机制于2022年6月24日下午召开新闻发布会，国家卫生健康委新闻发言人介绍，近一周，全国疫情形势持续向好，全国新增本土确诊病例比上一周下降了81.6%，但仍有新增本土病例报告，要以快制快，以最小范围、最短时间、最低代价控制住疫情。要坚持"外防输入、内防反弹"总策略和"动态清零"总方针不动摇，科学精准执行国家统一的疫情防控政策，严格落实疫情防控"九不准"要求。

　　不准随意将限制出行的范围由中、高风险地区扩大到其他地区。

　　不准对来自低风险地区人员采取强制劝返、隔离等限制措施。

　　不准随意延长中、高风险地区管控时间。

　　不准随意扩大采取隔离、管控措施的风险人员范围。

　　不准随意延长风险人员的隔离和健康监测时间。

　　不准随意以疫情防控为由拒绝为急危重症和需要规律性诊疗等患者提供医疗服务。

　　不准对符合条件离校返乡的高校学生采取隔离等措施。

　　不准随意设置防疫检查点，限制符合条件的客、货车司乘人员通行。

　　不准随意关闭低风险地区保障正常生产生活的场所。

　　国务院联防联控机制综合组和相关部门将对于违反"九不准"的典型案例进行曝光。

（资料来源：央视新闻客户端，有改写）

**案例启示**

　　国务院联防联控机制通过举办新闻发布会的形式，向社会传达近期疫情防控的有关工作安排。新闻发布会是社会组织在发生重大的、具有较大影响力的事件时，向新闻界公布信息，借助新闻提升该组织形象的会议。召开新闻发布会，一方面能扭转公众对于某种事态的不良印象，争取社会舆论的支持，另一方面也能积极传达正确的立场，塑造积极、正面的组织形象。

# 一、新闻发布会的特点

新闻发布会是政府或某个社会组织定期、不定期或临时举办的信息和新闻发布活动，直接向新闻界发布政府政策或组织信息，解释政府或组织的重大政策和事件。新闻发布会一般具有以下特点：

## （一）权威性强

新闻发布会形式正规、隆重，规格较高，主办方精心安排地点，可邀请记者、新闻界（媒体）负责人、行业部门主管、各协作单位代表及政府官员，有较强的权威性。

## （二）针对性强

新闻发布会的主要形式是发布新闻和答问，记者就自己关注的话题进行提问，针对性比较强。

## （三）传播速度快

新闻发布会传播面广，通过报刊、电视、广播、网站等媒体集中发布（时间集中、人员集中、媒体集中），将新闻迅速扩散到公众。

## （四）难度大、要求高

召开新闻发布会不仅成本高，对组织发言人和主持人的要求也很高，要求发言人头脑清晰、思维敏捷、逻辑性和应变能力强，因此，新闻发布会与其他专题活动相比难度较大。

# 二、新闻发布会的工作程序

## （一）确定新闻发布会的主题

新闻发布会的主题应集中、单一，不能同时发布几条不相关的信息。新闻发布会活动的主题名称需要便于记忆和理解，能够直指会议核心议题、彰显企业及品牌的文化底蕴，并展现出新闻发布会中所发布产品的核心价值。

## （二）选择新闻发布会的时间和地点

新闻发布会召开时机要适当，在时间的选择上还要避开重要的政治事件和社会事件，发布会的时间不太适宜安排在周末，尽可能安排在上午 10：00 和下午 15：00 左右为宜，会议时间一般控制在 1 小时左右，这样可以相对保证发布会的现场效果和会后媒体报道效果。

新闻发布会地点的选择要考虑两个方面的因素。一是符合会议主题方面的要求。如希望形成全国性影响的，可以在首都或某大城市举行；会议主题侧重宣传性的，适合在社会组织内部举行，便于语言宣传的同时也可以进行实地或实物宣传。二是会议场地方面的要求。要充分考虑环境、设备、格局、网络状态、配套设施等方面的需要，甚至要考虑场地配套服务、周边配套环境、住宿餐饮等条件。

## （三）确定邀请对象

媒体邀请的技巧很重要，既要吸引记者参加，又不能过多透露将要发布的新闻。在媒体邀请的密度上，既不能过多，也不能过少。一般企业应邀请与自己联系比较紧密的专业领域的记者参加。必要时，如现场气氛热烈，应邀请平面媒体记者与摄影记者一起前往。邀请的时间一般以提前 3~5 天为宜，新闻发布会前一天可做适当的提醒。对联系比较多的媒体记者可以采取直接电话邀请的方式。对相对不是很熟悉的媒体或发布内容比较严肃、庄重时，可以采取书面邀请函的方式。

## （四）选定发言人

举办新闻发布会，一般由单位指定的发言人发布信息或回答记者的提问。因此，事先确定好新闻发布会的发言人至关重要。发言人应能随机把握会场气氛，措辞文雅而有力，风趣而庄重，要思维机敏、口齿清晰，具有较强的语言表达能力。尤其是当记者提出一些棘手的、尴尬的或涉及组织秘密的问题时，发言人更要头脑冷静，要么随机应变，要么用合理的方式进行回避或引导，绝对不能认为这是记者在无理取闹而横加指责。

## （五）准备发布会所需资料

要提前准备好新闻发布会所需的各种资料，如会议所需的文字、图片，主持人的发言稿、发言人答记者问的备忘提纲、新闻统发稿以及其他背景材料、照片、录音、录像、音乐等。

## （六）制定发布会议程

（1）迎宾、签到及分发会议资料（公共关系人员或服务生）。

（2）主持人宣布会议开始。简要介绍新闻发布会的出席人员、新闻发布会召开的目的和背景等。

（3）发言人发布新闻、介绍详细情况。若同时有几位发言人，应事先安排好发言顺序，并在发言的内容上各有所侧重。

（4）记者提问，发言人逐一回答。发言人在回答记者提问时，应做到吐字清晰、声音洪亮、语言简明、态度友善、稳重大方。

（5）主持人宣布会议结束。主持人应简短评述会议，对与会者和来宾致谢，并传达日后继续合作的意图，加强与新闻界的友好往来。

（6）安排其他活动。会后可安排参观或举行茶话会、自助餐等招待活动。

### ◈ 公关实践与学思践悟

掌握新闻发布会活动的策划与安排是公关从业者不可或缺的能力，请你针对中央广播电视总台2022年"3·15"晚会报道的问题，为涉事企业召开新闻发布会拟写方案。

| 发布会名称 | |
|---|---|
| 公关目标 | |

公关主题：_____

_____

发布会程序安排：_____

_____

注意事项：_____

_____

# 第四节　展览会

## ❖ 公共关系与中国故事

### 中国进出口商品交易会

中国进出口商品交易会又称广交会，创办于1957年春，每年春秋两季在广州举办，由商务部和广东省人民政府联合主办，中国对外贸易中心承办，是中国目前历史最长、规模最大、商品种类最全、到会采购商最多且分布国别地区最广、成交效果最好、信誉最佳的综合性国际贸易盛会。

广交会自创办以来，始终坚持改革创新，虽历经各种严峻考验但从未间断，加强了中国与世界的贸易往来，展示了中国形象和发展成就，是中国企业开拓国际市场的优质平台，是贯彻实施我国外贸发展战略的引导示范基地。经过多年发展，广交会已成为中国外贸第一促进平台，被誉为中国外贸的晴雨表和风向标，是中国对外开放的窗口、缩影和标志。

截至2019年第126届，广交会累计出口成交约14 126亿美元，累计到会境外采购商约899万人。目前，每届广交会展览规模达118.5万平方米，境内外参展企业近2.6万家，210多个国家和地区的约20万名境外采购商与会。

2020年，在全球新冠肺炎疫情持续蔓延、国际贸易受到严重冲击的形势下，第127届、第128届广交会相继在网上举办。这是党中央、国务院积极应对疫情影响、统筹推进疫情防控和经济社会发展的重要决策，意义重大。在第128届广交会上，2.6万家境内外参展企业通过广交会线上平台展示产品、直播营销、在线洽谈，吸引了来自226个国家和地区的采购商注册观展，采购商来源地分布之广创历史纪录。广交会在网上成功举办，探索了国际贸易发展的新路，奠定了线上线下融合发展的坚实基础，更好地发挥了全方位对外开放平台作用，为稳住外贸外资基本盘做出了积极贡献，也向国际社会彰显了中国扩大开放、努力维护国际产业链供应链安全的坚定决心。

未来，广交会将积极服务我国新一轮高水平对外开放，助力构建新发展格局，持续提升国际化、专业化、市场化、信息化水平，努力推进线上线下一体化融合发展，打造永不落幕的广交会，帮助广大中外企业开辟更广阔的市场，为推动开放型世界经济的发展做出新的贡献。

（资料来源：中国进出口商品交易会官网，有改写）

展览会已经成为现代社会经济发展的重要平台，综合运用各种媒介，通过现场展览和示范来传递信息，推广形象，是一种常规性的公共关系活动。由于受全球新冠肺炎疫情持续蔓延的影响，很多展览会也开始线上线下一体化融合发展，对地区或全球经济的发展有着较大的影响。

展览会是一种综合运用各种媒介的传播方式，通过现场展览和示范来传递信息，推荐形象的常规性的公共关系活动。在实际应用中，展览会名称相当繁杂，有博览会、展览会、展览、展销会、博览展销会、看样订货会、展览交流会、交易会、贸易洽谈会、展示会、展评会等。

微课：什么
是展览会

# 一、展览会的特点与类型

## （一）展览会的特点

展览会是一种常规性的公共关系活动，跟其他公共关系活动相比，具有以下特点。

### 1. 直观性

"百闻不如一见""耳听为虚，眼见为实"是展览会面对面交流的写照。展览会是一种比较直观、形象、生动的传播方式，通常以实物展示为主，也可以进行现场演示。观众可以直接触摸展品，开动机器，亲身感受产品的各种性能，具有很强的直观性和真实性。这也是网络展览发展至今仍然只作为实物展的补充，而不能对实物展形成完全替代的根本原因。

### 2. 聚集性

展览会一般是同类企业、同类商品的集中展示，买卖双方也会高度集中，具有较强的聚集性和竞争性。

### 3. 前沿性

展览会一般展示的都是最新的商品或技术，新材料、新技术的人量运用，使展览会与时俱进，极富科技感、时尚性和前瞻性。

### 4. 互动性

展览会包含了买卖双方的互动、同行之间的互动、组织者和参与者之间的互动。

### 5. 高效性

展览会可以一次展示许多行业的不同产品，也可以集中展示同一行业的多种品牌，是一种高度集中的沟通方式，可以在最短的时间内，获取最多的商业信息，达成最多的交易。

**6. 新闻性**

展览会是一种综合性的大型活动，除本身能进行自我宣传外，也能够成为新闻媒体的关注对象，成为新闻报道的题材。

## （二）展览会的类型

展览会的分类应考虑两个方面：一是展览会的内容，即展览会的本质特征，包括展览会的性质、内容、所属行业等；二是展览会的形式，即属性，包括展览规模、时间、地点等。

**1. 按照展览会的性质分类**

从展览会的性质来分，可将展览会分为贸易展览会和宣传展览会。贸易展览会的目的是做实物广告，促进商品销售，这种展览会展出的主要是实物产品；宣传展览会的目的是宣传某一观点、思想，或者是让人们了解某一段史实，这种展览会通常通过展出照片资料、图表和有关实物达到宣传的效果。

**2. 按照展览会的内容分类**

从展览会的内容来分，可将展览会分为综合展览会和专业展览会两类。综合展览会是指包括全行业或数个行业的展览会，也被称作横向型展览会，比如工业展、轻工业展等；专业展览会是指某一行业甚至某一项产品的展览会，比如钟表展、汽车展等。

**3. 按照展览会的规模分类**

从展览会的规模来分，可将展览会分为大型综合性展览会、小型展览会和微型展览会。大型综合性展览会通常由专门的单位主办，参展机构则通过报名加入。这种展览会的规模一般很大，参展项目多，搞好展览会需要很高的展览会举办技术。小型展览会的规模较小，一般是由机构自办，展出的商品也是本机构所生产，这类展览会经常选择图书馆门厅、车站候车室、酒店房间等地作为展出地点。微型展览会是指橱窗展览和流动车展览等，这类展览看似简单，但对技术要求较高，要求更具吸引力。

**4. 按照展览会的举办场地分类**

从展览会的举办场地来区分，可将展览会分为室内展览会和露天展览会。室内展览会较为隆重，不受天气影响，举办时间也较灵活，长短皆宜。大多数展览会都在室内举办，但室内展览会的设计布置较为复杂，所需费用也比较高。露天展览会的最大特点是设计布置比较简便，场地较大，可以放置大件展品，所需费用相对较低，但受天气的影响大，往往由于天气原因而影响展览效果。

**5. 按照展览会举办的时间分类**

从展览会举办的时间来分，可将展览会分为长期展览、定期展览和短期展览。长期展览会的形式是长期固定的，如博物馆的常设展览等；定期展览会的展出内容一般会定期进行更换；短期展览一般不超过一个月，展览结束后即进行拆除。

# 二、展览会的工作程序

举办展览会是一件综合性很强的复杂工作，需要精心策划设计、组织、协调及充足的经费保障。展览会的工作程序一般可分为以下四个步骤：

## （一）明确主题

任何一个展览会都应有一个鲜明的主题，以此明确展览会的对象、展览会的规模、展览会的形式等问题，并以此来对展览会进行策划、准备和实施，使展览会的宗旨和意图更加突出。在主题确定后，公共关系人员要围绕展览会的主题精心设计展览会的内容和形式，精心准备展览会所需的文字、图表、影像、音响等，使各个部分既紧密围绕主题又充分展示个性特征，从而提高展览会的效果。

## （二）确定时间、地点

在选择展览会举办的时间、地点时，要结合展览会的目的、对象、形式以及效果等多种因素综合考虑。地点的选择可根据参展单位的地理区域不同，确定在本埠、外埠或国外。另外，还应注意交通、住宿是否方便，辅助设施是否齐全等问题。时间的选择要于己有利、于参展者有利，并与商品的淡旺季相匹配。

## （三）确定参展单位

当展览会的主题、时间、地点确定后，就要对拟参展的单位发出正式邀请或向社会发布招商广告。邀请函或广告中应明确展览会的宗旨、举办展览会的时间和地点、报名参展的具体时间和地点、咨询有关问题的联络方式、参展单位要负担的基本费用等，以便对方决定参展与否。在确定参展单位时，要注意不能以任何方式强加于对方，要做到两厢情愿。

## （四）宣传展览会内容

在展览会举办前，主办单位应设计好展览会的会徽、会标及相关的宣传标语，结合展览会的主题、内容、时间、地点做广泛宣传，吸引各界人士的注意和兴趣。除此之外，主办单位还应成立一个专门的新闻发布组织，负责与新闻媒体的联系、提供有价值的新闻资料，以扩大影响范围，增强展览会的效果。

## （五）布展制作

对展览会的组织者来讲，展览会现场的规划与布置是非常重要的事情。具体包括：展位的合理分配，文字、图表、模型与实物的拼接组装，灯光、音响、饰件的安装，展板、展台、展厅的设计与装潢等。布展的效果应与展出的产品合理搭配、互相衬托、相得益彰，以烘托展览会的主题，给人一种浑然一体、井然有序的感觉。

## （六）其他组织工作

展览会的组织者除了要做好以上的具体工作外，还应为大会提供其他的相关服务，如展品的运输、安装与保险，车、船、机票的订购，通信联络设备的准备，展览会的安全保卫以及公关、服务人员的选拔与培训等。

### ◈ 公关实践与学思践悟

掌握展览会活动的策划与安排是公关从业者不可或缺的能力，××职业技术学院马上迎来 60 周年校庆，请你为该学校举办的校史展览会拟写实施方案。

| 展览会名称 | |
|---|---|
| 公关目标 | |

公关主题：_____

_____

展览会活动程序安排：_____

_____

注意事项：_____

_____

## 一、单选题

1. "百闻不如一见""耳听为虚，眼见为实"指的是（　　　）。

   A. 新闻发布会　　　B. 赞助活动　　　C. 庆典活动　　　D. 展览会

2. 赞助活动是一种信誉投资和（　　　），是企业改善社会环境和社会关系最有效的
   方式之一。

   A. 信用投资　　　　B. 感情投资　　　C. 物资投资　　　D. 资金投资

3. 广交会属于（　　　）类型的公共关系活动。

   A. 展览会　　　　　B. 新闻发布会　　C. 开放组织　　　D. 庆典活动

4. 庆祝某企成立 30 周年活动属于（　　　）类型的公共关系活动。

   A. 展览会　　　　　B. 新闻发布会　　C. 开放组织　　　D. 庆典活动

5. 庆典活动选择致辞人和剪彩人应（　　　）。

   A. 直接安排　　　　　　　　　　B. 视情况决定要不要其本人同意

   C. 提前征得本人同意　　　　　　D. 下文安排

## 二、多选题

1. 赞助活动可以（　　　　）。

   A. 扩大社会影响　　　　　　　　B. 提高经济效益

   C. 改善社会关系　　　　　　　　D. 为社会组织或个人树立良好形象

2. 公关关系日常工作一般有（　　　　）。

   A. 赞助活动　　　B. 庆典活动　　　C. 展览会　　　　D. 生日会

3. 出席庆典仪式的宾客名单，一般包括（　　　　）、公众代表、知名人士、
   社团等。

   A. 政府要员　　　B. 社区负责人代表　C. 同行代表　　　D. 员工代表

4. 新闻发布会一般邀请（　　　　），有较强的权威性。

   A. 记者　　　　　　　　　　　　B. 新闻界（媒体）负责人

   C. 行业部门主管　　　　　　　　D. 各协作单位代表及政府官员

5. 庆典活动是组织或单位利用自身或社会环境中的有关重大事件、纪念日、节日
   等所举办的各种仪式、庆祝会和纪念活动的总称，包括（　　　　）。

   A. 赞助活动　　　B. 节庆活动　　　C. 纪念活动　　　D. 典礼仪式

## 三、判断题

1. 典礼仪式一般都有着一套严格的程序和环节。（　　）

2. 为了简便，展览会可以没有主题。（　　）

3. 当记者提出一些棘手的、尴尬的或涉及组织秘密的问题时，发言人可以直接拒绝回答。（　　）

4. 拟定庆典程序，一般为：签到、宣布庆典开始、宣布来宾名单、致贺词、致答词、剪彩等。（　　）

5. 新闻发布会的主要形式是发布新闻和答问。（　　）

## 四、简答题

1. 公共关系专题活动的内容都有哪些？

2. 简述庆典活动的基本流程。

3. 简述新闻发布会的程序。

4. 如何办好展览会？

5. 赞助活动的类型有哪些？

## 五、拓展实训

**实训项目：** 庆典活动的组织和举办。

**实训目的：** 通过庆典活动举办方案的演练，养成学生的组织管理能力、应变能力和处理公共关系事件的能力。

**实训内容：** 通过角色扮演，模拟庆典活动的各个环节。

（1）情境设定：自行搜集庆典活动案例。

（2）方案设计：制定庆典活动方案。

（3）场景布置：包括接待室、主会场主席台、庆典会场布置等。

（4）小组讨论：庆典活动应该如何分工合作？

（5）角色演练：庆典活动模拟实战。

（6）总结归纳：总结模拟庆典活动举办过程及要点，对不足之处做好反思。

实训要求：（1）制定详细的庆典活动实施方案。

（2）分工合作，每个人都要承担具体工作。

（3）做好庆典活动的场地布置及致辞等环节的具体材料。

# 公共关系危机管理
## ——转『危』为『机』

# 第七章

## 学习目标

### 知识目标

- 了解公共关系危机的类型、特点和产生的原因
- 掌握公共关系危机发生的处理原则与策略
- 了解公共关系危机发展的不同阶段及其处理方式

### 技能目标

- 能够分析近期公共关系危机事件的特点和原因
- 能够分析公共关系危机事件处理策略
- 能够处理公共关系危机

### 素养目标

- 形成正确的公共关系危机认知，在公共关系危机处理中增强遵纪守法的法治意识
- 构建正确的危机公关价值体系，在公共关系危机处理中培养勇于承担责任的工作态度
- 树立良好的危机公关意识，在公共关系危机处理中塑造积极面对压力和挫折的精神

**本章知识结构**

公共关系危机管理——转『危』为『机』

- 公共关系危机认知
  - 公共关系危机的含义
  - 公共关系危机的特点
    - 必然性和普遍性
    - 突发性和渐进性
    - 严重性和建设性
    - 紧迫性和关注性
    - 危害性和冲击性

- 公共关系危机的类型与成因
  - 公共关系危机的类型
    - 以公共关系危机发生的性质分
    - 以公共关系危机的表现形式分
  - 公共关系危机的成因
    - 组织内部环境原因
    - 组织外部环境原因

- 公共关系危机处理的原则与策略
  - 公共关系危机处理的原则
    - 及时性原则
    - 诚意性原则
    - 权威性原则
    - 冷静性原则
    - 灵活性原则
    - 重视媒体关系原则
    - 积极行动原则
  - 公共关系危机处理的策略
    - 内部公众协调策略
    - 受害者公众协调策略
    - 新闻界公众协调策略
    - 上级主管部门协调策略
    - 业务往来单位协调策略

- 公共关系危机发展的不同阶段及处理
  - 公共关系危机发展的四个阶段
    - 潜伏期
    - 爆发期
    - 蔓延期
    - 平息期
  - 公共关系危机不同阶段的处理方法
    - 潜伏期处理方法
    - 爆发期及蔓延期处理方法
    - 平息期处理方法

# 第一节　公共关系危机认知

## 危机公关转"危"为"安"

2022 年的"3·15"晚会曝光老坛酸菜相关产品制作过程不符合相关标准。此次"土坑酸菜"被曝光，许多以酸菜为汤底的酸菜鱼品牌也受到了质疑，部分网友表示自己再也不会消费和酸菜有关的任何产品，老坛酸菜这一食品的口碑急转直下，引发品牌危机。3 月 15 日当晚，有消费者质疑太二酸菜鱼酸菜来源，在太二酸菜鱼官方微博留言要求其公开酸菜的来源、供应商资质等信息。

面对危机，太二酸菜鱼展现出面对舆情事件的正面、积极和诚恳的态度，引发不少网友好评。

（1）回应舆论热点。事件曝光后，太二酸菜鱼第一时间就在官方微博发布声明，摆正品牌态度，抓住了品牌公关的最佳时机。

（2）直面用户关注。在"酸菜"事件爆发时，太二酸菜鱼直面受众对酸菜安全的关注，用一份安全报告展示了安全酸菜的生产全过程：从厂家实景图、酱腌酸菜许可证到质检报告的扫描全文件，直接打消了用户疑虑。

（3）简洁有力证明。太二酸菜鱼的公关文章篇幅简短，每一步都配图清晰，没有过多的语言，而是拿出"实拍图＋资质报告"，通过简洁有力的证明彰显品牌产品品质。

在酸菜相关品牌受到质疑的特殊时间点，太二酸菜鱼展现出的正面公关态度，不仅将危机转危为安，而且进一步赢得了消费者好感，提升了组织形象。

**案例启示**

企业经营中极易引发各种类型的危机，有些危机甚至可能会给企业带来致命伤害。正确的危机公关可以帮助企业快速转危为安，甚至转危为机。太二酸菜鱼在此次事件中积极了解互联网舆情，反应迅速，及时处理并开诚布公，牢牢把握主动权，解决危情，并且通过真诚的沟通塑造了正面的企业形象。

# 一、公共关系危机的含义

当今社会瞬息万变，人们在享受着科技发展和进步所带来的便利和舒适的同时，也面临着越来越不稳定的社会环境，突发事件和危机的发生在所难免。按照《辞海》解释，危机是"潜伏的祸机，生死成败的紧要关头"。

公共关系危机是指社会组织由于突发事件或重大事故的出现，导致其面临强大的公众舆论压力和危机四伏的社会关系环境，使组织形象严重受损，组织的公共关系处于危机状态。

危机公共关系是指组织对危机事件进行预测与防范、发现与处理，以及修复与完善组织形象的一系列活动过程。公共关系危机是一种状态，是对所出现问题的描述，而危机公共关系强调的则是一种行动过程。

# 二、公共关系危机的特点

微课：公共
关系危机管
理

公共关系危机的特点主要包括以下几个方面：

## （一）必然性和普遍性

危机的必然性是指危机是不可避免的，只要有公共关系就会有公共关系危机。这是因为：首先，人们主观认识的局限性和客观规律的内在性，使人们认识规律、驾驭规律的能力必然会存在偏差，所以任何的错误都可能变为现实。其次，信息传播是公共关系不可或缺的要素。公共关系过程既是一种信息传播过程，更是一种控制过程。从信息论角度看，公共关系传播就是信息源通过信道向信宿传递并引发反馈的过程。在信息传递的过程中，由于噪声的干扰，势必产生失真现象，失真即有误差，误差引发错误，错误导致危机。最后，任何策划和决策都以信息为基础，而且方案的执行过程也是一个信息传播的过程，信息经过多层次、多渠道、多阶段的传输之后，其失真现象必趋严重，导致系统的稳定性大减，一旦震荡度加大，危机便接连而至。因此，任何一个社会组织在其发展过程中都会遇到性质不同、表现形式各异的危机。

## （二）突发性和渐进性

公共关系危机事件虽是一种突发性事件，但往往是渐进式形成的。它们的发生常常是在意想不到、没有准备的情况下突然发生的，它们是不可预见的或不可完全预见的。由于公共关系大系统是开放的，每时每刻都处在与外界的物质、能量、信息的交换和流动之中。其任何一个薄弱环节都可能因某种偶然因素而失衡、崩溃，形成危机。公共关系危机事件具有突发性特征，也具有不可预测性的特征。例如，1993年发生在美国的百事可乐罐中注射针头事件（事后查明是一对老年夫妇在用完注射器后顺手将针头放进了空置的百事可乐易拉罐中所致），由于传媒报道，此事件造成谣言四起，一周内在美国竟然出现七例同类针头事件，加之公司反应不够及时，在一周后才将事件平息，导致百事可乐公司损失了2 500万美元。

### （三）严重性和建设性

危机事件作为一种公共事件，如果任何组织在危机事件中采取的行动和措施失当，将使企业的品牌形象和企业信誉受到致命打击，甚至危及生存。由此，为了应对各种突发的危机事件，许多企业一般都将其纳入管理的范围，形成了独特的危机管理机制。

危机在本质上或事实上对社会组织产生的破坏性是巨大的，必须尽力防范和阻止。但是既然危机爆发了，暴露了组织存在的问题，这也给组织提供了一个检视自我应对风险能力的机会，危机的恰当处理会带给组织新的收获。从辩证法的角度来看：危机＝危险＋机会。

公共关系危机爆发之后，组织的公共关系系统就处在不稳定的状态中，有效的公共关系工作必定会在原本无序的公共关系状态中建构更牢固的公共关系大厦，使无序走向有序。认识危机的建设性，才会采取主动姿态，沉着冷静、满怀信心地面对危机，从中寻找和抓住任何可能化解危机的机会；认识危机的建设性，才有可能认识到公共关系危机在破坏公共关系良好状态的同时，也为建立组织富有竞争力的声誉、树立组织良好的形象和为解决组织的重大问题创造了机会。

### （四）紧迫性和关注性

公共关系危机总是在短时间内突然爆发，使组织立刻处于紧张状态，这要求公共关系人员第一时间全面掌握事实真相。危机爆发所造成的巨大影响又令人瞩目，它常常会成为社会和舆论关注的焦点和讨论的话题，成为新闻界争相报道的内容，成为竞争对手发现破绽的线索以及主管部门检查批评的对象。总之，组织公共关系危机一旦出现，它就会像一颗突然爆炸的炸弹，在社会中迅速扩散开来，令社会各界高度关注，对组织造成严重的冲击。

### （五）危害性和冲击性

危机事件由于事发突然，内容往往又与公众直接相关，一经传媒报道，其冲击力是巨大的。如果没有预先的应急方案和及时灵敏的反应，一旦负面事件被广泛传播，公众会迅速从潜在状态转向行动状态，当事的社会组织往往会因这种突如其来的冲击而无所适从，而一旦失去处理危机事件的最佳时间（一般是指事件发生的最初 24 小时），则更会导致该事件的恶性发展。

### ❖ 公关实践与学思践悟

搜集一个近期的企业公共关系危机事件，分析此危机体现出哪些特点，以及对企业产生了哪些不良影响。

1. ×× 企业或社会组织公关危机事件简述：_____

_____

2. 对照公共关系危机的特点完成下列表格。

| 公关危机事件特点 | 产生的不良影响 |
|---|---|
| （1） | （1） |
| （2） | （2） |
| （3） | （3） |
| （4） | （4） |
| （5） | （5） |

# 第二节　公共关系危机的类型与成因

### ❖ 公共关系与中国故事

#### 鸿星尔克如何应对捧杀危机

2021 年 7 月，郑州水灾发生后，国潮运动品牌鸿星尔克宣布捐赠 5 000 万元物资赈灾后，迅速"出圈"，被网民送上微博热搜，成为大众关注的焦点。除了支持声音外，也有舆论质疑鸿星尔克捐款的真实性，称其有"空口送人情，白手套善名"之嫌。有网民表示，在鸿星尔克无力偿还 9.8 亿元债务的情况下，5 000 万元救灾物资是否能真正落地仍旧存疑。网民担心鸿星尔克此举旨在借"诈捐"吸引流量，实则只是行营销炒作之实。

(一) 情况分析

(1) 从正面而言：第一，鸿星尔克品牌一连上了多个正面热搜，极大提高了品牌曝光度和美誉度；第二，带动线上和线下销量转化，迎来商品抢购热潮；第三，微博会员被充到了 2140 年，收获了一波忠实消费者。

(2) 从反面而言：第一，巨大的流量曝光使其被推向舆论风口，开始出现"诈捐"说、"濒临破产"说，不少消费者冲动哄抢，生产压力超负荷，如遇大规模退货会造成库存积压等各类风险；第二，部分网友操作逐渐"饭圈化"，跑到其他品牌直播间进行拉踩谩骂，神化鸿星尔克，极易引起反感。

(二) 公关应对

面对此种情况，鸿星尔克董事长两次回应登上热搜，话术堪称公关范本。

(1) 鸿星尔克董事长否认濒临破产。该董事长称企业所面临的转型过程，依然非常艰难，但是并没有像许多网友所调侃的"濒临破产"。

(2) 鸿星尔克董事长请求网友理性消费。其逻辑思路如下：第一，表示感谢，做出回应；第二，呼吁网友理性消费，不要攻击同行，促进国货共同发展，维护网络环境；第三，针对"诈捐"等质疑做出正面回应；第四，强调鸿星尔克只是千千万万埋头创业的企业之一，不要神化鸿星尔克；第五，呼吁网友将目光放到灾情现场。

**案例启示**

鸿星尔克因捐款被网民送上热搜，成为大众焦点，在一片赞美声的背后也引来不少质疑甚至谩骂。面对危机，企业要找到危机发生的原因，认识到因外部巨大流量引发的危机，既有"道德绑架"的附带影响，还有置身于"网络放大镜"效应之下，遭到流量反噬的问题。此时，企业要认清互联网流量的双面性，把握好"度"，适时发声引导流量走向，拒绝捧杀。

# 一、公共关系危机的类型

社会组织在运营中遇到各种各样的危机，有来自外部的自然灾害，也有来自供应链、生产、销售及人力资源、财务等各个环节的危机。但是，无论是哪种类型的危机，一旦发生，都会使组织内部和外部产生恐惧和怀疑，在组织公共关系上导致危机。

## （一）以公共关系危机发生的性质分

针对公共关系危机发生的性质，可将其分为信誉危机、效益危机、突变危机和潜伏危机。

### 1. 信誉危机

信誉危机是指组织由于在经营理念、组织形象、管理手段、服务态度、组织宗旨、传播方式等方面出现失误造成的社会公众对组织的不信任，甚至怨愤的情绪所引发的危机。信誉危机也称为形象危机，这种危机尽管看上去是软性的，但是它直接影响组织的经济效益和可以量化的其他收益。因此，信誉危机是真正意义上的公共关系危机，它是组织形象在公众心目中的倒塌，是公共关系工作的重大失误，如果不及时想办法挽救，很快就会波及组织的其他领域，带来灾难性的损失。

### 2. 效益危机

效益危机是指组织在直接的经济收益方面面临的困境。例如：出现了同行业产品价格下调、原材料价格上涨；出现了行业的恶性竞争；或者是该产品市场疲软，产品过剩；或者是组织的投资出现了偏差等。

### 3. 突变危机

突变危机主要是指遭遇灾害，造成较大生命财产损失的危机。在这类危机中，一部分是自然灾害，如地震、风暴、洪水、泥石流、雪崩、火灾、流行病等；另一部分是人为的灾难，如抢劫、盗窃、破坏、爆炸等。

### 4. 潜伏危机

潜伏危机是指造成危机的因素已经存在，但没有被人们意识到的危机。例如安全防火设施遭破坏、缺乏防火意识，或设备本身不过关、缺乏质量意识等。潜伏危机比显现危机具有更大的危险性，犹如一座冰山，显现危机是浮在水面的部分，所占比重小，容易被人重视；而潜伏危机犹如处于水下的冰山本体，不容易被发现且危险性更大。

## （二）以公共关系危机的表现形式分

针对公共关系危机的表现形式，可将其分为点式危机、线性危机、周期性危机和综合性危机。

### 1. 点式危机

这种公共关系危机事件的出现是独立的、短暂的，和其他方面联系不大，产生的影响比较有限，它往往是产生在一定范围内的局部性危机，这也是一种程度较轻的危机状况。在实际的公共关系工作中，这种危机属于一般性危机的范围，在大部分情况下，处在隐性危机状态。它可能是组织内部某些局部和一些具体因素由于控制不严造成的某些方面的失控和混乱。但是，这种危机是大危机到来的征兆，如不及时将问题消灭在萌芽状态，就可能会酿成大祸。

### 2. 线性危机

这是指由某一项危机出现的影响而造成的事物沿着发展方向出现的一系列接二连三的连锁危机现象。这种状况往往造成的是一个危机流，如不及时阻挡事态发展的势头，就会造成大的灾难。线性危机的根本原因在于事物之间的联系，当组织在公共关系某一方面的工作中出了问题，面临危机时，一定要措施得当，力度适当，如果在某一环节上出现偏差不及时处理，造成失控，那么困难的局面就会像多米诺骨牌一样发生连锁反应，最终由一次危机演变成一系列的危机。

### 3. 周期性危机

这是一种按规律出现的危机现象，也就是事物的性质和发展规律造成了某些公共关系工作在经过一段时间后，有节律地出现困难现象和危机状态。例如，某些产品的销售有旺季也有淡季。当进入淡季后，就要有相应的处理措施，以应付不利的局面。这种周期性困难是一种可以预测、能够预防的危机。也就是说，公共关系人员经过几次危机的经历，就会找到危机出现的规律。当积累了一定经验后，就能够把握其规律、控制这种危机的出现，避免危害的发生。

### 4. 综合性危机

这种危机是指在一个社会组织中，突然出现了兼有以上几种危机汇成的爆炸性危机。它是一种迅速蔓延、向四面发展的危机状态，也是一种最严重的危机状况。它一般是先由点式危机处理不得力而造成了线性危机，再加上其他因素的作用，使危机的事态趋于恶化，短期内迅速发展成一种难以应对的重度危机局面。这种危机的程度最深，要将其挽救和扭转相当困难。一般而言，必须组织内部群策群力，上下同心去面对。必要时要聘请相关方面的专家，提供专业的意见和建议，或者汇集公共关系专业人士和组织的管理与决策者对危机事态进行紧急讨论，及时找到解决的突破口，不然就可能会使组织陷入难以挽回的局面。

# 二、公共关系危机的成因

组织公共关系危机产生的原因很多，有组织内部原因和组织外部原因。了解公共关系危机产生的原因，对于采取正确的预防和处理策略有着十分重要的意义。

## （一）组织内部环境原因

由于组织内部原因引起的公共关系危机主要有以下几个方面：

### 1. 组织行为不当引起的危机

组织行为不当引起的危机是指社会组织在运行过程中，由于自身行为的不当或工作失误而给社会公众带来损失和危害，引起公共关系危机。对于一个组织来说，生产工艺设计欠科学、财务管理不善、产品质量与广告宣传不相符、对消费者的承诺不能实现、随意提高产品价格等引起的危机，都属于此类危机。此类危机发生后，组织社会声誉往往严重下降，经济活动受到很大影响，甚至出现生产经营活动的全部停滞。由于组织行为不当而引起的危机是社会组织主观原因造成的，它一般具有以下两个特点：

一是可预见性，即公共关系危机的发生是可以预见的。社会组织在经营活动中，由于自己的行为不得当而损害了社会公众的利益，必然会引起社会公众的强烈不满，使社会组织处于尴尬境地，组织公共关系危机必然发生。

二是可控制性，即公共关系危机是可以控制的。既然危机是由于组织的行为不当引起的，是组织自身的原因造成的，那么如果组织平时就能够采取有效的措施加以防范，此类危机在一定程度上也是可以控制的。

### 2. 经营管理者决策失误引起的危机

公共关系管理的最终目的是使企业的经营目标、公共关系目标与企业的内外部环境、条件相适应，达到动态平衡。一旦决策失误，势必使企业经营行为受挫，产生危机。

### 3. 员工素质原因造成的危机

组织由员工组成，员工素质不佳常常给企业带来危机。如某国际家居品牌危机，由于一位北京消费者向媒体反映，其在该品牌专营店购买的商品两次都没送到，而该品牌客服人员并没有妥善处理这一问题，随后众多类似的投诉引发了该品牌来华后的首次危机。

### 4. 没有建立正常有序的传播沟通渠道造成的危机

许多企业在传播沟通意识上还存在两大盲点：一是无限制扩大组织机密范围；二是只知道信息的单向发布，而不知道信息的及时反馈，如广告效果的测评。组织会因没有建立正常有序的传播沟通渠道而造成公共关系危机。

### 5. 产品质量问题或违法行为引发的危机

产品质量问题或违法行为引发的危机更容易引起公众的关注，如某牛奶品牌危机。郑州市食品安全委员会发表书面调查文件称，某品牌牛奶使用了不在保质期内的库存奶进行再加工，从而引发该企业的公共关系危机。

## 🔹 公关伦理与和谐关系

### 守住食品安全底线，更要守住社会责任

2021 年 5 月 24 日，媒体报道了河南知名餐饮企业阿五美食店外 15 棵行道树疑似被人为倒入农药而濒临死亡一事，郑州市公安局成立专案组展开调查，并对涉案 6 人刑拘归案。28 日深夜，阿五美食官方微信发布致歉声明，称此事"系个别员工法律意识淡薄，私自投药造成树木损毁。"此举引发网民"吐槽"，网友"怒怼"阿五美食"甩锅"给员工。

阿五美食在危机发生的第一时间让基层员工"背锅"，因缺乏担当而错失危机处置的最佳时机，随后又为平息舆论、转移品牌危机而"道歉"。在官方调查结果出炉后，阿五美食虽积极配合相关部门采取补救措施，仍不能挽回受损的品牌口碑。

**案例启示**

企业社会责任是全球消费者评估企业的重要标准。对于餐饮品牌而言，守住食品安全底线的同时，应积极承担环保责任，只有守住企业的担当，才能从根本上守住发展的"底盘"。

## （二）组织外部环境原因

由于组织外部原因引起的公共关系危机主要有以下几个方面：

### 1. 由自然灾害等突发事件引起的危机

突发事件是指突然发生危及公众生命财产，给公众带来重大损失，给组织形象造成严重损害的公共关系事件。对于一个组织来说，诸如飞机失事、火车脱轨、轮船沉没、煤气泄漏、食物中毒、火灾、爆炸、坍塌，产品漏电、漏水、漏油等恶性事故均属于突发事件。突发事件使组织陷入巨大的舆论压力和危机之中。因此，对突发事件的处理是关系到组织生死存亡的大事。在市场经济条件下，组织之间的竞争日趋激烈，社会环境错综复杂。社会组织处在这样的环境中从事经营活动，突发事件在所难免。突发事件一旦发生，必然会给社会组织带来灾害性的打击，而处理好突发事件，重新恢复组织的声誉，则要通过组织开展行之有效的公共关系活动来实现。

### 2. 体制和政策因素引起的危机

国家的经济管理体制和经济政策是企业难以控制的外部因素，它对企业的经营和发展产生着重大影响和制约作用。一般来讲，任何企业都希望国家经济管理体制和经济政策有利于本企业的生存和发展，如果体制不顺，政策对企业的发展不利，那么企业就可

能在经营活动中遭遇很大风险，出现严重问题，甚至陷入一种欲进不得、欲退不甘、欲止不能的境地。在这种情况下，极易产生公共关系危机。

### 3. 由媒介对组织的负面报道而引起的危机

舆论的负面报道有两种情况：一种是对组织损害社会利益行为的真实报道，如违章排污、生产的产品有质量问题或不符合卫生标准、内部员工有伤害消费者的言行等；另一种则是对组织情况的一种失实报道，它往往是由部分公众向媒体投诉而引起的，或由于组织与传媒界的个别记者交恶而受到中伤。

对前一种负面报道，组织应该首先以负责的态度向公众表明对此类事件的改正决心并主动采取行动，解决引起负面报道的有关问题，并对因此类事件而受到伤害的目标公众给予某种补偿；再进一步告诉公众，组织本身将以此为鉴，在内部健全制度，进行员工素质教育并在外部承担社会责任，进一步完善下一步计划与决策安排。对后一种负面报道，通常是社会组织在运行过程中由于疏忽或其他原因造成工作方面的失误而被新闻传播媒介夸大或渲染报道，使社会组织处于困境之中。社会组织在工作中出现失误是不可避免的，失误出现后，对社会的危害并不大，但由于新闻媒介对事实的了解不够全面，或记者听取一面之词，或主观判断，继而加以报道，结果使一件本不严重而且可以纠正的事情被报道得过分严重，使公众哗然，造成事态恶化，即使组织纠正了失误，也还处于危机之中。这种危机处理非常棘手，因为新闻媒介的报道影响面广，公众印象深刻，而且可信度高，对于已经报道的消息再去纠正，难度相当大。这时，及时有效的公共关系活动就成了处理危机的重要途径。

---

### ✴ 公关实践与学思践悟

搜集一个近期的企业公共关系危机事件，分析此危机的性质和原因。

1. ××企业公关危机事件简述：_____

_____

2. 对照公共关系危机的类型和产生的原因完成下列表格。

| 判断公关危机事件的类型 | 分析公关危机产生的原因 |
|---|---|
| 从性质上： | 组织内部原因： |
| 从表现形式上： | 组织外部原因： |

# 第三节  公共关系危机处理的原则与策略

## 危机事件处理要得当

"最贵的一支卖过 66 元，产品成本差不多 40 元。"2021 年 6 月 15 日，知名雪糕品牌钟薛高创始人在接受采访时的一番言论冲上热搜头条。

作为头顶"国货之光"光环的国民品牌，钟薛高引发了消费者的负面情绪："太贵了""这是营销炒作"。随着话题热度不断增加，话题内容不仅是钟薛高的价格问题，曾经的两次虚假宣传处罚事件也被翻出，使品牌形象遭受损失。

钟薛高在其官方微博发布道歉信称："最近社交平台上因某些原因再次引发了关于钟薛高曾收到上海市行政处罚的讨论，又一次提醒我们：过去犯过的错虽然可以改正，却无法抹去。曾经在创业初期的两次行政处罚，如同警钟，不断提醒我们要更谨慎、更准确、更负责任地与用户沟通。很感谢政府部门和公众对钟薛高的关注与监督，同时，对于我们曾经犯过的错误以及给大家带来的困扰，我们再次郑重地向大家道歉。"

### 案例启示

对于任何企业而言，危机既是风险又是机会，危机公关的目的就在于把风险转化成机会。危机事件处理得当，可以为企业在竞争日趋激烈的市场中树立亲近消费者、体现人文关怀的良好形象提供机会。危机如不及时处理自然会引起公众和社会舆论的各种评论，一些言过其实的评论对企业的声誉可能造成极大的威胁。

## 一、公共关系危机处理的原则

公共关系危机处理的原则一般包括及时性原则、诚意性原则、权威性原则、冷静性原则、灵活性原则、重视媒体关系原则和积极行动原则。

## （一）及时性原则

"好事不出门，坏事传千里"。在危机发生后，公众对信息的要求是迫切的，他们会密切关注事态的进展，再加上现代传播渠道多种多样，因此，在危机出现的最初 12~24 小时内，信息会像病毒一样，以裂变方式高速传播。而此时组织的一举一动将是外界评判组织如何处理此次危机的主要依据，媒体、公众及政府都密切注视组织发出的第一份声明。对于组织在处理危机方面的做法和立场，舆论态度往往都会立刻见诸传媒报道。而且，危机事件常给相关组织造成措手不及的被动局面，如果组织反应迟钝，行动缓慢，态度暧昧，有可能导致事件的进一步恶化，给组织带来更大的被动，甚至发展到不可收拾的地步。因此，危机事件一旦发生，组织就要当机立断，快速反应，果断行动，在第一时间主动采取切实可行的应急措施，与媒体和公众进行沟通，从而迅速控制事态，将危机事件所带来的负面影响降到最低程度。否则，突发危机的范围就会扩大，组织甚至可能失去对全局的控制。危机发生后，能否首先控制住事态，使其不扩大、不升级、不蔓延，是处理危机的关键。

## （二）诚意性原则

在通常情况下，任何危机的发生都会使公众产生猜测和怀疑，有时新闻媒介也会有片面的夸大事实的报道。因此，要想取得社会公众的信任，必须采取真诚、坦率的态度。组织只有开诚布公地说明事情的原委，诚恳地接受批评，才能淡化矛盾、转化危机。处理危机事件的基本态度是诚恳，对待和处理问题要做到是非分明。无论是对内，还是对媒体记者、顾客公众和主管领导等，都不能隐瞒事实真相，而要实事求是，以争取主动，求得公众的理解和信任。

## （三）权威性原则

在公共关系危机事件发生后，组织不宜过多自我辩解，可以请权威第三方发声，以重获消费者信任。许多大企业在日常联系的公共关系相关人员名单中，有一群在企业业务范围里较有影响的业内权威人士，这些人包括权威机构的行业专家、高校教授等。他们不仅学识丰富、专业性强，而且新闻媒体往往在征询过他们对企业的意见和建议之后才会发布相关信息。所以，当危机发生时，由这些权威机构和专业人士做出的评价远比企业的自我辩解有效得多。企业可以充分利用权威机构和专业人士在公众心目中的良好形象，为解决问题提供有力的帮助。例如，处理危机时，可以邀请公证机构或权威人士辅助调查，以赢得公众的信任，这往往能够对企业危机的处理起到决定性的作用。例如，某品牌奶粉危机发生后，该企业成立了一个由 10 人组成的专门小组，监督该企业执行世界卫生组织规定的情况，专门小组成员中有著名医学家、教授和政策专家，此举大大提高了该企业在公众心中的可信度。

### （四）冷静性原则

由于公共关系危机事件具有突发性、紧急性的特点，因此当危机到来之后，危机处理人员一定要沉着、冷静，不要因为头绪繁多、关系复杂的突发事件而变得急躁、烦闷并因此随意处理危机事件。只有保持冷静的头脑和平和的心态，才能在处理危机事件的过程中应付自如。如果心里着急、仓促上阵，就会导致简单粗暴、鲁莽蛮干的行为，就会使本已发生的危机事件，朝着更严重、更无法控制的方向发展。

### （五）灵活性原则

公共关系危机事件随着外界情况的发展而不断地发生变化，原定的预防措施或紧急处理方案可能由于考虑不周全、不完善而部分或完全不适用于实际情况，因此，企业组织在危机处理过程中，必须视具体情况灵活运作，要随客观环境的变化而有针对性地提出有效的措施和方法，决不能墨守成规，照搬教条。

### （六）重视媒体关系原则

媒体的工作就是信息报道。对媒体来说，新闻稍纵即逝且业务竞争激烈。它们希望通过抢得"独家新闻"而在市场上赢得主动。因此，当企业有危机发生时，媒体会第一时间报道。此时，企业应努力控制局面，接受媒体的报道，并积极同他们合作。企业在公共关系危机事件中，应当树立这样的意识：企业与媒体的关系，绝不仅是广告和宣传那样简单。关键的时候，如果企业不重视处理媒体关系或者没有应对媒体关系的经验、策略，就很可能无所适从。尤其是在当今媒体传播手段多样化、网络化的时代，要让企业的负面新闻事件一夜传遍全国、全世界非常容易，这就更需要处理好与媒体之间的关系。

### （七）积极行动原则

在公共关系危机事件处理中，积极的行动要比单纯的辩解更能有效地恢复企业的声誉。在强调企业责任感的大环境中，如果仅依靠华丽的辞藻和口头的承诺，而没有实际的行动，只会带来消费者更多的怀疑和谴责。因此，在公共关系危机事件中，全力以赴地做好危机事件各项处理工作是企业争取主动的关键。企业首先要积极主动地承担起事故责任，才能迅速控制事态恶性发展。其次，要及时地对受害者提供服务和补偿，才能得到他们的谅解和合作。最后，还要积极向新闻界和其他公众公开危机相关的各项信息，才能得到他们的理解和支持，逐渐摆脱困境。总之，在处理危机过程中，企业要积极对待出现的问题，不要消极等待，等着批评，等着处罚，更不能抱着可以逃脱处罚的侥幸心理坐等处理危机最佳时机的错失。

# 二、公共关系危机处理的策略

一般来说，公共关系危机处理的策略包括内部公众协调策略、受害者公众协调策略、新闻界公众协调策略、上级主管部门协调策略和业务往来单位协调策略。

## （一）内部公众协调策略

企业要想成功化解危机，首先就要协调好内部员工的关系。只有内部众志成城，才能化解外部危机。

### 1. 向员工告知情况

通常在危机时期，企业会忘记其中最重要的利益相关者是自己的员工。如果员工第一时间是在媒体上看到本企业的危机消息，他们会觉得企业内部缺乏沟通，对他们隐瞒了事实真相。因此，企业应当在第一时间对员工告知情况，让员工做好充分的心理准备。

### 2. 与员工统一口径

当危机到来时，企业员工会迅速成为媒体捕捉的目标，企业中的每名员工，尤其是领导层都在媒体的密切关注下，他们的每一个举动，甚至每一句话都可能使企业陷入僵局，因此，在事情还没有调查清楚之前，必须要和员工统一口径。

### 3. 号召员工同心协力，共度难关

将危机情况通报全体员工，使大家同心协力，共渡难关。如果涉及员工利益受损，除了与员工进行协调外，还要提供一切条件，做好安抚工作，不断与员工密切交往，争取员工同组织一道积极化解危机。

### 4. 积极组织员工参与危机处理工作

具体包括：立刻成立处理危机事件的专门机构。严重内部事件应立即通知伤亡者的家属，采取有力措施进行救护与善后，安抚有关各方人员；外部事件应立即组织员工和专业队伍进行抢救、维持、应急服务工作；若为产品质量问题，应立即收回不合格产品，并组织员工进行检修，通知销售部门立即停止销售这类产品；奖励处理危机事件的有功人员，处罚事件的责任者，并通告有关各方引以为戒；等等。

## （二）受害者公众协调策略

在危机处理工作中，对受害者公众要开展以下几方面的工作：

（1）认真了解受害者情况后，实事求是地承担相应的责任，并诚恳地向他们及其亲属道歉，请求他们的谅解。

（2）耐心倾听受害者的意见，包括他们要求安排食宿、解决工作和赔偿损失等方面的意见。

（3）了解、确认和制定有关赔偿损失等方面的文件规定与处理原则，向受害者说明补偿方法与标准，并尽快实施。

（4）避免与受害者及其亲属发生争辩与纠纷，即使受害者有一定责任，也不要在现场追究，杜绝在事件现场与受害者发生争议，安抚时要注意方式方法。要尽量避免替企业辩护的言论，这样容易激怒对方，使双方关系更加紧张，不利于事件的解决。

（5）应选派专人负责与受害者及其亲属进行谨慎接触，并做到保持各专项分工人员的稳定性，如果没有特殊情况，不要随便更换负责处理危机事件的人员。

（6）要给受害者极大的安慰和同情，并想方设法为其提供所需的服务，尽最大努力做好善后处理工作。

## （三）新闻界公众协调策略

与新闻界公众协调的策略如下：

（1）统一发言口径，说明事件时应简明扼要，如何向新闻界公布危机事件，公布时如何选择专门的新闻发言人公布，用什么措辞，采用什么形式，有关信息怎样被有计划地披露等，应事先达成共识，统一口径。

（2）成立临时记者接待机构，选派专人负责发布各类消息，集中处理与事件有关的新闻采访，向记者提供权威的资料。一方面，企业要主动地向新闻界提供真实、准确的消息，公开表明自己的态度和立场，以减少相关的猜测。另一方面，在事实没有完全明了之前，不要对事发的原因，以及其他任何可能性轻易地表示赞成或否定的态度。

（3）为了避免报道失实，应尽可能地向记者提供书面资料，并做到简明扼要，避免使用模糊、难懂的词汇。当记者发表了不符合事实真相的报道时，可以快速向该记者提出更正请求，指明其失实的地方，并提供全部与事实有关的资料，帮助其做出正确的报道。

（4）对新闻界的态度应当主动、合作和自信，以诚恳的态度赢得他们的理解。对确实不便透露的消息，也不要用"无可奉告"作答，而应当诚恳地说明理由，以求得记者的同情和理解。

（5）企业应当尽量站在社会公众的立场进行报道，不断向各界公众提供他们所关心的消息，如处理方案、赔偿措施、整改方案等。

（6）除及时报道危机处理工作的新闻外，还可及时通过媒体报道有关事件的消息，向公众说明事实真相，并表示愿意承担责任。

### （四）上级主管部门协调策略

与上级主管部门协调的主要策略包括：

（1）危机事件发生后，应迅速向企业的直属上级部门实事求是地报告，争取他们的理解支持与帮助。

（2）在危机事件的处理过程中，应经常、及时地与主管部门取得联系，定期汇报事态发展的状况和采取的措施，求得主管部门的支持和指导。

（3）危机事件处理完毕后，应向上级领导部门详细地报告处理的经过、解决办法、事件发生的原因等情况，提供完整的处理报告，并制订今后的预防计划和防范措施。

### （五）业务往来单位协调策略

与业务往来单位协调的策略主要包括以下内容：

（1）危机事件发生后，应尽快如实地向有业务往来的单位传达事故发生的消息，并表明组织对该事件的坦诚态度。如有必要，还可派人直接到各单位进行面对面的沟通解释和协调。

（2）以书面的形式向各业务往来单位通报本企业正在或将要采取的各种对策和措施，以求得他们的支持和理解。

（3）在危机事件处理过程中，要定期向业务往来单位及时地传达危机事件的处理情况。

（4）危机事件处理结束后，应以书面形式向各业务往来单位表达影响业务的歉意或登报致歉，并向理解和援助的业务往来单位表示诚挚的谢意。

---

### ◈ 公关实践与学思践悟

搜集近期企业危机公关成功和失败的案例各一个，分析其危机处理的原则和策略。

1. ××企业危机公关成功案例简述：＿＿＿＿＿＿＿＿＿＿＿＿＿＿

＿＿＿＿＿＿＿＿＿＿＿＿＿＿＿＿＿＿＿＿＿＿＿＿＿＿＿＿＿＿＿＿

＿＿＿＿＿＿＿＿＿＿＿＿＿＿＿＿＿＿＿＿＿＿＿＿＿＿＿＿＿＿＿＿

2. ××企业危机公关失败案例简述：＿＿＿＿＿＿＿＿＿＿＿＿＿＿

3. 对照危机处理的原则和策略，分别在下列表格空白处填写"是"或"否"。

| 危机处理原则（策略） | 危机公关<br>成功案例 | 危机公关<br>失败案例 |
|---|---|---|
| 1. 是否第一时间（24小时内）主动采取应急措施 | | |
| 2. 是否主动承担责任，态度诚恳 | | |
| 3. 是否请出权威的第三方在前台说话 | | |
| 4. 是否和公众（内部和外部）保持良好沟通 | | |
| 5. 是否和媒体保持良好关系 | | |

# 第四节　公共关系危机发展的不同阶段及处理

### ❖ 公共关系与中国故事

## 中国古代的"危机公关"智慧

现代公共关系理论诞生于百年前的美国，但是组织与公众之间的形象传播活动我国古已有之，在危机预防和处理上也产生了很多类似现代公共关系的思想和行为，对于我国现代公共关系实践具有某种程度的影响。

（一）未雨绸缪地预防危机

1. 树立危机意识，关注民心向背

相传周代专门设有采诗官，每年到民间收集反映民间欢乐和疾苦的作品，整理后上报朝廷以作施政参考，并将赞美帝王的诗篇有意识地向民间广泛传播。通过制度化的采诗活动随时掌握民意，体察民情，这样既可以处理民众问题，又可以引导民意，减少危机事件。

2. 建立信誉基础，降低风险系数

秦国商鞅为顺利实施变法，用"徙木立信"这一现代公共关系常用的制造事件的方法，表明政府变法的决心，在民众中建立了政府公信力，塑造了诚信政府的形象，最终变法成功。商鞅不仅有强烈的危机意识，而且懂得从树立信誉入手防范危机，更善于用"创意公关"来化解危机，转危为安。

3. 锻造品牌形象，抵御商业危机

宋代城市人口众多，商品经济比较活跃，现存最早的平面印刷广告就是宋代的一家针铺的广告。广告正中刻着一只拿着铁杵捣药的白兔，白兔四周刻有小字：上方为"济南刘家功夫针铺"，左右为"认门前白兔儿为记"，下方为"收买上等钢条，造功夫细针。不误宅院使用，转卖兴贩，别有加饶，请记白"。显然，该广告致力于传播品牌标识，区别真伪，同时宣传商品质量和售卖方法，从中可以看出古人对于假冒伪劣商品危害自身品牌和产品销售的重视。

(二) 危机处理与反思

1. 把握公众心理处理危机

商朝盘庚即位后，决定迁都城到殷，遭到众多民众的强烈反对。盘庚就把反对者召集到一起，用诚恳的态度大力劝告他们：迁都是考虑到臣民的利益、国家的安定，也是继承先王遗志的做法，如果离心失德，将会遭到先祖的惩罚，民众最终同意迁都。然而迁都后，臣民都不喜欢住在那里，到处散布谣言煽动人心，盘庚又把大臣们召集起来，用占卜和训话的方式说服民众，终于完成计划，建立了繁荣的商殷都市。

2. 利用沟通平台引导社会舆论

春秋末期"子产不毁乡校"的故事反映了古代谋士处理负面舆论的智慧。乡校是乡人们聚会讨论政事的场所，老百姓常在那里议论和批评政府。郑国大夫然明建议子产把乡校毁掉，但子产不同意，他看到了乡校对于疏导舆论、控制危机的积极作用。子产执政后重视听取民声，把刑书浇铸在鼎上，公之于众，努力疏通统治者与百姓之间的关系，颇得百姓爱戴，使郑国逐渐强盛起来。

3. 利用优势或规避公共关系劣势

战国时期，秦国举兵围攻周朝，而周朝当时认识到自己兵力弱于秦国，便立即求助于齐国，从而保全了国家，化解了危机。可见，当危机事件发生时，依附或求助于更强大的社会组织，与其合作，有利于转移危机。

**案例启示**

从历史汲取公共关系危机处理智慧，前事不忘后事之师，可以学以致用。无论是古代还是现代，在危机发生时，乃至危机结束后，组织都要对问题产生的原因和影响进行诊断、分析，并及时提出对策，解决问题。危机已经出现，损失在所难免，与其逃避问题、竭力推脱、遮掩事实，不如亡羊补牢，立即堵住漏洞，尽力控制局面，减少损失。危机处理后要总结经验，谨记教训，避免重蹈覆辙。

# 一、公共关系危机发展的四个阶段

公共关系危机的爆发是一个从量变到质变的过程。公共关系危机从其自身发展来说，一般有四个阶段：潜伏期—爆发期—蔓延期—平息期，如图 7-1 所示。

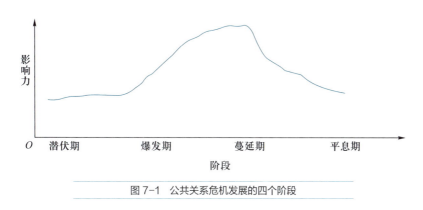

图 7-1 公共关系危机发展的四个阶段

## （一）潜伏期

如果企业的产品、管理、人员素质、政策环境等本身确实有问题或矛盾存在，大量事实表明这是一个转折点，这时公共关系危机处在一个不稳定的状态，此时重要的是如何使这种状态向正面的方向转化，控制住它向负面的方向转化的可能，使其化险为夷，转危为安。如果对潜伏期的危机信号熟视无睹，它就会膨胀，到一定程度后，就会形成组织公共关系危机的爆发，并迅速蔓延，产生连锁反应，使公众与组织关系突然恶化，使企业措手不及。

## （二）爆发期

公共关系危机的爆发期如果已经到来，就不会自行消失。这时问题暴露出来，会引发公众投诉、媒介追踪，使组织的声誉大降。在这个时期，企业或社会公众已较清楚地了解到底发生了什么事情。有关当事人要介入行动，同时安排抢救工作。一旦进入危机加剧阶段，只能使控制危机的努力变成对损失的弥补。

## （三）蔓延期

蔓延期是公共关系危机如多米诺骨牌连续倒下的阶段，这时危机发展到顶峰，抢救工作进入关键阶段。在此时期，公共关系机构可以设立信息中心，按时把抢救工作的最新消息传送给媒体。蔓延期短则一天，长则持续几个星期或更长时间。在发布各种消息时，一定要坚持"公开事实真相"的原则，以避免新闻媒介和社会公众的猜疑和质询。公共关系危机的蔓延期一般包括调查情况、自我分析、安抚公众、联络媒介等工作。

### （四）平息期

平息期是指抢救工作告一段落，评估工作开始的时期。在这一时期，除了要着手准备详细的调查报告外，主管部门和公共关系部门都还需要做一些具体的事，妥善处理危机后期工作，安抚人心。同时，依靠公共关系手段消除影响，矫正形象。

## 二、公共关系危机不同阶段的处理方法

### （一）潜伏期处理方法

在潜伏期要注重积极预防，组织及公共关系人员必须做好以下几个方面的工作。

**1. 树立危机意识**

组织的全体成员在日常工作中都应该有危机意识，尤其是组织的领导者、高层管理人员和公共关系人员更应该树立这种危机意识。这样才可以把工作做在前面，把危机消除在萌芽状态。特别是公共关系人员，日常工作应保持与内部公众和外部公众的协调和沟通，在公众中树立组织的良好形象，某些原本可能发生的危机事件就可被化解于无形之中。正如海尔集团总裁张瑞敏所说，海尔"永远战战兢兢，永远如履薄冰"。

**2. 建立专门机构**

组织设置机构时，有必要组建一个有权威性、高效率的公共关系危机处理专门机构，或成立常设的公共关系危机处理小组，由组织的领导人担任组长，公共关系人员和部门经理作为小组成员。这些成员分工明确、责任分明，一旦发生危机事件，小组立即投入工作，各司其职，很快就能摸清危机事件的实质，工作也能井然有序地进行，从而呈现虽紧张但不慌乱的局面。

**3. 强化危机预警**

危机预警的主要任务是：加强信息的收集、分析、整理工作，随时把有价值的信息提供给危机事件处理小组。加强与组织内部成员和组织外部公众的沟通，以便获得更多更有价值的信息，及时掌握情况、发现问题，把矛盾力争消灭在萌芽状态。有重点、有目的地选择社会公众作为沟通对象，扩大企业的正面影响。要经常性地进行市场调查和预

测、分析自己的市场竞争力，了解同行业竞争对手的情况，以便调整自己的经营管理，不断预测市场前景、寻找可能产生危机的因素，尽量把可能引发危机事件的因素事先化解。

### 4. 制定危机预警方案

公共关系危机预警方案是组织在全面分析预测的基础上，针对危机事件出现的概率而制定的有关工作程序、施救方法、应对策略措施等的方案。完整的公共关系预警方案一般包括危机处理的对策、具体运作方式和注意事项等，并将其以书面形式表现出来，其侧重点在于具体危机出现后如何施救处理。

### 5. 组织危机预演

为了提高应对危机的实战能力，检测危机处理协调程度，完善并修正危机应急预案，组织有必要定期对危机应急方案进行模拟演练。让有关人员对危机爆发后的应急措施有一个大体的了解，积累一定的危机处理经验。危机预演的形式很多，可采用录像观摩、案例学习、计算机模拟危机训练、实战性小组演习等。

### 6. 做好危机预控

公共关系部门在日常管理中收集到相关信息，预感到可能有危机事件发生时，就应立即启动危机预警机制，积极做好防范，包括舆论宣传、信息沟通、内部动员、全面部署，力争在危机发生后把损失降到最小。同时，还应该认识到，由于危机事件有突发性的特征，在平时就应该强化对可能发生的危机的预测，并且与处理危机的相关单位建立良好的合作关系，一旦发生危机，能够立即启动合作网络。平时与合作单位加强沟通、增进了解，建立起相互信赖、相互支持的友好合作关系，危机发生时，就会相互支援、并肩战斗，有利于解决危机。

## （二）爆发期及蔓延期处理方法

爆发期及蔓延期要注意迅速妥善处理，具体要做好以下两方面的工作：

### 1. 进入危机反应阶段

企业公共关系危机一旦出现，就要迅速做出反应，具体的工作内容如下：

（1）了解危机事件。当危机事件发生时，企业负责人首先必须召集企业高层听取关于危机事件的报告。报告应由一线员工或亲历员工汇报，力求准确、全面、详尽、客观，以便对危机事件进行全面、正确的评估。当高层人员听完汇报后，必须在最短的时间内对危机事件的发展趋势、可能给企业带来的影响和后果、企业能够和可以采取的应对措施，以及危机事件的处理方针、人员、资源保障等重大事情做出初步的评估和决策。

（2）成立临时机构。当企业负责人对危机事件做出初步的评估和决策之后，紧接着的工作便是立即成立临时的公共关系危机处理专门机构。其主要作用是内外通知和联络、为媒体准备材料、成立公共信息中心，加强对外部公众的传播沟通。临时的专门机构是危机处理的领导部门和办事机构，一般由企业的主要领导负责，公共关系人员和有关部门负责人参加。成立这样的机构，对于保证危机事态能够得到顺利和有效的处理十分必要。

（3）制订危机处理计划。危机处理专门机构需要根据现有的资料和情报以及企业拥有或可支配的资源制订危机处理计划。该计划必须体现出危机处理目标、程序、组织、人员及分工、后勤保障和行动时间表以及各个阶段要实现的目标。计划制订完成并获得通过后，便立即开始进行物质资源调配和准备，而危机处理专门机构核心成员则要立即奔赴危机事件现场，展开全面的危机处理行动。

**2. 进入危机处理阶段**

在这一阶段，要遵循正确的工作程序，确保有效处理危机。

（1）查明情况，形成报告。

（2）确定对策，迅速落实。

① 在企业内部应统一认识，做好维稳工作，主要对策有：协同行动；做好救护和善后工作；挽回影响，追查原因。

② 对受害者应妥善对待，主要对策有：了解情况，承担责任；冷静地倾听受害者的意见和他们提出的赔偿要求；提供善后服务；尽快实施物质补偿；稳定工作人员。

③ 要与媒体积极配合，主要对策有：统一发言口径；成立临时记者接待机构；谨慎传播；表示出与新闻界合作的态度；从公众的立场和观点出发，注意引导媒体以公众的立场和观点进行报道，不断提供公众所关心的消息；及时采取新闻补救措施。

④ 要加强与上级主管部门的沟通，主要对策是及时准确地进行汇报。

⑤ 不能忽视业务往来单位，在危机事件中也要加强同他们的联系，求得理解，主要对策有：传递信息、当面解释、书面表示歉意。

⑥ 高度重视消费者及其相关团体在危机事件中的作用，主要对策有：疏通零售点渠道；疏通媒体广告渠道；热情接待消费者团体及其代表。

⑦ 对企业所在社区居民也要表达歉意，力求创造良好的社区环境，主要对策有：企业组织出面登门道歉、发布道歉广告、赔偿损失。

---

### ◈ 公关伦理与和谐关系

**新华网评全棉时代道歉：道歉要真诚**

2021年1月上旬，全棉时代发布了一则视频广告。在视频中，一位年轻女性独自走夜路被陌生人尾随，为求自保，该女性使用全棉时代的卸妆巾进行卸妆，靠素颜吓跑歹徒。这一广告创意遭到网友质疑，有网友认为全棉时代卸妆巾的用户是女性，此广告却如此不尊重女性。

1月8日下午，全棉时代在其官方微博发布致歉声明，并表示"公司立即成立整改小组，对出现的问题进行严格问责，同时完善内容制作和审核机制，杜绝此类事件再次发生。"两天后的1月10日晚间，全棉时代再次在微博致歉，却更加引发网友的怒火。全棉时代在这封"歉意表白"中，花费了大量篇幅对过去11年的发展经历进行了回顾，包括公司的创立初衷、专利技术、质量把控、原料选材等。这种"自夸式"道歉引发网友大量评论："第一次看到道歉信夸自己的！""这是道歉信还是获奖感言？"并表示会继续抵制该公司的产品。

全棉时代的道歉不仅没能平息舆论，反而使企业陷入更深的舆论危机。不少网友留言质问这是道歉信还是"获奖感言"，连公开道歉都不忘记做宣传、搞营销如此敷衍且功利，如何能让人接受？那么，全棉时代这次危机公关究竟错在哪里呢？

公共关系专家认为造成这种结果有三方面的原因。第一，想要把坏事变好事。但坏事已是事实，它的负面影响已经存在。这时要想的应该是如何消除负面影响，而不是挖空心思想着把坏事变成好事。第二，应善于利用事件所带来的高关注度。既然这个事情已经引起了广泛关注，那就可以利用流量来进行宣传，但宣传也应有底线，不能只顾营销，忘了公德。第三，价值观缺失。这是最重要也是最根本的一点。全棉时代的道歉毫无诚意，因为他们完全没有认识到自己的价值观有问题，如何消除错误价值观带来的负面社会影响也不在其考虑范围内。

**案例启示**

合格的危机公关，第一，态度要真诚，要承认错误，不找任何借口，让消费者能够感受到自己道歉的诚意；第二，要知道自己错在哪里，让消费者感觉到自己是真正认识到了错误所在；第三，要想办法消除负面影响，拿出更多的实质性举措来弥补。道歉就要"真"道歉，态度要真诚，反思要真切，纠错要真实，企业做宣传的根本目的是塑造自身形象，为客户提供优质产品和服务。多做实事才能走得稳。

## （三）平息期处理方法

平息期也是善后阶段，是公共关系危机发展的最后一个环节，对公共关系危机发展的其他环节起到反馈作用，在危机管理中具有重要意义。

（1）要对危机事前、事中管理工作进行总结分析和有效反馈，提出有针对性的改进措施，进行危机管理体系的修复，实现组织变革，提高组织应对危机的处置和恢复能力，防范类似危机发生。

（2）通过对已发生的危机事件和处理过程进行调查和评估，认知危机本质与影响，对危机后期恢复与重建进行有效指导，防范次生危机发生。

（3）危机发生后，应注意重新建树组织形象。可充分运用传播工具进行连续性的正面报道，将组织在危机后所采取的一系列修正措施及服务方针告知公众，使公众真正了解组织及行为，并能逐步对组织重新产生信任感；还应增加组织在承担社会责任、重视社会效益方面的活动与投入，通过积极参与社会活动向公众展示组织回报社会、服务社会的良好形象；同时，还要进一步密切与政府部门、权威机构和著名人士关系，积极参与地方建设，充分重视权威部门的监督、检查并争创优秀，请业内著名人士为组织出谋划策，以充分利用他们的影响力，帮助组织重树形象。

### 公关实践与学思践悟

收集一个近期的企业公共关系危机事件，分析其所经历的阶段及处理方法，并从承担社会责任的角度谈谈企业如何重塑企业形象。

1. ×× 企业公关危机事件简述：_____

_____

2. 对照公共关系危机经历的阶段和处理方法完成下列表格。

| 经历的阶段 | 对应阶段的处理方法 | 产生的效果 |
| --- | --- | --- |
|  |  |  |
|  |  |  |
|  |  |  |

3. 从承担社会责任的角度谈谈如何重塑企业形象：_____

_____

## 一、单选题

1. 危机对于社会组织而言,( )。

   A. 可以避免
   B. 大部分组织可以避免
   C. 大部分组织不可避免
   D. 不可避免

2. 由某一项公共关系危机出现的影响而造成的事物沿着发展方向出现的一系列接二连三的连锁危机现象是( )。

   A. 点式危机
   B. 线性危机
   C. 周期性危机
   D. 综合危机

3. 在处理危机时,邀请公证机构调查,符合危机公关的( )原则。

   A. 及时性
   B. 诚意性
   C. 权威性
   D. 冷静性

4. 在危机处理工作中,对受害者公众所做的( )是错误的。

   A. 诚恳道歉

   B. 耐心倾听意见

   C. 如果受害者有一定责任,要进行现场追究

   D. 向受害者说明补偿方法与标准

5. 以下的新闻界公众协调沟通策略错误的是( )。

   A. 统一发言口径

   B. 成立临时记者接待机构

   C. 对新闻界的态度应当主动、合作和自信

   D. 企业应当尽量站在自身的立场来进行宣传

## 二、多选题

1. 公共关系危机的特点有( )、危害性和冲击性。

   A. 必然性和普遍性
   B. 突发性和渐进性
   C. 严重性与建设性
   D. 紧迫性和关注性

2. 从发生的性质上,公共关系危机可以分为( )。

   A. 信誉危机
   B. 效益危机
   C. 突变危机
   D. 潜伏危机

3. 组织行为不当引起的危机有( )。

   A. 财务管理不善
   B. 产品质量与广告宣传不相符
   C. 对消费者的承诺不能实现
   D. 自然灾害

4. 公共关系处理危机的原则有( )。

A. 及时性原则　　　　　　　　　　B. 冷处理原则

C. 权威性原则　　　　　　　　　　D. 冷静性原则

5. 公关危机的发展一般会经历（　　　　）阶段。

A. 潜伏期　　　　B. 爆发期　　　　C. 蔓延期　　　　D. 平息期

## 三、判断题

1. 信誉危机是指组织由于在经营理念、组织形象、管理手段、服务态度、组织宗旨、传播方式等方面出现失误造成的社会公众对组织的不信任，甚至怨愤的情绪所引发的危机。（　　　）

2. 员工素质低下属于公关危机中组织外部的原因。（　　　）

3. 因国家的经济管理体制和经济政策导致的危机，组织没有办法处理。（　　　）

4. 在公共关系危机出现后，要充分处理好与媒体的关系。（　　　）

5. 在公共关系危机发生后，应注意对组织形象进行重新建树。（　　　）

## 四、技能训练

**实训项目：**公共关系危机处理。

**实训目的：**通过公共关系危机事件处理方案的演练，养成学生的组织管理能力、应变能力、处理公共关系危机事件的能力。

**实训内容：**通过角色扮演，模拟公共关系危机处理的各个环节。

（1）情境设定：自行搜集或设定公共关系危机的情境和案例。

（2）方案设计：制定危机处理方案。

（3）场景布置：包括总经理办公室、公关部办公室、公司会议室等。

（4）小组讨论：危机处理小组应该如何分工合作？

（5）角色演练：危机处理模拟实战。

（6）总结归纳：总结模拟公共关系危机处理的过程及要点，对不足之处做好反思。

**实训要求：**（1）总经理模拟：① 弄清事故发生的原因；② 讲清此事造成了多大的损失，包括人身伤害、财产损失、工时损失等；③ 了解报纸、杂志、电视、广播、网络等新闻媒体影响面；④ 分析企业内部情况；⑤ 听取与会者意见；⑥ 部署危机公关开展工作和其他相应部门的工作。

（2）公关部会议：① 贯彻落实总经理办公会议要求；② 分析事件给企业带来的公关负面影响，挽回公众印象，重塑企业形象；③ 提出公共关系危机处理方案；④ 落实危机公关工作步骤，全面开展危机公关工作。

（3）应对策略：① 对内部公众；② 对事故受害者；③ 对新闻传播媒体；④ 对上级领导部门；⑤ 对企业所在社区。

# 网络公共关系
## ——优化网络生态

# 第 八 章

### 学习目标

#### 知识目标

- 了解网络公共关系的含义、特点和优势
- 掌握网络公共关系的类型及流程
- 掌握网络公共关系调查方法及效果评估

#### 技能目标

- 能够有效通过网络开展网络新闻、论坛、微博、虚拟社区、微信、短视频平台等网络公关
- 能够进行网络公共关系调查，并通过核心指标的变化进行网络公共关系效果评估

#### 素养目标

- 引导学生通过网络公共关系促进文化资源的数字化传播，加强网络空间文化培育意识，增强文化自信
- 确立积极健康、向上向善的网络公共关系意识，树立网络文明理念
- 确立网络公共关系道德意识，形成正确的网络公共关系职业道德观念

**本章知识结构**

网络公共关系——优化网络生态

- 网络公共关系概述
  - 网络公共关系的含义
  - 网络公共关系的特点和优势
    - 主动性强
    - 即时性强
    - 互动性强
    - 成本低、效果佳

- 网络公共关系的类型
  - 网络新闻公共关系
    - 选择新闻媒体形式
    - 选择新闻投放平台
    - 编辑新闻内容
    - 发布新闻
  - 论坛公共关系
    - 选择合适的论坛
    - 论坛发帖
    - 论坛回帖
  - 微博公共关系
    - 确立账号定位
    - 设计微博内容
    - 设计微博活动
    - 发布微博
  - 虚拟社区公共关系
    - 创建虚拟社区开展公共关系活动
    - 利用其他虚拟社区开展公共关系活动
  - 微信公共关系
    - 微信社群公共关系
    - 微信朋友圈公共关系
    - 微信公众号公共关系
  - 短视频公共关系
    - 短视频账号定位
    - 短视频内容创作
    - 短视频剪辑与发布

- 网络公共关系调查与效果评估
  - 网络公共关系调查
    - 网络知名度
    - 网络美誉度
    - 网络口碑
    - 搜索指数
  - 网络公共关系效果评估
    - 网络公共关系传播数量
    - 网络公共关系传播质量
    - 网络公共关系传播影响

# 第一节  网络公共关系概述

## 网友：我欠张家界一趟旅游

2021 年 7 月，正值旅游旺季，29 日张家界发现新冠肺炎确诊病例，张家界立即积极响应，当日通过微信公众号"掌上张家界"发布暂时不要来张家界的旅游提示，30 日晚又通过网络发布《致居留在张家界游客朋友的一封信》(见图 8-1)，网友纷纷点赞称"温情又理性""用心了，有温度"。随后微信公众号"张家界时刻"发布一组张家界闭园海报《张家界：我的不舍你一定会懂》(见图 8-2)，朋友圈大量转发，网友直呼"我们疫情过后见""我们都欠张家界一趟旅游，这波疫情过了去张家界打卡去"。

图 8-1  微信公众号文章《致居留在张家界游客朋友的一封信》

图 8-2 张家界闭园海报《张家界：我的不舍你一定会懂》

**案例启示**

  本案例中张家界在面对突如其来的新冠肺炎疫情时，能快速通过网络，以朴实的语言清晰明确地将应对措施传达给在张家界的居民和游客，并留下了相关部门和人员的联系方式，最大限度地保障了滞留在张家界人员的人身和财产安全。如此温情的网络公共关系当然也收获了一片好评，也为张家界带来了许多慕名而来的游客。在信息技术高度发达的现代社会，网络公共关系成为公共关系中十分重要的组成部分，学会有效利用互联网开展公共关系工作已成为公共关系工作人员的必备技能。

# 一、网络公共关系的含义

随着互联网等信息技术的飞速发展，网络为公共关系的发展开拓了新的领域，延伸了公共关系信息传播的空间。如何把握网络公共关系的特点、优势，利用网络有效开展公共关系活动，是公共关系人员面临的实际问题，也是公共关系所面临的崭新课题。

广义的网络公共关系是指网络化组织以电信网络、有线电视网络及计算机网络为传播媒介，实现营造和维护组织形象等公共关系目标的行为。

狭义的网络公共关系是指组织以计算机网络即互联网为传播媒介，实现公共关系目标的行为。本书主要使用的是狭义的网络公共关系概念。

网络公共关系的主要内容包括：

（1）利用互联网树立组织形象。

（2）利用网络新闻公告，拓展公共关系业务。

（3）通过网络舆论，创造良好的社会舆论氛围。借助网络为舆论的传播提供便利的途径，使得公众各方面的意见能够及时、广泛、深入地与组织进行交换。

（4）进行电子商务，追求公共关系整合效益。在电子商务环境下，公共关系职能与销售管理职能紧密结合，力求取得最佳的公共关系效果。

# 二、网络公共关系的特点和优势

网络公共关系的特点与优势主要有以下四个方面：

## （一）主动性强

网络公共关系使组织的主动性增强。首先，组织可以主动选择发布的内容，根据自身的发展状况，有选择性和目的性地进行信息的发布和传播，正面宣传组织形象。其次，组织可以自主性选择发布信息的渠道，互联网为信息发布提供了多种渠道，组织可以选择自己的官方网站、新闻门户网站、论坛、自媒体平台等。最后，信息的发布不受地域和时间的限制，组织可根据需要主动选择适合的时间。

## （二）即时性强

网络公共关系使公共关系效果即时性增强。卫星电视、国际互联网的建设，使得信息的传播速度更快、范围更广，网络信息的传播速度达到了顷刻就能传遍全球的地步，

微课：网络
公共关系概
述

这使得网络公共关系能达到立竿见影的效果。如 2021 年 7 月，河南省多地突发特大暴雨，各大企业、个人纷纷伸出援手，蜜雪冰城和鸿星尔克两家企业分别捐赠 2 200 万元现金和 5 000 万元的物资。微博消息一经发布快速传遍全网，各大微博、短视频账号铺满相应信息，网友纷纷点赞，当晚鸿星尔克直播间就涌入两百万名网友观看。

## （三）互动性强

网络公共关系使得主体和客体之间的互动性增强。传统公共关系中，公众是被动地接受信息，是一种"一对多"传播。互联网使每个人都可以通过论坛、微博等多个平台将自己的观点、看法等传达给更多人，从而实现"多对多"的传播。网络使主体与客体之间可以建立起"一对一"互动的新型关系，在"一对一"的接触中，组织一方面可以及时了解公众对某一事件的看法、对产品或服务存在的意见和建议，高效的互动、及时的信息反馈能维持良好的公共关系，甚至能挖掘出公众新的需求。另一方面，网络公共关系也使得公众的需求通过及时的互动得到快速满足，两者相互促进，形成良好的公共关系动态循环。

## （四）成本低、效果佳

传统公共关系策略在实施过程中，往往需要耗费较多的财力和物力，而互联网上大部分的信息传播都是免费的，一条微博、一条短视频、一则新闻都可以成为网络公共关系开展的方式，即使有收费项目，成本通常也较低。而且由于网络公共关系的互动性强，组织面对的群体将更加精准，更有可能创建"一对一"的公共关系，也能够减少资源的浪费和无效操作。

在效果方面，传统公共关系的效果一般都是潜在的、远期的，而且很难量化。而网络公共关系有着立竿见影的效果，并容易进行统计。发布量、转载量、点击量、回复量等都可以通过信息技术方式得到准确的量化指标，可以有针对性地对公共关系策略进行及时有效的调整。

---

### ❖ 公关实践与学思践悟

信息技术的高速发展，使网络公关成为公关关系中不可或缺的一部分，请结合实际谈谈网络公关的优缺点，并分享你所知道的典型网络公关案例。

| 优点 | | | 缺点 | |
|---|---|---|---|---|
| | | | | |
| | | | | |

网络公关案例：

_____

_____

_____

_____

_____

_____

# 第二节　网络公共关系的类型

## ❖ 公共关系与中国故事

### 故宫的"返老还童"

　　故宫作为一个拥有 600 多年历史的文化符号，其拥有众多皇宫建筑群、文物古迹，是中国传统文化的典型象征。为了拉近传统文化与年轻人的距离，让传统文化焕发生机，故宫博物院通过网络公共关系的形式让 600 岁的故宫"返老还童"，走进了大众生活。2007 年，故宫开始建立文创团队；2008 年故宫淘宝上线，故宫"萌萌哒"系列开始进入年轻人视线；2010 年，故宫开通官方微博，开始与大众进行微博互动；2014 年，故宫开发了 App 胤禛美人图、紫禁城祥瑞、皇帝的一天，后续越来越多的 App 进入大众视线；同年，"故宫淘宝"官方微信公众号发布名为《雍正：感觉自己萌萌哒》的推文刷爆朋友圈，故宫"萌萌哒"的形象深入人心；2016 年故宫文创旗舰店成立；2017 年故宫文创销售收入超过 15 亿元；截至 2022 年 3 月，故宫文创旗舰店粉丝数已达 517 万人，故宫博物院微博粉丝数达 1 028 万人。

故宫博物院通过互联网增进了与公众的关系，截至 2022 年年初，故宫博物院已建立了门户网站、数字故宫、故宫文创、故宫 App、故宫游戏、故宫微博、故宫公众号、故宫小程序等多种网络公共关系渠道，开通了线上导览、展览等多种便捷服务，加强了与年轻人的互动，通过丰富的网络公共关系形式，让受众真实地感受到了故宫的文化内涵。目前，故宫已成为互联网超级 IP，每逢节假日，故宫博物院的门票更是一票难求。

**案例启示**

故宫博物院借助网络公共关系的多种形式让故宫文化走进了年轻人的视野。微博公共关系、微信公共关系、短视频公共关系等让故宫在文物保护利用、文化遗产保护传承、文创产品等宣传上不断推陈出新，拉近历史人物与受众的距离，也增强了人们的文化自信。故宫博物院网络公共关系的成功也让人们看到了掌握多种形式的网络公共关系技巧的重要性。

# 一、网络新闻公共关系

微课：网络
新闻公关

网络新闻公共关系是按照新闻规律，结合组织需要，通过新闻媒介来实现组织公共关系目标的行为。网络新闻公共关系实现的途径是新闻媒介，遵循新闻的规律，以实际需要为出发点。网络新闻公共关系操作流程依次有以下四个步骤：

## （一）选择新闻媒体形式

在信息技术时代，线性的传播方式和扁平化的呈现方式均被突破，面对多种媒体融合生态，网络新闻公共关系也有着多种媒体选择形式。面对越来越多伴随着信息技术成长起来的年轻人，组织要根据不同的新闻公共关系目标选择合适的媒介，学会运用除了传统的网络图文新闻形式之外的数据新闻、短视频新闻、动画新闻、H5 新闻、VR 新闻、移动新闻直播等融媒体开展网络新闻公共关系活动。

### 1. 数据新闻

数据新闻是基于数据信息的采集、分析和呈现的一种新闻传播方式，以科学、系统的方式对数据进行分析，挖掘数字背后的意义，来为受众提供更加重要、更具参考价值的报道。新华网"数据新闻"、网易"数读"、搜狐"数字之道"、澎湃新闻"美数课"，中央电视台的"数说命运共同体"都是数据新闻的呈现形式。网络新闻公共关系中能通过数据说话的内容可以采用数据新闻的方式进行展示。例如，国务院新闻办公室2021年4月6日发布《人类减贫的中国实践》白皮书后，新华网于2021年4月7日发布了数据新闻"向世界分享中国减贫经验 一图了解《人类减贫的中国实践》"，以数据新闻的形式向外界展示了我国新时代脱贫攻坚取得的伟大成就。

### 2. 短视频新闻

短视频新闻是采用短视频形式来进行新闻报道的方式，其篇幅短小、传播速度快、社交属性强。几乎各类新闻公共关系的内容都可以通过短视频新闻的方式发布，但要注意短视频新闻的创作技巧。在短视频新闻创作时，时间一般控制在90秒以内，前3秒要将最吸引人的内容呈现出来；应尽量采用竖版视频形式，适应当前受众使用手机的习惯；合理地使用字幕，既要简明扼要，又要显著醒目，可读性强；同时可添加与新闻情感表达相贴近的背景音乐；另外，也可根据特定的主题或事件，建立短视频新闻合集，形成一系列的专题公关内容。例如，2021年6月17日，中国人首次进入自己的空间站，央视新闻随即在短视频平台创建"揭秘航天员太空生活"的短视频新闻合集，用来报道空间站中的航天趣事，该系列的15条短视频新闻，共收获了2 000多万次的点赞数（见图8-3）。

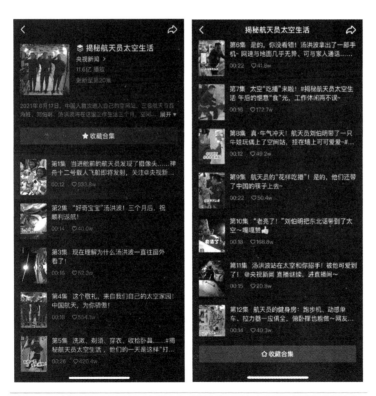

图8-3 央视新闻在短视频平台创建的"揭秘航天员太空生活"短视频新闻合集

### 3. 动画新闻

动画新闻是采用动画形式作为新闻信息的表现手段，借助动画语言来表现、模拟、再现新闻事实。动画新闻适合新闻内容难以实景拍摄，情景再现难度较大，过于抽象且不好描述的新闻公关场景。对于网络新闻公共关系来说，动画新闻还可以用来补充解释那些复杂、抽象、专业强的科学原理和微观事件。例如，2018年1月31日，围绕"超级月亮""蓝月亮""红月亮"三种奇观同时出现这一天文事件，中国数字科技馆联合光明网策划制作了科普动画《天文奇观！天幕将上演"超级蓝色血月"大戏》，此动画新闻观看量超过1 200万次，也为中国数字科技馆吸引了大量粉丝。

### 4. H5新闻

H5新闻是建立在HTML5技术上的一种新闻呈现形式，内容可以包含文字、图片、音视频、动画等交互设计，新闻在客户端呈现出类似PPT的效果，受众能获得很好的视听体验。H5是受众乐于刷屏、展示最新创意、传播效果较好的融媒体报道形式之一。H5新闻形式适合多种公共关系目标，需要好的创意、运用合适的技术，建立友善的场景，让受众产生情感上的共鸣，从而使受众进行分享传播，达到公共关系效果。例如，2022年北京冬奥会期间，区别于传统新闻方式，国际在线网通过H5新闻游戏"我的冬奥村奇遇记"，借助H5新闻的互动性和富媒体性，通过闯关问答、视频等形式向大众介绍北京冬奥村，并配合＃我的冬奥村奇遇记＃＃一起开启冬奥村奇妙之旅＃等话题获得了非常不错的效果（见图8-4）。

图8-4 国际在线网H5新闻游戏"我的冬奥村奇遇记"

**5. VR 新闻**

VR 新闻指所有将 VR 技术运用于新闻采编、报道展示过程的新闻形式，包含全景视频、全景图片、VR 直播、H5 全景互动等。VR 新闻能带给受众身临其境的感官体验，让受众从被动接受变为主动参与。对于网络新闻公共关系来说，较适合纪实类内容、直播类内容、景观等展示类内容的报道。

**6. 移动新闻直播**

移动新闻直播是采用移动直播技术进行现场实时报道的新闻形式，移动新闻直播为网络公共关系提供了实时与受众沟通，让受众了解真实情景的渠道，可以根据公共关系目标采用直播采访、直播场景、直播后台、直播活动、直播问答等多种形式达到不同的公共关系效果。

---

 **时代发展与公关启迪**

### 中央广播电视总台转播技术已实现全球领先

2022 年北京举办第 24 届冬奥会期间，奥林匹克广播服务公司首席执行官提到，本届冬奥会的全球收视份额已经创造了目前历届冬奥会的新高。同时，他也提到了作为合作伙伴的中央广播电视总台，他认为，在奥运会的历史上，中央广播电视总台首次实现了赛事全程 4K 制作播出，并在开幕式提供了 8K 超高清公共信号，这都说明总台在转播技术方面已经实现了全球领先。

"智慧化""科技冬奥"成为 2022 年北京冬奥会的亮点，我国中央广播电视总台自主研发的超高速 4K 轨道摄像机系统、鱼竿摄像机、锥桶摄像机、AI 图片处理系统等高科技特种设备为冬奥会报道提供全方位的技术支持，同时还实现了历史上首次冬奥会开幕式 8K 国际公用信号制播，创新使用自主研发的 A6 转播车，以及摇臂、航拍直升机等特种设备，全方位记录精彩画面。

**案例启示**

5G 技术同大数据、人工智能、云计算、区块链等为冬奥会注入中国"智慧"的基因，一个个中国元素、一项项科技成果，让全世界观众在共享"更快、更高、更强、更团结"的冰雪体育盛事的同时，也尽情领略到"科技冬奥"的魅力，让这届冰雪赛事充满数字化元素，也为网络公共关系提供了新的技术方向。在网络公共关系中，组织需要随时关注新技术给网络公共关系带来的新变化，应技术之变，做好网络公共关系工作。

## (二) 选择新闻投放平台

组织在选择新闻投放平台时，应注意以下两个方面：

### 1. 选择权威优质的投放平台

身处信息爆炸的时代，人们拥有大量的信息获取渠道，每天都可以接收到大量的信息，那些夹杂着各种广告信息的平台发出的消息往往直接被忽略或删除。因此，在选择网络新闻投放平台时，要选择权威优质的平台发布，一方面可以提升被点击查看的可能性，另一方面可以提升新闻本身的可信度。同时，如果公众能够通过搜索引擎搜索到本组织在大型新闻门户网站上的相关新闻，组织还能借助门户网站本身的知名度和流量提升组织的曝光度。

### 2. 根据受众及目标选择投放平台

不同新闻平台的受众群体不同，在发布新闻时，根据面向的受众的年龄、兴趣等特征选择相应的平台会达到更好的效果。另外，根据发布的新闻目的选择投放平台也很重要，如工作报告、官方声明等，应发布在官方网站，以提高新闻的可信度；热点新闻、报道类新闻则更适合发布在其他的新闻类门户网站，以加快新闻的传播速度。

## (三) 编辑新闻内容

编辑新闻内容应遵循以下三个原则：

### 1. 新闻内容短小精悍

在信息爆炸时代，受众周围每天都充斥着大量新闻消息，人们希望在更短的时间内获取到更重要的消息，这说明网络新闻的简洁性非常重要。传统的平面新闻更多地使用长句，给出过多的细节，倾向于使用直接引语，网络新闻则简洁精练、细节较少，倾向于使用转述。在进行网络新闻发布时，可以在新闻起始处标注出全文字数和需要的阅读时间。同时，要多用句号，一方面保持句子简短，另一方面让每个句子都只包含一个单一的思想，使网络新闻以最少的句子吸引受众的注意力。

### 2. 新闻标题引人入胜

网络新闻的标题要有吸引力，以提高受众的点击率；导语可以言简意赅，干脆利落，也可以制造悬念，激发兴趣；主体内容要生动真实，可以引用经典，以小见大，也可以情景再现，将受众带入其中。

### 3. 新闻增加对话互动

网络新闻不需要大量生硬辞藻的铺垫，只需要用对话的口吻简单交代清楚新闻的五大要素，即何人（Who）、何事（What）、何地（Where）、何时（When）、何因（Why），尽量采用受众熟悉的语言一起分享故事，拉近与受众的距离。采用网络新闻公共关系还要注意与受众互动，常用以下几种互动方式：第一，检索，可以在页面设置悬停或者单击某一要素后显示其详细信息，可用于对专业词汇的解释说明；第二，超链接，可位于内容内部和尾部，内部的超链接一般与新闻内容紧密相关，尾部的链接内容常为新闻提供补充信息；第三，评论区，通过评论及时获得受众反馈，了解受众看法。

### （四）发布新闻

新闻发布要快速及时。网络新闻经常使用现在时态，需要告诉受众正在发生的事情，在第一时间将新闻传递给受众。一方面，要对即将发生的事件做好相应新闻公关准备，提前拟好稿件；另一方面，不要盲目追求即时性，为了抢得先机忽略对信息的核实，传播虚假新闻会造成严重后果。

## 二、论坛公共关系

论坛，也叫网络社区，是一种电子信息服务系统。论坛的主要功能是用户可以自由发帖回帖，是用户获取知识、传递信息、沟通思想、发表言论的重要工具。论坛有极强的交互性、自由性和匿名性，也是开展网络公共关系活动的重要领地。论坛公共关系就是利用论坛这种网络交流平台，通过文字、图片、视频等方式发布组织公共关系的相应内容，达到宣传沟通、提升形象、消除负面影响等公共关系目标的行为。论坛公共关系的操作流程依次有以下三个步骤：

### （一）选择合适的论坛

选择合适的公共关系论坛，论坛主要有三大类：第一类是门户类论坛，是包含众多信息资源的综合类论坛，通常规模较大、知名度较高、内容丰富，有较大的舆论影响力；第二类是区域类论坛，区域类论坛也是综合性论坛的一种，优势在于服务本地受众，满足当地需求，下设很多细分模块；第三类是垂直类论坛，垂直类论坛主要发布关于特定领域或特定需求的内容，提供特定领域的专业信息和相关服务。在进行论坛公共关系时，首先应根据公共关系目标来选择适合的论坛进行公共关系活动，一般应选择活跃度较高的论坛开展公共关系活动，可根据论坛的日发帖量来对其活跃程度加以判断。

### （二）论坛发帖

在论坛发帖时，应注意以下三个方面：

### 1. 妙用发帖身份

在发帖时，可以根据公共关系目标，选择用不同的身份来发帖，引出话题，不同身份发起话题所引起的反响是不一样的。论坛博主可以发起官方话题，会具有较强的权威性，可以发起引导性、观点性的话题，更容易引导受众。普通网友的发帖则更容易拉近与网友的距离，通过贴近生活的话题引起广泛的讨论。

### 2. 巧拟发帖标题

发帖标题是吸引网友读帖、回帖的关键，在拟发帖标题时，可以采用一些技巧来增加帖子的可读性，比如新闻式："零食界又出新闻！××发布首款可以在办公室吃的小火锅！"；干货分享式：如"AI发展将如何影响汽车行业？""行家告诉你，单反拍视频，镜头怎么选"；制造悬念式：如"原来，我们误解这么多年……"；制造矛盾式：如"我升了职，但我却没办法开心起来"；故事发展式：如"5年前，我在公园过日子"；强调式：如"我真的太爱螺蛳粉了！"

### 3. 合理设计内容

第一，以产品宣传为公共关系目标的帖子，在发帖时不要单纯出现广告帖，可以以经验分享、技术交流的内容融入广告，做成有内涵的帖子。第二，发帖内容应紧跟热点信息，关注时事、关注社会、关注热点话题。第三，长帖应短发，太长的帖子容易失去吸引力，很少有人能够耐心看完，可以把长帖连载发布，把一帖分为多帖，以跟帖的形式发出。

## （三）论坛回帖

在进行论坛回帖时，要注意以下三个方面：

### 1. 抓住回帖时机

主题帖可以在非黄金时间段内发放，而回复帖可发布在黄金时间段内。非黄金时间段内主题帖留驻论坛显著位置的时间较长，容易被较多用户看到。而在黄金时间段内顶帖，既可以保证主题帖的醒目度，又不至于使其轻易地从受众眼前消失。

### 2. 掌握回帖技巧

面对受众对帖子不同态度的回帖，要灵活回复；面对负面回复要及时跟帖，委婉表达，也可以借助网友的力量及时纠正负面信息，以免形成负面舆论后被删帖。当帖子刚发布热度较低时，可以寻求其他账号或多注册账号帮助回帖，用来营造气氛。

### 3. 善回他人帖

可以回复其他同类话题发布的高质量论坛帖，提高账号质量，增加与其他账号的互动性，提高自身曝光度。如果要在其他回帖中发布广告信息等公共关系内容，要争取在回帖的前 5 位中，需要及时搜索新表达的帖子，抓住时机，提高被浏览的概率。

# 三、微博公共关系

微博是一个基于用户关系的信息分享、传播及获取的平台，用户可以通过文字、图片、视频的形式，在 PC 端、移动端等客户端随时分享各类信息。微博以其使用方便、门槛低、传播速度快、互动性强、成本低的特点成为网络公共关系的主要阵地。微博公共关系就是利用微博平台进行信息传播，从而达到沟通交流、整合资源、监控舆情、塑造形象的行为。微博公共关系的操作流程可以分为以下四个步骤：

## （一）确立账号定位

确立微博账号定位时，应从以下三个方面进行考虑：

### 1. 明确功能定位

开展微博公共关系活动时，首先应明确微博的功能定位，确定微博公共关系的目标是形象建立、品牌推广、销售转化或用户维系，也要明确微博面向的群体，即受众是谁，目标粉丝是谁。同时，还要结合目标群体特征来进行定位。

### 2. 明确页面布局定位

微博页面布局体现了组织在微博的直观形象，合理的页面布局能给受众留下良好的第一印象。第一，选择与组织形象和功能定位相匹配的微博头像，常用组织 Logo 或其品牌形象人物作为微博头像。第二，写好微博简介，用精练的文字做组织介绍，并树立微博形象，如湖南省博物馆的微博简介是："你爱，或者不爱，湘博就在这里，光华恒远；你关注，或者不关注，微博就在这里，永不自弃；来关注我，或者让我住进您的心里，默然、收获、品味、欢喜。"通过对诗歌《见与不见》改编，摆脱了传统的官方介绍方式，既体现了湖南省博物馆的悠久历史，又向受众展现了一个努力做好微博、努力拉近与受众的距离的微博形象。第三，微博的背景图、封面图要尽量与组织形象紧密联系，以销售转换为目标的企业还可以合理利用链接、小店等功能达到引流，促进销售的效果。

### 3. 明确个性定位

采用拟人化运营手段，打造个性定位，避免营造冷冰冰的刻板形象，刻画拟人化形象，以平易近人的方式去接近受众，和受众之间形成更多的交流和互动。确定个性定位后，每一条微博都应该与个性定位保持一致。

### （二）设计微博内容

微博公共关系可通过发布微博内容和发布微博活动两种形式进行，组织需要根据公共关系的目标来决定使用哪种形式，也可以两种形式同时发布。以下是设计微博内容的几种方法，主要包括进行数据分析、进行内容类别规划、有效借势发布等。

**1. 进行数据分析**

利用微博数据分析工具进行数据监测和数据分析，有效掌握公众兴趣，发布公众喜欢的内容，另外，根据数据来分析目标群体的兴趣点，以此来不断优化微博内容。

**2. 进行内容类别规划**

微博账号不能经常发统一类别的信息，比如长期发布产品推广信息，会让受众产生厌烦情绪，甚至取消关注。在微博内容规划上，可以多类别信息穿插发布，例如，针对企业用户，可发布品牌理念、行业动态、新品推介、社会服务、代言人信息等内容。

**3. 有效借势发布**

发布微博要学会借势，发布的时间合适，能达到事半功倍的效果。

（1）借社会热点之势。根据当前社会热点来撰写或转发热点微博，创建与热点相关的话题来增加曝光度。例如，2022 年中国女足参加亚洲杯得到社会广泛关注，从参赛开始支付宝就紧跟女足热度，转发并发布与女足亚洲杯相关的微博，创建的话题＃为中国女足添点福＃阅读次数达到 1.3 亿次，更是在中国女足亚洲杯夺冠的举国沸腾之时，立即发布微博"说好的奖金，安排了！＠中国女足谢谢你们带给我们的欢乐与感动，你们值得最好的掌声与奖赏！"宣布支持中国女足的 1 300 万元奖金已到位（见图 8-5），该条微博被各大媒体纷纷转发，转发量达到 1.3 万次，点赞量也达到了 9.3 万次。

图 8-5 支付宝微博"说好的奖金，安排了！＠中国女足"

（2）借公众人物之势。公众人物经常活跃在大众视野，与其相关的话题往往也有较大的关注量，转发其微博内容或者进行评论，往往也能达到一定的公关效果。在2021年东京奥运会上，全红婵凭借"水花消失术"一鸣惊人，在夺得冠军后，成为全社会关注的焦点。对全红婵的采访报道也引起广泛关注，她坦露从未去过游乐园和动物园。2021年8月5日傍晚，话题＃全红婵没有去过游乐园和动物园＃登上微博热搜，多家游乐园快速做出响应，当天16：50，广州长隆官方率先发布微博给中国跳水队赠送年卡，当晚23：00，＃广州长隆给跳水队送年卡＃冲上微博热搜，话题阅读量超两千万。

（3）借特殊节日之势。微博公共关系要借助各大节日之势，提前根据节日来策划微博内容，有针对性地面向受众输出与组织相关的内容，与节日相关的微博及话题会在节日期间带来巨大访问量。例如，2022年妇女节期间，话题＃九价妇女节＃登上微博热搜榜单，南京理工大学、浙江大学、北京林业大学等纷纷在妇女节当天发布微博，为学校女性师生提供九价疫苗接种服务，这样暖心的节日礼物为学校带来无数好评，引得网友直呼"羡慕""贴心"，更有网友笑称"这简直是有效招生宣传！"。话题＃浙江大学以九价为礼过妇女节＃当日阅读量就达到2.3亿次。

从微博内容设计中可以看出，微博内容的发布往往需要结合微博话题，在内容中添加微博话题能有效提升内容的曝光度，让更多人参与讨论，达到更好的公共关系效果。组织可以借助已有热门话题发布内容，也可以自己创建话题，创建话题时要注意贴近微博内容主题，要能够引发讨论，话题新颖有创意，不要宣传错误的价值观念。

### （三）设计微博活动

设计微博活动应从以下两个方面考虑：

#### 1. 设计活动类型

常见的微博活动包括有奖转发、有奖竞猜、有奖投票、有奖调研等，需要围绕公共关系目标来设计活动，以增加粉丝数量为目标。有奖转发、有奖竞猜等活动形式可以在短时间内吸引大量用户成为粉丝，但需要注意的是粉丝黏性无法保证，经常性地进行抽奖活动，容易让粉丝产生疲劳感，可以采用"转发＋关注"均可获得兑换券或纪念品等形式让粉丝真正获益。在大量用户转化为粉丝后，后续微博高质量的内容才是维护粉丝的关键。如果企业以产品调研为目标，可以设计投票、调研类活动，在产品改进或者新产品推出之前通过微博进行调查，真正把握受众需求。为了让受众有更多的参与意愿，营造良好的公共关系，也可以将投票活动与抽奖活动相结合，以达到更好的效果。同时，微博活动还需要借助热点事件、人物、特殊时间节点来设置，方法与设计微博内容类似，需要注意的是活动需贴合所选取的热点，切勿生搬硬套。

**2. 进行活动互动**

微博活动的类型、主题设计及发布只是活动呈现的一部分，设置微博活动时还要与微博粉丝进行互动，包括活动亮点评论转发、微博权威账号转发、回复及私信处理、粉丝定向管理等。① 活动亮点评论转发，要根据微博活动的评论，选取有亮点、吸引人的评论内容进行转发，引发粉丝互动；② 微博权威账号转发，发布活动后可以邀请权威账号、与活动关联度高的账号、粉丝人群数量大的账号转发，以提升活动的曝光度；③ 回复及私信处理，对活动中网友的回复及私信要及时处理，选取有代表性的评论进行回复并对疑问进行解答，如评论中有不良反馈，注意迅速响应消除负面影响；④ 粉丝定向管理，对活动信息也需要根据粉丝分级管理和定向传播，对活跃用户及粉丝群体里的较有影响力的群体，在发布活动时可以与其进行评论互动、体验邀约、活动邀约，而对潜在粉丝则不适合进行评论互动和活动邀约。

### （四）发布微博

微博公共关系的最后一步就是发布微博，除了相关内容应注意在热点话题、特殊节日时点发布外，还要掌握一天当中不同时间段的发布技巧。在工作日当中，8：00—11：00，13：00—17：00 为工作时间，比较适合发布与新闻资讯、社会事件相关的内容；11：00—13：00 为午休时间，适合发布与娱乐、情感、公益及营销相关的内容；17：00—20：00 为下班时间，适合发布与餐饮、健身、交通、生活类相关的内容；20：00—23：00 为休息前时间，此阶段受众依然较为活跃，各类内容的发布均有可能获得较高关注。同时，还要特别注意休息日的微博公共关系管理，周六和周日受众较平时更为活跃，一些微博活动可选择在此时间发布，特别是休息日午饭后的 13：00—14：00 和晚饭前后的 17：00—20：00，受众的互动性更高，因此，应利用好这些时段。

## 四、虚拟社区公共关系

1993 年，霍华德·瑞格尔德（Haward Rheingold）最早在《网络社区》（*The Virtual Community*）一书中提出了虚拟社区的定义：一群主要通过计算机网络沟通的人们，他们彼此有某种程度的认识、分享某种程度的知识和信息、在很大程度上如同对待朋友般彼此关怀从而形成的团体。虚拟社区更强调基于特定文化或者主体来交流互动，虚拟社区的受众往往具有相同兴趣、文化偏好和价值观。

虚拟社区公共关系就是利用虚拟社区进行公共关系维护的一种方式，运用虚拟社区开展公共关系活动，可以自己创建虚拟社区开展公共关系活动，也可以选择在已有虚拟社区平台开展公共关系活动。自己创建虚拟社区的针对性较强，主要是针对组织或产品本身，面对的群体往往是已经成为组织用户或对组织或产品感兴趣的潜在用户，公共关系的主要目标是形成良好的关系、塑造形象、解决问题、收集需求、进行技术交流等。而其他虚拟社区面对的受众更广，公共关系目标主要在于树立形象、宣传活动等。

## （一）创建虚拟社区开展公共关系活动

自己创建虚拟社区开展公共关系活动的流程有以下五个步骤：

### 1. 明确公共关系目标，确定社区定位

建立虚拟社区前，需要明确建立社区的公共关系目标是什么，只有明确社区定位才能达到良好的公共关系效果。如果公共关系的目标是为了了解受众对产品的反馈或解答受众在使用产品时的问题，消除负面影响，那么建立社区的定位就是问题解决和信息反馈，因此，在进行公共关系活动时，就需要实时解答问题，安抚受众，同时不断反馈信息，促进优化产品，以此消除不良影响。

### 2. 建立激励机制，打造优质内容

优质内容是社区维护良好公共关系的关键，除了组织自身要发布优质内容外，优质用户提供的高质量内容也是相当重要的一部分。通常可以采用以下三种激励方式来激发用户产出优质内容：一是流量倾斜，通过置顶、信息流主动推荐、扩大分发范围等操作，增加优质内容曝光；二是提供差异化功能，如专栏、直播等权限，以及勋章、加 V 等认证，来提升优质内容生产者对于社区的认同感；三是创作变现，除了打赏、开放广告权限等基础操作，还可以帮助优质内容生产者打造在线课程，出版实体书籍等。

### 3. 规划置顶内容，增加用户留存

社区中可以置顶一些热门问题、常见问题或提供满足受众的服务，让第一次进入社区的受众产生"这个社区能满足我的需求""这个社区适合我"的感觉。如在小米社区，置顶的内容常为用户关心的问题，如"小米负责人在线'云服务 & 账号'专场，快来提问"（见图 8-6），让打开论坛的用户感受到品牌与用户的联系，并能以最直观的方式将关注的问题直接传递给企业负责人，增强了用户对企业服务的好感度。

C 账号                    91.1w 浏览   📑 2233   👍 1.1w

图 8-6　小米社区的"小米负责人在线"板块

### 4. 关注受众反馈，及时互动处理

在社区中，要及时对受众提出的问题进行解答，耐心解决问题，为其留下好的印象。要重点关注负面的信息，积极做出回应，如果为自身问题，要及时承认错误并做出道歉，如为用户误解要委婉做出解释说明，消除负面影响。对于正面消息，也要选择有代表性的积极回应，适当置顶，增加曝光度。同时，要关注核心成员，关注其诉求并及时反馈；对于活跃用户，要关注他们的体验和行为，引导其生产更多的高质量内容，促进普通用户向活跃用户转变。

### 5. 举行社区活动，提升受众好感

可以通过虚拟社区举行一些线上线下活动来提升受众对组织或产品的认知。针对企业来说，可以在线上举行一些新品体验活动，可以将新产品优先给社区报名参加活动的成员试用，试用后创作图文测评报告，最后给出一定的奖品激励。这种形式一方面可以增强用户对产品的了解，另一方面在社区中发布的测试报告又起到了很好的宣传作用，可以达到很好的公关效果。组织还可以组织线下主题活动，通过社区发布线下活动信息，定期组织有社区优质用户参与的线下见面会、新品发布会、参观会、线下论坛等，再将活动信息发布到社区中来，既能增加参加活动的受众对组织的认同度，又能提升社区成员的组织好感度。例如，华为的虚拟社区内就设置了社区活动的模块，举行有奖体验、成长计划、产品体验官、分享交流等社区活动（见图 8-7）以达到公共关系目标。

图 8-7　华为社区的"社区活动"板块

## （二）利用其他虚拟社区开展公共关系活动

利用其他虚拟社区开展公共关系活动是指在网络上比较成熟的虚拟社区发布内容以达成公共关系效果，其流程依次有以下三个步骤：

### 1. 选择社区

根据组织定位、产品及受众特点选择公共关系虚拟社区。按照覆盖范围，虚拟社区可以分为综合社区和垂直社区。综合社区涵盖的内容较广，不针对特定领域或主题，任何人都可能因为某一话题成为社区成员，如问答社区知乎等；垂直社区则专注某一特定领域，如旅行社区马蜂窝、体育社区虎扑等。在开展虚拟社区公共关系活动前，应该有侧重性地根据公共关系目标及受众特性选择合适的社区，既可以单独选择垂直社区，也可以联合综合社区共同开展公共关系活动。

### 2. 内容发布

关注热点，找到与组织公共关系目标相关的话题及时进行内容发布。热点话题关注度较高，在第一时间发布相关信息能有效提升内容曝光度，获得更高的关注。另外，在社区发布的内容风格应与社区相符合。不同社区的内容发布格式及风格应根据内容及社区成员属性的不同而有所区别，在社区发布内容时应注意整体格调与社区相符。如旅游类社区马蜂窝，其社区成员大部分为自由行的爱好者或有相关需求的受众，在内容发布上更侧重于具体行程的攻略信息，包含大量图片及交通信息、住宿信息、价格信息等，内容需具有吸引力并条理清晰。

### 3. 社区互动

首先应时刻关注社区中的热点话题，在热点话题中抢得先机，寻找可能成为高热度的内容进行互动，在成为热门后提升关注度，还可以在话题中选择已经有高关注度的内容中进行互动，此时应注意，只有互动的内容有创新性，才能在已有的众多关注中脱颖而出。组织可以联合其他有影响力的账号进行互动，互相到对方发布的内容下留言互动，形成良好的品牌关系，互相提升关注度。更要时刻关注与组织有关联度的内容，及时互动，对于社区中的负面消息要及时应对，逐步消除影响，如果影响不断扩大，则要正面积极回应，及时解决问题。

## 五、微信公共关系

微信是一款跨平台的通信工具，支持单人、多人通过网络发送语音、图片、视频和文字。微信以其受众基数大、互动性强等特点成为网络公共关系的重要途径。微信公共关系就是利用微信来实现公共关系目标的行为。微信公共关系活动的开展可以通过个人微信来进行，也可以通过企业微信来进行。企业微信是腾讯为企业打造的专业办公管理工具，与个人微信一致的是具有同样的沟通功能，另外还有丰富免费的在线办公应用，并与微信消息、小程序、微信支付等互通。企业微信与个人微信在好友管理、群管理等各方面都有一定区别，需要根据公共关系目标来选择使用哪种微信。通常来说，如果受众规模不大，需要深度互动，建议选择个人微信；如果受众规模很大，又很重视组织形象，在不需要深度引导和互动的情况下，建议选择企业微信；也可以个人微信和企业微信搭配使用，以达到更好的效果。

通常微信公共关系包括利用个人微信或企业微信开展的微信社群公共关系、微信朋友圈公共关系、微信公众号公共关系。

### （一）微信社群公共关系

微信社群公共关系操作流程依次有以下四个步骤：

**1. 确定建立微信社群动机**

微信公共关系的第一步就是要建立微信社群，建立社群的第一步就是确定建群动机，考虑为什么建群，社群的定位是什么，目标群体在哪里，社群能够提供什么价值。就公共关系来说，建群的目标通常有维护关系、增强影响、吸引粉丝、服务反馈等。明确建群的动机后，先据此建立不同种类的社群，再进行有针对性的公共关系活动往往会达到更好的效果。常见的社群类型有：① 产品类社群，比如产品粉丝群，社群里基本都是产品粉丝及忠实用户，往往对品牌及产品有较高的关注度；② 提升类社群，社群内成员更在意知识或技能的提升，对群内是否有持续输出的干货更为关注，提升类社群内可通过打卡激励手段保持群内活跃度；③ 爱好类社群，群内成员拥有相同的兴趣爱好，更在意身份认同及兴趣分享；④ 资源类社群，一般聚集行业精英，更加注重人脉的积累。

**2. 建设微信社群管理团队**

微信社群的建立包含群主、核心成员、群管理员及群成员。群主是维护微信群公共关系的核心，需要维护群内秩序，及时清理广告及发布不良信息的群成员，同时需要及时通过发起话题、分享内容等来活跃群内气氛，在适当的时候可以通过发放红包的方式激励群成员参与群内活动。核心成员是保持群内活跃度、维持社群权威性、彰显社群价值的灵魂人物。核心成员的数量占社群成员的 10% 左右为宜，尽量邀请有影响力的人或有某项特长、有粉丝群体、善于交流、情商高、时间充足的人，也可以根据公共关系目标的需要在群中培养核心成员，这通常是微信公共关系中的核心任务，引导着群内的意见导向。群管理员是维护群内正常秩序的主力，同时兼顾群内消息发布的任务，一个群成员规模在 200 人的群，至少设置 3 名管理员，以便及时回复群内消息，遇到问题及时解决。社群管理团队的成员无论在群内担任何种角色，都应该保持良好的态度，对待社群人员热情耐心，保持群内氛围积极正向，从而形成良好的公关关系。

### 3. 精心设计微信社群内容

首先要根据社群类型及目的明确发布的群内容，如果为了活跃气氛，可以发布热点话题；如果为了提升好感，可以发布故事、经历等内容；如果为了提升产品知名度，可以组织新品试用与抽奖活动等。内容的设计要有用户思维，既要符合社群成员的需求，分析受众什么时候想要看到什么样的内容，会产生什么样的反馈，形成什么样的群氛围，后续需要如何引导以达到公共关系效果。内容还应具有较高质量，高质量的内容才能聚集人气，引起共鸣；内容也应制作精良，可以采用漫画、长图、视音频等多种形式呈现内容。

### 4. 保持微信社群活跃度

建立社群气氛组，气氛组可以让一个社群活跃起来，是人为制造的活跃场景，能激发群成员的参与度，有效控制群聊节奏。气氛组需要在群中观察群内成员感兴趣的话题方向、平时活跃的时间，以便收集合适的内容，能在合适的时间与群成员进行交流，以便实现公共关系目标。组织线上线下活动，良性发展的社群关系一定是全员参与的，群成员在社群中有获得感，才能保持社群关系尽量长久。可以发起线上活动，比如定期抽奖等，给群成员以物质收获；知识分享，给群成员精神上的收获；邀请大咖直播互动，提升群成员参与感；组织线上沙龙，鼓励群成员主动参与分享观点；举行线下见面活动，组织群成员见面，增强成员对社群的认同感。


## （二）微信朋友圈公共关系

微信朋友圈公共关系操作流程依次有以下三个步骤：

### 1. 为好友打造专属微信朋友圈

针对好友兴趣及关注点不同，可将好友分组，公共关系内容与其兴趣点相结合，更能引起好友共鸣，达成预定的公共关系效果。同时关注好友微信朋友圈活跃时间点，抓住微信朋友圈最活跃的时候发布，提升内容被查看到的可能性。

### 2. 及时进行微信朋友圈互动

自己发布的内容被回复以后要及时给予回应，形成友好的交流氛围，对于不好的评论要及时私聊，了解原因并进行有针对性地解释说明。对于好友发布的微信朋友圈内容，要及时点赞并回复，增加在好友微信里的曝光度，时常互动并形成鲜明的微信形象有助于让好友对组织或产品留下好印象，达到公共关系效果。

### 3. 合理利用微信朋友圈广告

微信朋友圈广告拥有较高的流量，可以较精准地投放给特定人群，加之其社交互动性，能为网络公共关系带来极佳效果。在开展微信公共关系活动时，可以根据公共关系目标有效投放朋友圈广告，在内容和形式上需要注意以下两点。第一，加强互动，从2020年和2021年网友票选出的年度最受欢迎的微信朋友圈广告来看，超过一半的广告都具有超强互动性，说明让受众充分参与的内容更容易获得青睐。例如，2021年12月，"数字故宫"小程序首次全新升级，为了能助力大众线上赏文物建筑、线下享便捷服务，故宫投放了微信朋友圈广告"冬至，故宫陪你云看雪"（见图8-8），有效扩大了传播范围，触达了更多对其感兴趣的受众，及时传达了"数字故宫"升级的信息，带来了相当可观的关注量。第二，贴近受众，让受众看到的广告就像看到微信朋友圈中其他好友发布的内容一样，如果发布的内容和朋友圈里的其他内容一样有趣、公共关系内容植入得很自然，那么受众自然就会去看。

图8-8　故宫博物院的微信朋友圈广告

## （三）微信公众号公共关系

利用微信公众号开展公共关系活动时，可以通过自己创建公众号的方式进行，也可以通过在其他公众号上投放内容的形式进行，还可以采用两种方式结合的双通道进行公关关系处理。

**1. 微信公众号公共关系操作流程**

第一，结合公共关系目标合理进行内容设计。发布的内容主要包括形象宣传、活动信息、新品推介、产品介绍等，无论是哪种内容，都要有醒目的标题、一击即中的提示语和高质量的内容，这些决定了内容所获得的关注度、转发量和受众的忠诚度，再将公共关系目标巧妙地融于内容中，以达到公共关系效果。第二，及时与留言者互动。内容发布后要及时关注并回复信息，语气可以轻松有趣，风格拟人化，从而拉近与受众的距离感，营造饱满的形象。第三，设计活动增加粉丝量。粉丝数量决定了公共关系的影响力，可以通过活动来获得粉丝，利用有吸引力的"礼品＋海报"转发微信朋友圈的形式获得较高粉丝量。采用这种形式的活动需要注意，活动礼品要有足够价值，如网站会员、爆款产品、新品试用、课程资源、代金券等。同时，要设计好活动海报及朋友圈文案，让活动信息清晰地呈现在海报上，降低微信朋友圈转发难度。另外，还要设计合适的活动门槛，提升参加活动的趣味性和积极性。第四，根据现实形势，实时发布公共关系内容。以微信公众号为切入点能快速触及受众，要依据热点信息及社会对组织本身关注的重点，发布相应的公共关系内容，并根据实时情况及时回应，针对正面消息要积极宣传，针对负面消息要及时解释。

**2. 投放其他微信公众号操作流程**

第一，根据公共关系目标选择合适的投放账号。这是微信公众号投放十分重要的环节，在预算充足的情况下，首先可以选择领域内知名度较高的微信公众号。其次，选择微信公众号的用户受众和公共关系目标受众高度重合的账号。如果公共关系目标是树立某美妆品牌良好的企业形象，选择的微信公众号也应是美妆领域内的账号，以提升投放时受众的接受度；还可以选择受众有交叉的账号，比如美妆品牌的投放，也可以选择健身、女装、旅行等相关账号。同时，在账号选择时，还要关注微信公众号的受众男女比例、地域比例等，以挑选最佳投放账号，达到最好的公共关系效果。第二，投放的位置尽量选择头条。微信公众号的头条图文的点击率是相对较高且稳定的，选择投放在公众号第一条能提升公共关系内容的曝光度。第三，针对投放效果进行数据分析。针对每一次公共关系投放，都要根据公共关系目标进行结果上的数据分析，可以通过分析阅读数量、评论情况等来评估公共关系效果，找出结果与预期之间的差异，做出原因分析，为后续公共关系投放账号的选择和策略制定积累经验。

## 🔷 公关伦理与和谐关系

### 国家加大力度进行网络文明建设

2021年1月，国家网信办发布新修订的《互联网用户公众账号信息服务管理规定》（以下简称《规定》），《规定》要求，公众账号信息服务平台要履行企业主体责任，建立公众账号分级分类管理、生态治理、著作权保护、信用评价等制度，完善网络谣言等违法违规信息预警发现和处置机制；公众账号生产运营者应履行用户主体责任，建立健全内容和账号安全审核机制，不得从事虚假冒名注册、违规采编新闻、制造虚假舆论、恶意营销诈骗、抄袭伪造原创、煽动网络暴力、非法买卖账号等违法违规行为。

2021年9月14日，中共中央办公厅、国务院办公厅印发了《关于加强网络文明建设的意见》（本段以下简称《意见》），《意见》指出，加强网络文明建设，是推进社会主义精神文明建设、提高社会文明程度的必然要求，是适应社会主要矛盾变化、满足人民对美好生活向往的迫切需要，是加快建设网络强国、全面建设社会主义现代化国家的重要任务。《意见》包括总体要求、加强网络空间思想引领、加强网络空间文化培育、加强网络空间道德建设、加强网络空间行为规范、加强网络空间生态治理、加强网络空间文明创建、组织实施八个部分。

2021年9月15日，国家互联网信息办公室发布《关于进一步压实网站平台信息内容主体责任的意见》（本段以下简称《意见》），《意见》首次系统提出网站平台履行信息内容管理主体责任的工作要求，从指导思想、主要原则、重点任务和组织保障四个维度明确把握主体责任内涵，并从完善平台社区规则、加强账号规范管理、健全内容审核机制、提升信息内容质量、规范信息内容传播、加强重点功能管理、坚持依法合规经营、严格未成年人网络保护、加强人员队伍建设九个方面，对网站平台履行主体责任提出具体要求。

**案例启示**

第50次《中国互联网络发展状况统计报告》显示，截至2022年6月，我国网民规模已达10.51亿人，互联网普及率达74.4%。网络已成为公共关系工作的重要领域。在网络公共关系中，也应该践行网络文明建设的具体要求，在网络公共关系中坚持正确价值取向、保障网络内容安全，坚守网络公共关系伦理，遵守网络公共关系道德规范，树立正确的职业道德观念，杜绝恶性竞争，传播高质量内容，营造和谐关系。

# 六、短视频公共关系

第 49 次《中国互联网络发展状况统计报告》显示，截至 2021 年 12 月，我国短视频用户规模达 9.34 亿人。视频化表达作为当下备受关注的形式，也是网络公共关系的重要方式。短视频公共关系操作流程依次有以下三个步骤。

## （一）短视频账号定位

短视频公共关系活动可以通过两种形式的账号来开展，一种是组织账号，另一种是具有特征、价值的个人或团队账号。组织账号重点发布与组织相关的形象宣传、产品宣传、行业新闻动态等内容；个人或团队账号是具有鲜明特色，深度满足受众需求的账号。两类账号可以结合起来，根据公共关系目标明确定位，确定好账号所属领域，发布互补或相互促进的视频内容。

在进行账号定位时，也要分析核心受众及公共关系目标，分析公共关系目标与受众的类型、体量、职业、年龄等因素，以此来定位账号的个性、价值观等，定位账号与受众之间的情感关系，这种情感关系可以是陪伴型、专家型或科普型等。例如，某短视频平台上的政务类账号"中国长安网"，账号介绍是"安哥是正能量"（见图 8-9），这一

图 8-9　中国长安网短视频账号

简介可以看出"中国长安网"力图打造"安哥"这一形象，并且在发布的视频左下角放置"安哥锐评"这一卡通形象，事件视频后加上片尾的点评，体现出账号的属性与情怀，营造了较好的公共关系形象。

## （二）短视频内容创作

短视频内容创作要贴合账号定位，以公共关系目标为出发点生产高质量内容，高质量内容是达到公共关系效果的关键之一。创作高质量的视频内容要做到以下五点。第一，原创度高，短视频的内容尽量做到原创，有短视频平台表示"短视频鼓励原创的拍摄作品，从他人那里搬运的视频不会得到推荐，还可能被处罚"。一般原创度高的内容比较容易获得转发和点赞，多次被转发的同质化内容比较容易被略过。第二，有热度和可讨论性，不论是组织账号还是个人或团队账号，发布的内容还要注意紧跟热点并具备一定的话题性，这样容易吸引受众参与讨论，表达观点并抒发情感，不仅可以提高账号的活跃度，还能搭建让用户释放情感的平台。第三，有共鸣，优质的短视频内容要能让受众产生共鸣，让受众看到内容觉得"说得特别对"，如果短视频讲出了受众的心声，那么就容易产生意想不到的公共关系效果。第四，有获得感，受众观看短视频虽以娱乐放松为主，但如果短视频内容能让受众获得新知、得到提升，这样的短视频往往容易被传播。因此，短视频中可以将与公共关系的目标相关的内容融合在资讯、知识、技巧、观点、哲理、感悟等提升类内容中，让受众能从中获益，有获得感的内容往往能帮助组织获得更加精准的粉丝群体；第五，高质量的视频内容一般要包括有吸引力的开头、有获得感的主体和有设计性的结尾，还要配有恰到好处的封面、文案和标签，以此来吸引受众观看，获取更多的点击量和流量。

短视频内容还需要注重对受众进行合理引导。短视频有点赞、关注、收藏、转发等功能，还可以发布评论。视频中的内容可以通过语言引导、手势引导、奖励引导等形式引发受众点赞和关注。但如果短视频中的内容过于刻意和生硬，不仅达不到目标，还会起到反作用。同时，可以利用评论发布正面信息，通过评论对公共关系的目标达成进行有效引导，并点赞或回复具有同样观点的评论。

## （三）短视频剪辑与发布

在短视频剪辑时，需要注意视频形式统一。同一账号的视频形式尽量采用相同的拍摄方式和剪辑手段，这样能形成较高的记忆点和专属风格。应统一风格的因素具体包括视频内容、视频文案、配音、封面标题、视频简介、置顶评论等内容。每一部分都应该按照该部分特有的标准去制作，比如，江西卫视《非遗美食》的官方短视频账号（见

图 8-10），就采用了相同的文案风格、封面和剪辑手段，主页清晰，一方面向受众展示了节目内容，起到了很好的公共关系宣传效果，另一方面也通过短视频平台较好地传播了采用非物质文化遗产的制作技艺制作出来的中国各地传统美食，在文化传承方面起到了较好的公共关系传播效果。

图 8-10　江西卫视《非遗美食》的官方短视频账号

### 🔷 公关实践与学思践悟

　　学会利用不同网络平台进行网络公关是公关从业者不可或缺的能力，请你任选一个组织为主体，选择一个网络平台，为其制定公关目标并进行网络公关宣传。

| 宣传对象 | |
| --- | --- |
| 公关目标 | |

网络平台：_____

_____

公关主题：_____

_____

内容设计：_____

_____

发布策略：_____

_____

互动策略：_____

_____

# 第三节　网络公共关系调查与效果评估

❖ **公共关系与中国故事**

## 从"元宵奇妙夜"到"重阳奇妙游"，河南卫视终于"出圈"了

2021 年年初，河南卫视春晚凭借舞蹈节目《唐宫夜宴》成功"出圈"，2 月 12 日大年初一，河南卫视春晚荣登微博综艺榜晚会栏目类第一位。2 月 15 日，《唐宫夜宴》全站播放量超过 20 亿次（见图 8-11），# 河南春晚舞蹈唐宫夜宴 # 话题在微博有近亿次阅读量，河南广播电视台全媒体营销策划中心的官方数据显示，河南卫视 2021 年春晚播出后 14 天的播放量高达 50 亿次。

河南卫视春晚凭借着超高的点击率、转发量、点赞量和话题热度，获得了很好的网络知名度和网络美誉度，通过这次成功"出圈"，让我们看到了"国潮"风起，根植于传统文化的文艺作品厚积薄发，用创新的形式和匠心为传统文化赋能，不断释放传统文化的活力、魅力。河南卫视发掘了此次"出圈"的奥秘，继续瞄准传统文化，策划中国传统节日系列晚会，《元宵奇妙夜》《清明奇妙游》《端午奇妙游》《七夕奇妙游》《中秋奇妙游》《重阳奇妙游》等中国节日系列晚会均获得了很高的呼声，每场晚会的点击量都超过 10 亿次。

图 8-11　河南春晚微博搜索数据

**案例启示**

河南卫视通过对《唐宫夜宴》爆红的公关效果评估，发现了以传统文化和技术革新相融合为手段，打造具有河南地域文化特色文艺节目的"流量密码"，持续根据大众喜好打造新的 IP 形象，催生"国潮"热，使河南卫视每次晚会都能获得高热度。可见，网络公关效果评估对公关策略有着重要影响，科学地评估网络公关效果也能为公共关系处理带来事半功倍的效果。

在开展网络公共关系活动后，需要通过对比网络公共关系后的效果与预期目标之间的差距来评估公共关系效果，以此不断优化公共关系策略，提升公共关系效果。因此，需要明确网络公共关系调查的维度和网络公共关系效果评估的指标。

# 一、网络公共关系调查

网络公共关系调查的内容主要包括网络知名度、网络美誉度、网络口碑和搜索指数。

## （一）网络知名度

网络知名度是组织在互联网上被受众知道、了解的程度，在一定程度上反映了组织名气的大小。简单来说，网络知名度可以通过搜索引擎来进行检索。在搜索相关关键词后，通过搜索引擎收录的信息数量来进行判断。一般情况下，收录的信息越多，代表着组织有更高的网络知名度。

### （二）网络美誉度

网络知名度反映了网络上有多少人知道组织或产品，而网络美誉度则体现了网络上关于组织或产品受欢迎的程度，它是指获得的网络受众信任和赞美程度，是评价声誉好坏的指标。可以通过网络公共关系渠道上受众的评论做内容分析，来获取组织的网络美誉度信息。

### （三）网络口碑

网络口碑是受众通过互联网向他人传递的关于组织、品牌、产品、服务的赞扬、议论和评价，包括正面评价和负面评价，是衡量网络美誉度的一个标准。网络口碑可以通过特定的口碑网站和社交平台来获取相关内容。

### （四）搜索指数

搜索指数是在一段时间内组织、品牌或产品在互联网上被搜索的情况，可以反映出网络公共关系活动后组织、品牌或产品的关注度，在一定程度上能反映网络公共关系效果。用户可以通过百度指数行业排行（见图 8-12）来查看行业内的搜索指数和资讯指数排名，并能够查看搜索关键词和人群画像，可以以此作为网络公共关系后初步效果评估的工具。

图 8-12　百度指数行业排行

# 二、网络公共关系效果评估

## （一）网络公共关系传播数量

网络公共关系传播数量代表着公共关系传播的范围，包含发布量、浏览量和评论量，体现了公共关系规模和接收信息的受众数量。

### 1. 发布量

发布量指组织通过新闻、论坛、微博、微信、社区、短视频平台等多个公共关系渠道发布的公共关系内容数量，发布的内容越多，越容易产生高曝光率获得高关注度。

### 2. 浏览量

浏览量是发布的公共关系内容被点击、查看的数量。受众每打开一次就被记录一次，多次打开同一页面，浏览量值累计。浏览量可以反映受众对内容的关注度，将其作为评估公共关系内容形式及标题的一项指标。

## （二）网络公共关系传播质量

网络公共关系传播质量代表着公共关系效果是否达到预期，是否取得预想效果。网络公共关系传播质量可以通过点赞量、收藏量、评论量、观看完成率和粉丝增量等来衡量。

### 1. 点赞量

点赞量代表着受众对所发布内容的赞同程度，点赞数量越高，表示受众越喜欢该内容，对公共关系内容的观点越赞同。

### 2. 收藏量

收藏量与点赞量相比更能代表受众对内容的喜爱程度，受众往往对特别感兴趣或特别有用的内容才会选择进行收藏。收藏量比点赞量更能反映出内容质量的高低及受欢迎程度。

### 3. 评论量

评论量是对所发布的内容受众的回复、留言数量。受众自发性的评论数量越多，代表着发布内容的质量越高。同时，还可以通过对评论内容的语义分析来判断舆论走向，评估公关效果。值得注意的是，需要识别出评论中的无效评论和网络雇佣的"水军"评论，剔除此部分信息后的分析会更接近实际公共关系效果。

### 4. 观看完成率

观看完成率是指公共关系内容被受众全部观看完的比例。观看完成率越高，代表着公共关系内容的质量越高。

## 5. 粉丝增量

粉丝增量顾名思义就是粉丝增长量，针对有粉丝群体的网络公共关系平台，如微博、微信公众号、微信社群、虚拟社区、短视频平台等，公共关系内容发布后，粉丝增量越大代表公共关系效果越好。

## （三）网络公共关系传播影响

网络公共关系传播影响可以通过转发量、话题热度和组织关联词语来衡量。

### 1. 转发量

转发量是发布的内容被二次或多次转发的数量。转发量越高，代表着传播范围越广，同时可以通过分析转发到不同社交平台的数据来评估不同社交平台的转发率，从而有针对性地进行公共关系内容的优化。

### 2. 话题热度

话题热度是各大网站搜索热门话题的排行榜，排名越靠前，在榜的时间越长，证明公共关系传播的质量越高，说明受众对此内容越感兴趣，愿意搜索与此相关的内容。

### 3. 组织关联词语

在网站搜索内容时，输入部分内容后网站会自动带出与此相关的近期高频率搜索的内容，如果公共关系内容能自动被进行关联，证明该内容的关注度越高。例如，2021年河南暴雨灾害期间，贵人鸟为灾区捐款3 000万元备受关注，关于贵人鸟捐款的消息一直保持较高热度，被频繁搜索，在搜索引擎输入"贵人鸟"后的自动关联信息里，有3条与此次捐款有关。

随着信息技术的发展，网络公共关系的作用越来越重要，当前也出现了针对不同平台特定的网络公共关系效果评估工具和网站。在实际网络公共关系效果评估时，可以根据需要寻求专业的平台来对网络公共关系效果进行更加准确的评估。

---

### ✦ 公关实践与学思践悟

网络公关效果评估是进一步开展网络公关活动的重要依据，请你以某一组织为主体，评估其在任意两个平台开展的网络公关活动效果，并进行分析。

**网络公共关系效果评估表**

| 评估主体及公关目标 |
|---|

网络平台名称：

| 传播数量 | | 传播质量 | | | | 传播影响 | |
|---|---|---|---|---|---|---|---|
| 发布量 | 浏览量 | 点赞量 | 收藏量 | 评论量 | 粉丝增量 | 转发量 | 话题热度 |
| | | | | | | | |

网络平台名称：

| 传播数量 | | 传播质量 | | | | 传播影响 | |
|---|---|---|---|---|---|---|---|
| 发布量 | 浏览量 | 点赞量 | 收藏量 | 评论量 | 粉丝增量 | 转发量 | 话题热度 |
| | | | | | | | |

公共关系效果评估分析：_____

_____

## 一、单选题

1. 下面不是网络公共关系优势的是（　　）。

   A. 主动性强　　　　B. 即时性强　　　　C. 成本高　　　　D. 互动性强

2. 以下选项中适合发布与新闻资讯、社会事件相关的公关内容的时间段是（　　）。

   A. 8：00—11：00　　　　　　　　　B. 11：00—13：00

   C. 17：00—20：00　　　　　　　　D. 每天零点以后

3. 以下新闻公关形式中，适合用于新闻内容难以实景拍摄，情景再现难度大，过于抽象且不好描述的新闻公关场景的是（　　）。

   A. 数据新闻　　　B. H5 新闻　　　C. 移动新闻直播　　D. 动画新闻

4. 以下选项中（　　）不是高质量短视频内容的特点。

   A. 视频长度　　　　　　　　　　B. 有热度和可讨论性

   C. 有共鸣　　　　　　　　　　　D. 有获得感

5. 在微信社群公关中，为了保持社群的权威性和活跃度，社群中需要有一定数量的核心成员，核心成员的数量占社群成员（　　）左右为宜。

   A. 2%　　　　　B. 10%　　　　　C. 20%　　　　　D. 50%

## 二、多选题

1. 网络新闻公关可以通过（　　　　）、H5 新闻、VR 新闻的新闻形式开展。

   A. 短视频新闻　　　　　　　　　B. 数据新闻

   C. 动画新闻　　　　　　　　　　D. 移动新闻直播

2. 论坛标题的撰写可以采用以下（　　　　）形式。

   A. 虚假新闻式　　B. 制造悬念式　　C. 干货分享式　　D. 强调式

3. 在进行微博公关时，设计微博内容要注意（　　　　）。

   A. 进行内容类别规划　　　　　　B. 抓住社会热点

   C. 借助特殊时间节点　　　　　　D. 频繁转发别人微博

4. 在进行虚拟社区公关时，针对社区优质用户可以邀请其参加（　　　　）活动。

   A. 线下见面会　　B. 新品发布会　　C. 参观会　　　　D. 线下论坛

5. 以下（　　　　）指标可以用来判断网络公关的效果。

   A. 粉丝增量　　　B. 话题热度　　　C. 点赞量　　　　D. 收藏量

## 三、判断题

1. 进行微博公关时，要注意借助社会热点进行公关。（    ）

2. 通过网络发布公关内容后，对于大量受众的负面评论可以不用回应，过几天负面影响会自动消除。（    ）

3. 建立微信公众号进行公关内容发布时，要注意不得从事虚假冒名注册、违规采编新闻、制造虚假舆论、恶意营销诈骗、抄袭伪造原创、煽动网络暴力、非法买卖账号等违法违规行为。（    ）

4. 进行网络公关也需要随时关注新技术对网络公关带来的变化，需要时刻应技术之变，做好公关工作。（    ）

5. 转发量是衡量网络公关效果的唯一指标。（    ）

## 四、技能实训

**实训项目：** 微信公关能力演练。

**实训目的：** 通过微信公关能力演练，增强战略思维、创新思维及进行网络公关的能力。

**实训内容：** 通过微信公关达到宣传本班班级形象的目标。

（1）方案设计：制定微信公关方案。

（2）小组讨论：微信公关应该如何分工合作？

（3）角色演练：微信公关模拟实战。

（4）总结归纳：总结模拟微信公关的过程及要点，对不足之处做好反思。

# 参考文献

[1] 陶应虎. 公共关系学原理与实务 [M]. 3版. 北京: 清华大学出版社, 2015.

[2] 刘金同, 夏学明, 刘晓晨, 等. 公共关系实务 [M]. 2版. 北京: 清华大学出版社, 2018.

[3] 周安华. 公共关系: 理论、实务与技巧 [M]. 4版. 北京: 中国人民大学出版社, 2019.

[4] 王光娟, 赵悦. 公共关系学 [M]. 2版. 上海: 上海财经大学出版社, 2020.

[5] 张峣弘, 黎昌珍. 企业内部公共关系的处理与改进研究 [J]. 河南财政税务高等专科学校学报. 2017 (04).

[6] 余明阳, 薛可. 公共关系学 [M]. 2版. 北京: 北京师范大学出版社, 2019.

[7] 张耀珍. 公共关系学: 理论、方法与案例 [M]. 3版. 北京: 人民邮电出版社, 2021.

[8] 苏朝辉. 客户关系管理: 理念、技术与策略 [M]. 北京: 机械工业出版社, 2021.

[9] 胡百精. 公共关系学 [M]. 2版. 北京: 中国人民大学出版社, 2018.

[10] 聂辉华. 从政企合谋到政企合作——一个初步的动态政企关系分析框架 [J]. 学术月刊, 2020 (06).

[11] 王欢苗. 企业社区关系管理研究 [D]. 辽宁大学, 2007.

[12] 熊卫平. 公共关系学 [M]. 3版. 北京: 高等教育出版社, 2006.

[13] 张亚. 公共关系与实务 [M]. 2版. 北京: 科学出版社, 2011.

[14] 陈雅, 丁旻. 公共关系实务 [M]. 重庆: 重庆大学出版社, 2010.

[15] 叶茂康. 公共关系写作教程 [M]. 上海: 复旦大学出版社, 2007.

[16] 蒋楠. 公共关系学原理 [M]. 2版. 北京: 科学出版社, 2016.

[17] 陈先红. 阳光公关: 中国公共关系的未来展望 [J]. 今传媒, 2015 (1).

[18] 张景云, 夏晓雅. 中国中车 "一带一路" 国际市场拓展及其对我国制造业的启示 [J]. 对外经贸实务, 2019 (08).

杨建新，无锡学院党委书记，二级教授，博士生导师。教育部行业职业教育教学指导委员会专业教学标准修（制）订综合组专家成员、全国商业职业教育教学指导委员会委员、教育部职业院校文化素质教育指导委员会委员、教育部高等学校创业教育指导委员会委员，教育部现代学徒制专家库专家，国家级职业教育专业教学资源库主持人，江苏省社科应用研究协同创新基地、江苏省高校哲学社会科学优秀创新团队负责人。长期从事马克思主义中国化理论、高教发展等研究。主持国家哲学社会科学基金项目、全国教育科学规划课题等省部级以上课题 10 余项，先后在《马克思主义研究》《教育研究》《人民日报》（理论版）等公开发表学术论文 50 余篇，著有《国际视野下马克思主义中国化研究》等论著 5 部，参编教材 3 部。作为第一主持人，获国家级教学成果奖一等奖，全国教育科学研究优秀成果奖三等奖，省哲学社会科学优秀成果奖二、三等奖、省教学成果奖特等奖等多项。

叶东，无锡商业职业技术学院教务处处长、中国成人教育协会企业教育专业委员会副理事长，江苏省财经商贸职业教育行业指导委员会商业专业委员会秘书长。长期从事高等职业教育教学与管理工作，曾参与制定现代学徒制

发展的相关政策性文件。在《教育与职业》等期刊发表研究论文多篇，参与多项江苏省教改（重点）课题研究，参与建设的职教集团获评国家首批示范性职教集团。获国家级教学成果奖一等奖 1 项、二等奖 1 项，获省教学成果奖特等奖 1 项、一等奖 2 项。担任江苏省人民政府教育督导委员会专家组成员、江苏省教师教学能力大赛评审专家等。

## 郑重声明

高等教育出版社依法对本书享有专有出版权。任何未经许可的复制、销售行为均违反《中华人民共和国著作权法》，其行为人将承担相应的民事责任和行政责任；构成犯罪的，将被依法追究刑事责任。为了维护市场秩序，保护读者的合法权益，避免读者误用盗版书造成不良后果，我社将配合行政执法部门和司法机关对违法犯罪的单位和个人进行严厉打击。社会各界人士如发现上述侵权行为，希望及时举报，我社将奖励举报有功人员。

反盗版举报电话 （010）58581999 58582371

反盗版举报邮箱 dd@hep.com.cn

通信地址 北京市西城区德外大街 4 号

　　　　　高等教育出版社法律事务部

邮政编码 100120

### 读者意见反馈

为收集对教材的意见建议，进一步完善教材编写并做好服务工作，读者可将对本教材的意见建议通过如下渠道反馈至我社。

咨询电话 400-810-0598

反馈邮箱 gjdzfwb@pub.hep.cn

通信地址 北京市朝阳区惠新东街 4 号富盛大厦 1 座

　　　　　高等教育出版社总编辑办公室

邮政编码 100029

### 防伪查询说明

用户购书后刮开封底防伪涂层，使用手机微信等软件扫描二维码，会跳转至防伪查询网页，获得所购图书详细信息。

防伪客服电话 （010）58582300

### 网络增值服务使用说明

授课教师如需获取本书配套教辅资源，请登录"高等教育出版社产品信息检索系统"（http：//xuanshu.hep.com.cn/），搜索本书并下载资源。首次使用本系统的用户，请先注册并进行教师资格认证。

高教社高职经管论坛教师交流及资源服务 QQ 群：101187476